PC-III-17

UNSERE DÖRFER WERDEN "ERNEUERT"

Was leistet die Dorferneuerung für die Zukunft unserer Dörfer?

Herausgeber: Jan Jarre

EVANGELISCHE AKADEMIE LOCCUM

Rehburg-Loccum

DOKUMENTATION EINER TAGUNG DER EVANGELISCHEN AKADEMIE
LOCCUM VOM 6. BIS 8. JUNI 1986

Tagungsplanung und -leitung sowie Redaktion des Tagungsprotokolls:
Dr. Jan Jarre

Sekretariat: Karin Buhr

Das Protokoll enthält Originalbeiträge. Soweit sie auf Tonbandmitschnitten
beruhen, wurden sie von den Autoren überarbeitet und zur Veröffentlichung
freigegeben.

Die Reihe LOCCUMER PROTOKOLLE wird herausgegeben von der
Evangelischen Akademie Loccum

2. Auflage 1987
1. Auflage 1987

© Alle Rechte bei den Autoren
Printed in Germany
Druck: Kirchliche Verwaltungsstelle Loccum

ISSN   0177-1132
ISBN   3-8172-1986-5

Bezug über: Evangelische Akademie Loccum
              - Protokollstelle -
              3056 Rehburg-Loccum

INHALTSVERZEICHNIS

DIE ZUKUNFT DES DORFES

Einleitende Beiträge von

S. 148/149 , 197

EINFÜHRUNG

Im Februar 1985 haben wir eine Tagung mit dem Titel "Leben im Dorf"[*]
durchgeführt, die den Untertitel trug: Perspektiven einer tragfähigen
Dorfentwicklung unter sozialen, ökonomischen und kulturellen Aspekten.
Die damalige Tagung bemühte sich darum, die vielfältigen Grundprobleme
im Bereich unserer Dörfer zu benennen, zu analysieren und im inter-
disziplinären Gespräch Lösungsansätze zu erörtern. Dorferneuerung war
damals nur ein Thema unter mehreren. Am Ende der Tagung war man sich in
vielen allgemeinen Punkten und Erkenntnissen durchaus einig geworden.

Die Frage aber blieb, wie läßt sich das beachtliche Problembewußtsein
und Engagement, das in unseren Dörfern erfreulicherweise (wieder) zu-
finden ist, wie läßt sich dieses Engagement im Rahmen von Dorferneue-
rungs- und Dorfentwicklungsmaßnahmen nutzen, wie läßt es sich einbin-
den in eine aktive Mitgestaltung der Zukunft des eigenen Dorfes.

Die Frage blieb weiter, wie läßt sich sicherstellen, daß die ja durchaus beachtlichen finanziellen Mittel, die derzeit für Dorferneuerungsmaßnahmen zur Verfügung stehen, auch "sinnvoll" genutzt werden. Sinnvoll in dem Sinne, daß der Einsatz dieser Mittel nicht nur Verschöne-
rung unserer Dörfer, nicht nur zum Erhalten und Bewahren, beiträgt,
sondern darüber hinaus die zukünftige Lebensfähigkeit des jeweils individuellen Dorfes sichern hilft. Die Gefahr wurde benannt, daß die
derzeit zur Verfügung gestellten Mittel im Stile eines kurzatmigen
Konjunkturprogramms verpuffen könnten, ohne daß auch zukünftig Lebensfähiges initiiert wird. Wie aber läßt sich nun Kontinuität garantie-
ren? Welche Voraussetzungen müssen - neben den finanziellen - geschaffen werden, um die Dorferneuerung mit dem langen Atem auszustatten,
der zweifellos notwendig ist? Erst wenn dieser lange Atem gewährlei-
stet ist, läßt sich m.E. mit Recht auf einen erfolgversprechenden Er-
neuerungsprozeß in unseren Dörfern hoffen.

----
[*] Loccumer Protokolle 5/85

Dies alles waren wichtige Fragen, die am Ende unserer letztjährigen
Veranstaltung standen und unbeantwortet bleiben mußten. Diese offenen
Fragen in Verbindung mit der Tatsache, daß eine weiter wachsende Zahl
von Dörfern mit Problemen der Dorferneuerung beschäftigt ist, haben uns
bewogen, die Folgeveranstaltung, die in diesem Band dokumentiert wird,
zu organisieren. Das Ziel bestand zu einem wesentlichen Teil darin,
praxisbezogene und praxisnahe Beispiele, Ratschläge und Empfehlungen
vorzustellen und zu erörtern.

Einiges von dem, was in der Tagung an konkreten, praxisorientierten
Vorschlägen und Anregungen vorgetragen und vorgestellt wurde, ist in
dem hiermit vorgelegten Band nachzulesen. Ich hoffe, daß sich aus dem
in der Tagung Gehörten, Gesehenen und Gelernten ebenso wie aus dem hier
Nachzulesenden einige praktische Konsequenzen in dem einen oder anderen
Dorf ergeben werden. Ich möchte mich an dieser Stelle noch einmal bei
allen Referenten und Tagungsteilnehmern bedanken, die insbesondere auch
durch ihre rege Diskussionsbereitschaft zum Gelingen der Tagung beigetragen haben.

Loccum im Juni 1986   Jan Jarre

Ernst Christian L ä p p l e , Bundesministerium für Ernährung, Landwirtschaft und Forsten, Bonn

ZIELE, FINANZIELE UND RECHTLICHE RAHMENBEDINGUNGEN SOWIE POLITISCHE PERSPEKTIVEN DER DORFERNEUERUNG

----

1. EINLEITUNG

Die Gesamtüberschrift dieser Tagung, "Unsere Dörfer werden erneuert", ist hoffentlich nicht als ein Ausruf des Schreckens zu
verstehen: "Hilfe, unsere Dörfer werden erneuert!".

Allerdings könnte man Befürchtungen für berechtigt halten, wenn
man das ungeheuer breite Interesse sieht, das heute der Dorferneuerung entgegengebracht wird. Dahinter stehen nämlich zahlreiche
verschiedene Ansprüche, die unsere Gesellschaft insgesamt an das
Leben im Dorf stellt. Sie sind keineswegs leicht miteinander in
Übereinstimmung zu bringen. Die Ansprüche sind die Folge der ökonomischen und ökologischen, sozialen und kulturellen Entwicklungen
unserer Zeit.

Im Mittelpunkt der Dorferneuerung steht daher die Frage: Kann die
dörfliche Siedlungsform heute und in der näheren Zukunft diesen
Ansprüchen noch genügen, ohne daran zugrunde zu gehen?

Will man von staatlicher Seite positive Antworten auf diese Frage
geben, so wird man nach einer umfassenden Analyse aller Voraussetzungen, Rahmenbedingungen und Wünsche für die Erhaltung und Erneuerung unserer Dörfer

- die rechtlichen Grundlagen,
- die verfahrenstechnischen Methoden und
- die finanziellen Kräfte

daraufhin überprüfen, danach ausrichten und dafür nutzen müssen.
Die Ergebnisse können und sollen nur staatliche Hilfen sein, die
Dorferneuerung selbst müssen die Bürger durchführen.

Folgt man diesem gedanklichen Ansatz, so wandelt sich der Schrekkensruf "Hilfe, unsere Dörfer werden erneuert" in die Aufgabe, "Hilfe für die Erneuerung unserer Dörfer" zu leisten.

Dorferneuerung in diesem Sinne ist dann ein Instrument. Sie ist vielfach die Voraussetzung für eine ökonomische, ökologische, soziale und kulturelle Wiederbelebung und Fortentwicklung der Dörfer, soweit die eigendynamische Dorfentwicklung dafür nicht ausreicht.

2. RECHTLICHE RAHMENBEDINGUNGEN

2.1 Bau- und Bodenrecht

Aus meiner Sicht gibt es für die Dorferneuerung zwei entscheidende Rechtsbereiche. Das sind - in Bundesgesetzen gefaßt -

- - das Bundesbaugesetz (BBauG) und
- - das Flurbereinigungsgesetz (FlurbG),

die als verfahrensrechtliche Vorschriften auf der Grundlage der Verfassung u.a. auch die städtebauliche Entwicklung der Dörfer in den Gemeinden regeln und die landeskulturellen Funktionen nichtstädtischer Siedlungsformen sichern. (Bild 1)

Die beiden Gesetze unterscheiden sich hinsichtlich der Anwendbarkeit ihrer Vorschriften in den Dörfern nicht. Sie schließen sich gegenseitig auch nicht aus. So können nach § 37 Abs. 1 Satz 3 FlurbG Maßnahmen der Dorferneuerung durchgeführt werden; durch Bebauungspläne und ähnliche Planungen wird die Zuziehung der Ortslage zur Flurbereinigung nicht ausgeschlossen. Andererseits wird mit den Vorschriften der §§ 144 a bis f BBauG dem Zusammenhang von städtebaulichen Maßnahmen mit Flurbereinigungsverfahren Rechnung getragen.

2.2 Finanzierungsrecht

Zu beiden genannten Rechtsbereichen sind die entscheidenden Förderungsvoraussetzungen in eigenen Bundesgesetzen vorgeschrieben.

Sie tragen dem Finanzierungsrecht von Bund und Ländern Rechnung. Das sind

- das Städtebauförderungsgesetz (StBauFG), nach dessen Vorschriften städtebauliche Sanierungs- und Entwicklungsmaßnahmen in Stadt und Land vorbereitet, gefördert und durchgeführt werden, und

- das Gesetz über die Gemeinschaftsaufgabe "Verbesserung der Agrarstruktur und des Küstenschutzes" (GemAgrG), nach dessen Vorschriften Maßnahmen zur Verbesserung der Produktions- und Arbeitsbedingungen, die für die gesamte Land- und Forstwirtschaft bedeutsam sind, wahrgenommen werden.

Beide Gesetze regeln die Voraussetzungen, das Verfahren und die Höhe des Einsatzes öffentlicher Mittel des Bundes; im Falle des StBauFG nach Artikel 104 a Grundgesetz (GG) und im Falle des GemAgrG nach Artikel 91 a GG.

2.3 Finanzierungsplanung

Ergänzend zu den rechtlichen Rahmenbedingungen - soweit sie den Bund betreffen - ist noch auf die Vorschriften über den Einsatz der Bundesmittel hinzuweisen, wie sie festgelegt werden

- in den Programmen für die städtebaulichen Sanierungs- und Entwicklungsmaßnahmen nach § 72 StBauFG und

- in den Rahmenplänen der Gemeinschaftsaufgabe "Verbesserung der Agrarstruktur und des Küstenschutzes" (GAK) nach § 4 GemAgrG.

3. FINANZIELLE RAHMENBEDINGUNGEN

Die Dorferneuerung ist nach Definition und rechtlicher Zulässigkeit vom Einsatz öffentlicher Förderungsmittel grundsätzlich unabhängig. Allerdings läßt sich eine umfassende Dorferneuerung in der Praxis ohne öffentliche Förderungsmittel nicht durchführen. Die finanziellen Rahmenbedingungen für die Durchführung der Dorferneuerung oder einzelner Maßnahmen der Dorferneuerung werden jedoch von einer Reihe entscheidender und in den Ländern unterschiedlicher Faktoren bestimmt.

3.1 Naturgemäß spielen in erster Linie die unterschiedlichen Verfahrens- und Finanzierungsvorschriften der genannten Förderungsgesetze eine wichtige Rolle. Der Einsatz öffentlicher Mittel ist jeweils an Voraussetzungen geknüpft, die nicht nur für Dörfer gelten und daher für sie erschwerende u.U. sogar ausschließende Wirkungen haben können.

3.1.1 So ist z.B. die förmliche Festlegung des Sanierungsgebietes nach § 5 i.V.m. § 1 Abs. 2 StBauFG oder die Festlegung des Entwicklungsbereiches nach § 53 i.V.m. § 1 Abs. 3 StBauFG zwar für die Dörfer möglich, aber die Regeln sind angesichts der für die Lösung vielschichtiger Probleme in den Städten notwendigen ergänzenden Vorschriften in den Dörfern nicht ohne erhebliche Schwierigkeiten anwendbar. Die Folge war bisher, daß ländliche Gemeinden und Dörfer nur in verhältnismäßig geringer Zahl in die Programme nach § 72 StBauFG aufgenommen werden konnten. Dem hat der Gesetzgeber mit dem Gesetz vom 5.November 1984 zur Änderung des StBauFG mit neuen Vorschriften für die städtebauliche Sanierung Rechnung getragen.Mit Anfügen eines 4. Satzes im § 5 Abs. 1 StBauFG.

- "In der Satzung (zur förmlichen Festlegung des Sanierungsgebietes) ist die Anwendung der §§ 6,15 bis 23,41 Abs. 4 bis 11 und des § 42 auszuschließen, wenn sie für die Durchführung der Sanierung nicht erforderlich ist (vereinfachtes Verfahren)."

hat der Gesetzgeber ein neues sog. "vereinfachtes" (Sanierungs-)verfahren eingeführt. Im übrigen kommen aber wie für herkömmliche Sanierungsverfahren die Vorschriften über

- vorbereitende Untersuchungen (§ 3 StBauFG)
- Sanierungsträger (§§ 33 ff. StBauFG)
- Finanzierung (§§ 38 ff. StBauFG) und
- Förderung (§ 72 StBauFG)

zur Anwendung.

Es bleibt zu wünschen, daß sich diese Modifikation des herkömmlichen Sanierungsverfahrens auf die Zahl der ländlichen Gemeinden und insbesondere der begünstigten Dörfer in den Bund/Länder-Städtebauförderungsprogrammen positiv auswirken wird, auch wenn dadurch von den verfügbaren finanziellen Mitteln einige nicht in Sanierungsvorhaben größerer Städte fließen können.

Bundesregierung und Bundestag haben die vom Bund für die Städtebauförderung vorgesehenen Mittel der Jahre 1986 und 1987 verdreifacht und so auf jeweils 1 Milliarde DM erhöht. Der Bund erwartet außerdem von den Ländern und Gemeinden eine Verdoppelung ihrer Finanzierungsanteile.

Es lag nun nahe dafür einzutreten, daß ein bemerkenswerter Teil dieser Mittel in die Dorferneuerung fließen würde. Dem hat die Bundesregierung auch insofern entsprochen, als der Bundesbauminister seine Länderkollegen gebeten hat, darauf zu achten, daß in den beiden Jahren die Sanierungsmittel verstärkt in den sogenannten ländlichen Bereichen eingesetzt werden.

Inzwischen liegt nun das Bundesprogramm 1986 für den Einsatz der Finanzhilfen des Bundes nach § 72 StBauFG vor, und der Agrarbericht der Bundesregierung enthält in seinem Abschnitt zur Dorferneuerung folgende Sätze:

"Es wurde Wert darauf gelegt, daß ein erheblicher Teil der Mittel im ländlichen Raum für städtebauliche Erneuerung von Dörfern und Ortsteilkernen eingesetzt wird. Inzwischen wird mit 707 Maßnahmen der größte Teil der 1.240 Sanierungsmaßnahmen im ländlichen Bereich durchgeführt; von den 652 Neuaufnahmen allein 67%.

Wie sich das in konkreten Zahlen auswirkt, zeigt folgende Tabelle: (Bild 2)

Der Frage, ob es sich bei dem verstärkten Mitteleinsatz im ländlichen Bereich um eine Förderung der Dorferneuerung i.S. dieser Tagung handelt, bin ich beispielhaft anhand des niedersächsischen Teils des Bundesprogramms nachgegangen, weil diese Tagung in Nie-

dersachsen stattfindet und weil Niedersachsen als ein von seinen
Dörfern geprägtes Land gelten kann, soweit es Agrarland ist.
(Bild 3)

Auch wenn danach aus meiner Sicht die verstärkte Städtebauförderung
der Dorferneuerung noch nicht gerecht wird, ist ihre Wirkung auf
die Lebensfähigkeit der ländlichen Gebiete hoch zu bewerten. Ich
sehe nämlich in der Sanierung der ländlichen Städte eine seit
langem dringend notwendige Aufgabe der Städtebauförderung, die für
den Erfolg einer spezifischen Dorferneuerungsförderung unentbehr-
lich ist.

3.1.3 Unter den gleichen finanzverfassungsrechtlichen Bedingungen können
seit 1984 Maßnahmen der Dorferneuerung innerhalb der GAK auch nach
eigenen Grundsätzen gefördert werden; d.h. unabhängig davon, ob die
Maßnahmen im Rahmen der Flurbereinigung oder außerhalb durchgeführt
werden. Damit sollen ländliche Siedlungsn als Standort land- und
forstwirtschaftlicher Betriebe erhalten und verbessert werden.

Diese von der Städtebauförderung unabhängige spezifische Dorferneuerungsförderung trägt der Tatsache Rechnung, daß die Dorfformen
in ihrem Ursprung von den Bedürfnissen der landwirtschaftlichen Betriebe und von deren unmittelbarer Verbindung mit den Wirtschaftsflächen herzuleiten sind. Sowohl der Grundstückszuschnitt wie die
Infrastruktur und der Freiflächenbestand der Dörfer entsprach nämlich früher der Einheit von Wohnen, Wirtschaften und Erholen. Für
eine erhaltende Erneuerung der Dörfer bilden daher neben den allgemeinen städtebaulichen Gesichtspunkten die Beziehungen der landwirtschaftlichen Betriebe zur Umgebung eine zentrale Gestaltungs-
frage; dies trifft tatsächlich auch für die übrigen Dorfbewohner
zu, die durch ihr Wohnen im Dorf eine nach außen auf die Wirtschaftsflächen gerichtete offene Lebensform anstreben. Daraus resultierende Probleme sind umso schwerer zu lösen, je intensiver die
Ansprüche der nichtlandwirtschaftlichen aber dörflichen Mehrheit
mit den modernen Erfordernissen landwirtschaftlicher Betriebe in
Übereinstimmung gebracht werden müssen. Dies isteine Aufgabe,die un-

mittelbar agrarstrukturelle Verhältnisse berührt. Deren Belange können in der Dorferneuerung nicht ohne einen Beitrag der Land- und Forstwirtschaft befriedigend gewahrt werden.

3.2 Ein weiterer entscheidender Faktor für die finanziellen Rahmenbedingungen der Dorferneuerung ist die Summe öffentlicher Mittel, die zur Finanzierung der Städtebauförderungsprogramme und der GAK zur Verfügung steht. Allerdings wird die Höhe der verfügbaren Mittel nicht nur von den im Bundeshaushalt eingestellten Beträgen, sondern von der Höhe ihrer Komplementärfinanzierung durch die Länder bestimmt. Gerade für den Umfang der Dorferneuerung ist die Bereitstellung zusätzlicher Landesmittel von großer Bedeutung.

3.3 Schließlich sind die finanziellen Rahmenbedingungen in den Ländern insoweit sehr unterschiedlich, als zusätzlich landeseigene Dorferneuerungsprogramme die Bund/Länder-Städtebauförderungsprogramme und die Förderung im Rahmen der GAK ergänzen (so in Baden-Württemberg, Bayern, Hessen, Niedersachsen und Rheinland-Pfalz). (Bild 4)

4. POLITISCHE PERSPEKTIVEN DER DORFERNEUERUNG

Die Dorferneuerung ist als ein Vorgang anzusehen, der den Dörfern als spezifische Gemeinwesen in den ländlichen Räumen gerecht werden muß. Die Dörfer sind eng mit der Entwicklung der Städte verbunden, mit denen sie heute oftmals eine politische Gemeinde bilden. In viel stärkerem Maße bilden aber die Dörfer eine Einheit mit der sie umgebenden Landschaft. Sie sind unmittelbar Teil der ländlichen Räume. Die den ländlichen Räumen von der Raumordnung und Landesplanung zugewiesenen Funktionen sind daher zugleich die der Dörfer.

Bei der Dorferneuerung ist zu berücksichtigen, daß sich die dörfliche Siedlungs- und Bevölkerungsstruktur ursprünglich nach landwirtschaftlichen Bedürfnissen entwickelt hat. Heute setzt sich die Dorfbevölkerung aus der bäuerlichen Bevölkerung, einer oftmals nichtlandwirtschaftlichen Bevölkerungsmehrheit und Erholungssuchenden zusammen. Deren Lebensverhältnisse sollen durch die Dorferneuerung verbessert werden. So ist dem Dorf als Wohnort, Standort landwirtschaftlicher Betriebe und nichtlandwirtschaftlicher Arbeitsplätze Rechnung zu tragen. Zugleich ist das Dorf

als Kultur- und Sozialraum der Gesellschaft insgesamt unverzichtbar. Bei
der Dorferneuerung treffen daher z.B.
- städtebauliche Maßnahmen
- Maßnahmen zur Verbesserung der Agrarstruktur
- Maßnahmen der Landschaftspflege, des Naturschutzes und der Umweltvor-
  sorge sowie
- Maßnahmen der Denkmalpflege
zusammen.

Die Bedeutung der Dorferneuerung liegt mithin in der umfassenden Betrachtung ihrer Ziele; die Zusammenfassung aller raumordnerischen Gesichtspunkte bildet ihre Grundlage; ihr Erfolg hängt von der Koordinierung
aller zielgerichteten Maßnahmen ab.

Eine lediglich auf die
- städtebauliche Sanierung oder auf die
- agrarstrukturelle Verbesserung oder auf den
- Umwelt-, Natur- und Landschaftsschutz oder auf
- die Denkmalpflege
ausgerichtete Förderung wird dem Gesamtanliegen einer umfassenden Dorferneuerung nur in eingeschränktem Umfang gerecht. Gleichwohl tragen behut-
same, langfristig angelegte Maßnahmen nach nur einem, der genannten Gesichtspunkte zur harmonischen Erneuerung bei, wenn sie die jeweils anderen Gesichtspunkte nicht außer acht lassen.

Es ist daher weder verwirrend noch ein Nachteil, wenn die Erneuerung
eines Dorfes auf verschiedenen Rechtsgrundlagen und unter verschiedenen
Finanzierungsbedingungen vorbereitet, gefördert und durchgeführt wird. Im
Gegenteil, die unterschiedlichen Instrumente erlauben den jeweils zweck-
mäßigsten Schritt; seine Förderung schließt weitergehende Maßnahmen nicht
aus, sondern setzt sie in vielen Fällen für eine umfassende
Dorferneuerung voraus.

Infolge des gewachsenen Umweltbewußtseins sowie der veränderten agrar- und
wirtschaftspolitischen Rahmenbedingungen werden sich die Gemeinden gerade
ihrer Dörfer unter ökologischen, demografischen, technologischen und sozialen Gesichtspunkten annehmen müssen. Erneuerungsaufgaben werden vom

Nachholbedarf und von einer dringend notwendigen Zukunftsorientierung geprägt sein. Das breite Interesse, das die Dorferneuerung heute allent-
halben gefunden hat, bestätigt die Bedeutung, die Bund, Länder und Gemeinden durch ihre Förderung dieser Aufgabe zumessen.

Hinsichtlich der politischen Perspektiven der Dorferneuerung kann nicht
unerwähnt bleiben, daß das Baurecht im Baugesetzbuch (BauGB) erneuert
werden soll. Der Entwurf sieht vor, die Vorschriften des BBauG mit denen
des StBauFG zusammenzuführen. Für die Städtebauförderung ist wichtig, daß
sich die Regierungschefs von Bund und Ländern grundsätzlich darüber einig
waren, die Mischfinanzierung in diesem Bereich zum 31.12.1987 zu beenden.
Der Entwurf des Gesetzes über das BauGB trägt dem auch Rechnung. Die Bundesregierung wirkt darauf hin, daß die Länder ab 1988 eine "der Bedeutung
und dem Bedarf der Aufgabe gerecht werdende" Anschlußförderung sicherstellen, weil der Entmischung eine akzeptable finanzielle Ausgleichsrege-
lung zugrundeliegen wird.

Ich hoffe, daß die Dorferneuerung und die den ländlichen Bereichen zuge-
wandte Aufmerksamkeit erhalten bleibt, auch wenn die Städtebauförderung
in die alleinige Zuständigkeit der Länder zurückgeführt werden sollte.

D O R F E R N E U E R U N G

Bau- und Bodenrecht

BBauG   FlurbG

§§ 144 a bis f BBauG
§ 37 FlurbG

Finanzierungsrecht

StBauFG   GemAgrG
(Art. 104 a GG)   (Art. 91 a GG)

Finanzierungs-
planung

Bund/Länder-
programme   Rahmenpläne   Länder-
programme

Grundsätze für die Förderung
der
Flurbereinigung|Dorferneuerung

Ergänzende Rechts-
u. Förder-Bereiche

Infrastruktur, Agrarstruktur, Umwelt-, Natur-, Denkmalschutz usw.

-BILD 1-

StBauFG - Bundesprogramm 1986

Land	Bereich	Anzahl	Fin.-hilfe (Bund) Mio DM	Ø pro Gde TDM
BW	S	98	100,9	
	L	77	41,5	539
BY	S	68	49,4	
	L	254	119,5	470
HE	S	24	39,2	
	L	63	47,7	757
NS	S	82	88,2	
	L	49	27,0	551
NW	S	103	154,7	
	L	140	102,8	734
RP	S	47	40,4	
	L	55	23,0	418
SA	S	40	11,6	
	L	25	5,6	241
SH	S	11	14,9	
	L	44	33,1	752
Σ	S	473	499,1	1.055
	L	707	400,2	566

S: städtischer Bereich
L: ländlicher Bereich

StBauFG - Bundesprogramm 1986
(Niedersachsen)

Adelebsen
* Bad Essen
* Bad Zwischenahn
Bohmte
* Clausthal-Zellerfeld
Cremlingen-Abbenrode
* Damme
* Dannenberg
Essen (Oldbg.)
* Friesoythe
* Fürstenau
Gieboldehausen
Hagen a.T.W.
* Hitzacker
Hornburg
* Ilsede
Jever
* Königslutter
Küsten-Lübeln
* Lohne
Löningen
* Lüchow
* Melle
* Meppen
* Neuenhaus
* Norden
* Obernkirchen
* Otterndorf
** Ovelgönne

* Quakenbrück
* Rinteln
* Rotenburg (W)
Salzbergen
Schladen
Sehnde
* Stadthagen
Steinfeld
* Sulingen
* Uslar
* Vechelde
Vienenburg
Wangerland Hooksiel
Weener
Westerstede
* Wildeshausen
* Wittingen
* Wittmund

Sanierung - Ländlicher Bereich

49 Gemeinden-Ortsteile

* 29   Städte

   19   ?

** 1   Dorferneuerung

-BILD 3-

Förderung der DORFERNEUERUNG in Mio DM

Land	1984 1985 1986	GEMEINSCHAFTSAUFGABE				LÄNDER-PROGRAMME
		Bund	Land	Eigenl.	insges.	
BW					7,0 12,4 7,5	74,0 74,0 100,0 *
BY					- - -	36,5 36,5 38,2 **
HE					20,0 8,0 13,0	20,0 32,0 29,0
NS					3,0 10,0 15,0	- 7,0 5,0
NW					4,0 13,0 15,0	- - -
RP					7,0 7,0 9,0	- - 21,0 ***
SA					0,2 1,0 1,0	0,4 0,5 0,1
SH					1,7 3,7 6,7	- - -
BD		12,7 26,1 35,0	8,5 17,4 23,3	21,7 11,6 8,9	42,9 55,1 67,2	130,9 152,0 192,3

*   1/6 von 600 Mio DM für ein Dorfentwicklungsprogramm 1986-1991

** weitere 35 Mio DM aus dem bayerischen Städtebauförderungs-programm jeweils für 1986 und 1987

*** aus dem kommunalen Finanzausgleich.

-BILD 4-

Eckart G ü l d e n b e r g , Zweckverband Großraum Hannover

UNTERSCHIEDLICHE DÖRFER ERFORDERN UNTERSCHIEDLICHE ENTWICKLUNGSKONZEPTE

---

1. Rahmenbedingungen für die Entwicklung ländlicher Siedlungen

1.1 Anhaltende zentrenorientierte Entwicklung

Die funktionale Abhängigkeit ländlicher Siedlungen von den Zentren nimmt zu.

Technologischer Fortschritt entsteht in den Zentren; über die räumliche und funktionale Verteilung seiner Anwendung wird in den Zentren entschieden; die Zentren selbst stehen hierbei in einem zunehmenden existentiellen Wettbewerb.

Beispiel 1: Spätindustrialisierung peripherer ländlicher Räume in Form von Zweigwerken und Niederlassungen für Produktionen minderer Qualität während der 60er und 70er Jahre, gefördert mit Mitteln der Gemeinschaftsaufgabe Regionale Wirtschaftförderung.

Beispiel 2: Anwendung und Ausbau neuer Produktions- aber auch neuer Kommunikations- und Informationstechnologien begünstigen die Zentren; von den potentiellen Dezentralisierungseffekten kommt in den Dörfern wenig an.

1.2 Rückläufige Bevölkerungsentwicklung und selektive Bevölkerungsverteilung

Bevölkerungsentwicklung und Verteilungstendenzen stellen den Fortbestand der überkommenen Siedlungsstruktur in Frage.

Bevölkerungsrückgang vollzieht sich weder quantitativ noch strukturell gleichmäßig in Stadt und Land; die Zentren bleiben aufgrund ihrer Ausbildungs- und Arbeitsstätten begünstigte Orte der Zuwanderung.

Die Wirkungen der Flüchtlings- und Vertriebenenwelle der 50er
Jahre ebben im Zuge des Generationswechsels ab - - Leerstände von
Kleinsiedlungshäusern sind nicht auszuschließen; die Stadt-Rand-Wan-
derung während der 60er und 70er Jahre verliert an Bedeutung;
Tendenzen zur Rezentralisierung sind bei zunehmender Distanzempfind-
lichkeit, Entspannung städtischer Wohnungsmärkte und Erfolgen
bei der Wohnumfeldverbesserung zu erwarten.
Dadurch sind die Möglichkeiten zunehmend beschränkt, existentielle
Funktionsverluste in den Dörfern durch Zuwanderung von Wohnbevölke-
rung zu kompensieren.

1.3 Schwindender Existenzsicherungsbeitrag der Landwirtschaft

Ohne grundlegende Änderung der Agrarpolitik und -wirtschaft wird
sich der Trend zur Industriealisierung der Landwirtschaft bei
anhaltender Reduzierung der in der Landwirtschaft Beschäftigten
und der bewirtschafteten Flächen fortsetzen; ganz abgesehen von
den Aspekten einer fortwährenden Umweltbeeinträchtigung und einer
qualitativen Verschlechterung der Nahrungsmittel.

Dabei ist zu unterscheiden zwischen dem Rückgang existenzfähiger
Haupterwerbsbetriebe bei entsprechender Zunahme der Nebenerwerbsbetriebe und einem absoluten Rückgang aller Betriebe; in jedem Falle
aber würde die Landwirtschaft immer weniger zur Existenzsicherung
der Bewohner beitragen und die Trennung von Wohn- und Arbeitsplätzen
würde weiter verstärkt.

1.4 Nahverkehrs-Mobilität kaum noch zu verbessern

Die ständige Verbesserung der regionalen Erreichbarkeitsverhältnisse
hat, insbesondere während der Nachkriegszeit, wesentlich dazu
beigetragen, die überkommene, weitgehend agrarisch geprägte disperse
Siedlungsstruktur mit aufrechtzuerhalten;
dies ermöglichte eine Einwohnerentwicklung in Überlagerung anhaltender Funktionsverluste ländlicher Siedlungen aber auch in Überlagerung sozialer und kultureller Bindungen.

Inzwischen sind die Grenzen des Nahverkehrsausbaus erreicht und vielerorts treten Verschlechterungen der Mobilität bereits im öffentlichen und privaten Bereich ein. Stichworte sind: Sättigung beim Straßenausbau; rückläufige Einkommensentwicklung reduziert die Pkw-Nutzungsmöglichkeiten; ÖPNV-Bedienungsstandards müssen teilweise aus Kostengründen zurückgenommen werden - es sei denn, sie lassen sich durch individuelle Bedienungsformen (Rufbus, etc.) aufrechterhalten.

Fazit: Anhaltende Funktionsverluste und schwindende Existenzsiche-rungsmöglichkeiten gefährden die Zukunft der Dörfer.

2. Anforderungen an eine veränderte Raumordnungs- und Agrarpolitik

2.1 Raumordnungskonzeption des Disparitätenausgleichs ist überholt

Während der 60er und 70er Jahre zielte die Raumordnungspolitik auf gleichwertige Lebensbedingungen in allen Landesteilen. Stich-wort: Disparitätenausgleich.

Sie hat im ländlichen Raum erreicht bzw. dazu beigetragen:
a) eine dem städtischen Versorgungsniveau weitgehend entsprechende Ausstattung mit öffentlichen Einrichtungen;
b) eine in weiten Teilen dem städtischen Standard entsprechende Ver- und Entsorgungsinfrastruktur (vor allem im Bereich Wasser, Abwasser und Abfall);
c) eine Verbesserung der Erreichbarkeitsverhältnisse durch Ausbau der Straßen und des ÖPNV (vor allem im Zusammenhang mit dem Schülerverkehr);

Sie hat nicht erreicht bzw. nicht erreichen können:
a) eine nachhaltige Umverteilung und Ausstattung ländlicher Siedlun-gen mit außerlandwirtschaftlichen Arbeitsplätzen;
b) die Freisetzung von Arbeitskräften und den Konzentrationsprozeß in der Landwirtschaft sowie die ökologische Beeinträchtigung von Natur und Landschaft sowie von Nahrungsmitteln zu verhindern;

c) die fortgesetzte Trennung von Wohn- und Arbeitsstätten, sei es für die Dorfbewohner, sei es für die Zugezogenen, aufzuheben.

2.2 Konzept einer "endogenen" Regionalentwicklung

Mangelndes Umverteilungspotential, gesättigte Infrastrukturmaßnahmen, Grenzen der Ausgleichspolitik bei der regionalen Wirtschaftförderung, zunehmende Umweltbelastungen und die Einsicht in die Grenzen des Wachstums haben zu einer veränderten Raumordnungskonzeption geführt. Sie verweist die Frage der Existenzsicherung und der Siedlungsentwicklung in die Region, in die Gemeinden zurück.
Merkmale sind:

a) Förderung "endogener" Entwicklungspotentiale, regionsspezifischer Eigenheiten und Begabungen;
Bestandspflege regionaler und örtlicher Wirtschafts- und Dienstleistungsbetriebe;
Stärkung der regionalen bzw. örtlichen Kraft zur Selbsthilfe.

b) Sicherung einer arbeitsteiligen Siedlungsstruktur mit Hilfe eines differenzierten Ansatzes zur Funktionsbestimmung ländlicher Siedungen und eines differenzierten Maßnahmekonzeptes.

Um Mißverständnissen vorzubeugen: "endogene" Regionalentwicklung verzichtet nicht auf öffentliche Förderung - sie sucht lediglich ihre Anknüpfungspunkte vor Ort, anstatt in einem illusionären Transfer städtischer Arbeitsplätze auf das Land.

2.3 Erfordernis eines ökologischen Leitbildes der Agrarwirtschaft

Wichtigster Anknüpfungspunkt für eine Existenzsicherung in den Dörfern bleibt die Landwirtschaft. Die Kritik an der Agrarpolitik entzündet sich seit Jahren an Überproduktion, mangelnder Umweltverträglichkeit, mangelnder Existenzsicherung, bisher aber viel zu wenig an der mangelnden Berücksichtigung siedlungspolitischer Aufgaben, d. h. an der Funktionssicherung ländlicher Siedlungen.

Ohne das konfliktreiche Thema der Agrarpolitik vertiefen zu wollen, hier einige Hinweise, von denen Lösungsansätze zu erwarten wären:
Einen wesentlichen Einstieg in richtungweisende Agrarkonzepte formuliert die seit den 70er Jahren eingeführte "Ausgleichszulage für benachteiligte und Berggebiete".
Sie ermöglicht:
- eine Existenzsicherung landwirtschaftlicher Betriebe durch Ausgleich naturbedingter Bewirtschaftungsnachteile;
- eine den natürlichen Gegebenheiten angepaßte, umweltverträgliche Landbewirtschaftung;
- über die direkte betriebliche Existenzsicherung die Aufrechterhaltung einer Mindestbesiedlungsdichte in ländlichen Gebieten.

Direkte Ausgleichszahlungen werden bisher nur subsidiär und ergänzend zur Agrarpreispolitik eingesetzt.
Konsequente Forderungen gehen so weit, direkte Einkommenshilfen sowohl für die Abgeltung gesellschaftlicher Leistungen als auch ganz allgemein bei ungünstigen Erzeugungsbedingungen als Ersatz für Preissubventionen zu fordern.
Eine in sich konsistente Agrarpolitik verzichtet dann auch auf eine Vorruhestandsregelung und die Förderung von Flächenstillegungen; sie fördert eine ökologische Landwirtschaft mit dem Ziel:
- Art und Intensität der landwirtschaftlichen Nutzung auf die Empfindlichkeit der natürlichen Potentiale abzustimmen (dazu gehört auch eine Größenbegrenzung für Massentierhaltung);
- eine Bewirtschaftung die sich an Kreislaufprozessen orientiert, auf den Einsatz von mineralischen Dünge- und Pflanzenbehandlungsmittel verzichtet und qualitativ hochwertige Nahrungsmittel produziert;
- die Überproduktion abzubauen, die Existenz auch der kleinen und mittleren Betriebe zu sichern und die Dorfstruktur zu erhalten.

Von diesem umfassenderen Selbstverständnis landwirtschaftlicher
Existenzsicherung her, ist auch der Trend zum Nebenerwerb kritisch
zu beurteilen; er steht einer ökologischen Kreislaufwirtschaft
entgegen und verstärkt die Trennung von Wohnen und Arbeiten.

2.4 Erfordernis aufeinander abgestimmter agrarstruktureller Maßnahmen

Das in Niedersachsen praktizierte Dorferneuerungprogramm ermöglicht
zwar einen umfassenden Planungsansatz, der es den Gemeinden bzw.
Dörfern ermöglicht, sich mit der künftigen Entwicklung gesamtheit-
lich zu befassen, anstatt sich von Maßnahme zu Maßnahme treiben
zu lassen. Andererseits beschränkt sich aber das Dorferneuerungsprogramm selbst im wesentlichen auf Maßnahmen zur Verbesserung der
Gebäudesubstanz und des Ortsbildes und kann kaum Einfluß auf die
Existenzsicherung der Betriebe bzw. der Bewohner nehmen.
Zugespitzt formuliert: Die Fassandenrenovierung oder Dacheindeckung
kann die drohende Betriebsaufgabe nicht verhindern, die über Vor-
ruhestands und Flächenstillegungsprämien auch noch gefördert wird.
Dies ist kennzeichnend für eine in sich nicht konsistente Förderung
der Agrarstruktur.

Von ca. 1.000 Anträgen für die Dorferneuerung wurden in Niedersachsen bisher ca. 500 bewilligt. Die Auswahlkriterien der Bezirksregierung Hannover und des Amtes für Agrarstruktur stellen ab auf die
landwirtschaftliche Prägung der Dörfer, geringes Einkommensniveau,
Ausstattungsdefizite, schlechte Wohn- und Arbeitsverhältnisse,
hohen Anteil historischer ortsbildprägender Bausubstanz, schlechten
Unterhaltungszustand, umfassenden Planungsstand, großes Engagement
der Bürger und Interessiertheit der Gemeindeverwaltung, hohe Umweltbelastungen und schlechte Dorfökologie. Mit anderen Worten, es
sollen gefördert werden die Ärmsten der Armen bzw. die, die es
am nötigsten haben von den 4.000 niedersächsischen Dörfern.

In der Praxis zeigt sich allerdings, daß das Interesse der Gemeindeverwaltung und das Engagement der Bürger, sprich der örtlichen
Politik weitgehend die Auswahl bestimmen. Bezogen auf den Großraum
Hannover läßt sich feststellen, daß die 33 bisher begonnenen Maßnahmen fast ausschließlich auf größere Mischdörfer entfallen und
die kleineren Agrardörfer bisher kaum an den Dorferneuerungsprogram-
men beteiligt wurden.

Im Übrigen sind die eingesetzten Fördermittel auch unter Berücksichtigung ihrer Anreizfunktion zu gering: Die Förderung beläuft sich
auf ca. 300.000,-- DM pro Dorf über die Laufzeit mehrerer Jahre
hinweg. Das ist auch im Vergleich zu anderen Bundesländern zu
wenig.

3. **Siedlungs- und agrarstrukturelle Ansätze im Entwurf des Regionalen
Raumordnungsprogrammes für den Großraum Hannover**

Der Entwurf für das Regionale Raumordnungsprogramm des Großraums
Hannover versucht, den siedlungs- und agrarstrukturellen Ansatz
in zweierlei Hinsicht aufzugreifen:

3.1 **Differenzierte Darstellung des natürlichen Ertragspotentials**

Die Darstellung der "Gebiete mit besonderer Bedeutung für die
Landwirtschaft"erfolgt differenziert nach den unterschiedlichen
Stufen des natürlichen Ertragspotentials.

Während der Großraum Hannover nach den Vorgaben des Landes-Raumord-
nungsprogrammes nahezu flächendeckend als Agrargebiet I und II
dargestellt werden müßte, erlaubt der Rückgriff auf die Differenzierung nach Ertragspotentialstufen zusätzliche Kriterien für die
Abwägung von Zielen und Maßnahmen der Fachplanungen.

Das landwirtschaftliche Ertragspotential bei Ackernutzung ist
ein Indikator zur Beurteilung der Bodenqualität. Der angegebene

Ertrag bezieht sich auf den vorherrschenden Bodentyp; die Erträge
sind erzielbar von einem durchschnittlich gut bewirtschafteten
Betrieb bei ortsüblicher Entwässerung ohne Beregnung; als Kulturart
wird Wintergerste gewählt, da sie auf leichten wie auf schweren
Böden ausreichend verbreitet ist.

Diese nähere Darstellung der natürlichen Ertragsbedingungen verfolgt
drei wesentliche Ziele:

1. Hinweis auf eine standortgerechte landwirtschaftliche Bodennutzung und die Bemessung des Einsatzes von Dünge- und Pflanzen-
   schutzmitteln, also auf Art und Intensität der Bodennutzung;

2. Abgrenzung von Teilräumen mit naturbedingten Bewirtschaftungsnachteilen zur Abteilung differenzierter agrarstruktureller
   Förderprogramme und Maßnahmen - zum Beispiel direkte einzelbetriebliche Förderung für Betriebe auf Böden niedrigen Ertragspotentials;

3. Verstärkter Schutz landwirtschaftlicher Nutzflächen mit hohem
   Ertragspotential gegenüber ihrer möglichen Inanspruchnahme
   durch nichtlandwirtschaftliche Nutzungen;

Die differenzierte Darstellung will nicht dazu beitragen, die
naturbedingt weniger ertragreichen Böden aus der Bewirtschaftung
herauszunehmen.

An dieser Stelle soll auch auf eine notwendige Regionalisierung
der agrarstrukturellen Förderprogramme und Maßnahmen verwiesen
werden; sie sollten vorbereitet werden durch eine neuverstandene
agrarstrukturelle Vorplanung in Zusammenarbeit mit der Regionalplanung und den Gemeinden.

3.2 Differenzierung ländlicher Siedlungen im Großraum Hannover

Wie kann nun so eine differenzierte Entwicklung ländlicher Siedlungen aussehen, welche Beurteilungskriterien gibt es aus Sicht der
Regionalplanung bei der Ableitung unterschiedlicher Leitbilder
und Handlungskonzepte?

Allgemein gilt für die ländlichen Siedlungen aus Sicht der Regionalplanung im Großraum Hannover der Grundsatz: Verzicht auf eine
weitere Kompensation des Funktionsverlustes durch Förderung der
Zuwanderung, soweit diese nicht durch örtliche Arbeit, familiäre
oder soziale Bindungen bedingt ist; d. h. Verzicht auf weitere
Baulandausweisungen und Beschränkung auf die Eigenentwicklung,
die sich im wesentlichen im Bestand, Baulücken und durch Umnutzung
leerfallender landwirtschaftlicher Bausubstanz vollziehen sollte.
Wesentliche Motive für diesen Grundsatz sind die rückläufige
Bevölkerungsentwicklung, kurze Verkehrswege und eine günstige
Zuordnung von Wohn- und Arbeitsstätten sowie die vorrangige Sicherung der Nutzungsmöglichkeiten vorhandener Infrastrukturen in
den zentralen Orten.

Die Dörfer lassen sich nach ihrer mehr oder weniger starken Wohn-
standortprägung oder landwirtschaftlichen Prägung in Ländliche
Wohnstandorte bzw. Agrardörfer unterscheiden. Parallele, bzw.
unentschiedene Entwicklungen beider Funktionen werden als Mischdörfer bezeichnet.
Die mit dieser Charakterisierung in der Regel verbundenen unterschiedlichen Entwicklungsvoraussetzungen, die sich vor allem aus
der Entfernung zu den Zentren ergeben, lassen Rückschlüsse auf
unterschiedliche Maßnahmekonzepte und Handlungsziele zu.

<u>Ländliche Wohnstandorte:</u>
- Soweit sie in der Nähe der Zentren liegen, erfüllen sie für
  diese ergänzende Wohnfunktionen und fangen die Stadt-Rand-Wande-
  rung auf; eine nach wie vor nicht unproblematische Entwicklung,
  die sich aber überwiegend im Rahmen der Steuerung der Eigendyna-
  mik vollzieht und zu der die Landwirtschaft selbst maßgeblich
  beiträgt.

- Im entfernteren Umland bzw. in ländlichen Teilräumen sollten
die Maßnahmen zur Verbesserung der Existenzfähigkeit der Bewohner
gebündelt werden auf solche Ländlichen Wohnstandorte und ggf.
größere Mischdörfer, die dazu geeignet sind, unterhalb der
Ebene zentraler Orte Nahversorgungsfunktion bei öffentlichen
und privaten Dienstleistungen sowie Arbeitstätten mit zu übernehmen. Ziel sollte es sein, die Ansätze einer Funktionsmischung
zu stärken und dezentrale, kleinräumliche Netze aufzubauen,
die ihrerseits in die zentralörtliche Siedlungsstruktur integriert sind. Die Existenzsicherung landwirtschaftlicher Betriebe
vollzieht sich hier unter vorrangiger Berücksichtigung der
Wohnfunktion.

Aus Sicht der Regionalplanung sind gebündelte Maßnahmekonzepte
auf eine Auswahl dieser Ländlichen Wohnstandorte/größeren Mischdörfer zu konzentrieren, die bereits bestimmte Voraussetzungen erfüllen:
- Grundausstattung mit öffentlichen und privaten Einrichtungen;
- günstige Einbindung in die ÖPNV-Bedienung, z. B. Lage auf Busachsen und an Nahschnellverkehrshaltepunkten;
- ausreichende technische Infrastruktur (z. B. Wasser und Abwasser)
hinsichtlich ihrer ökologischen Leistungsfähigkeit und Auslastungsschwellen;
- wirtschaftliche und umweltverträgliche Energieversorgungsmöglichkeiten;
- kurze Wege zu Arbeitsstätten, Schulen, Freizeit- und Erholungsmöglichkeiten.
Weitere wichtige Hinweise geben Größe und Dynamik der bisherigen
Bevölkerungsentwicklung.

Zur Funktionsstärkung dieser Ländlichen Wohnstandorte/größeren
Mischdörfer sind die Maßnahmen zu bündeln:
- Städtebauförderung, Dorferneuerungsprogramm, Denkmalpflege;
- agrarstrukturelle Planungen und Maßnahmen (z. B. Flurbereinigung,
einzelbetriebliche Förderung, direkte Einkommenshilfen);

- Arbeitsförderungs- und Berufsbildungsprogramme (z.B. Maßnahmen
  nach AFG, Landes- und Kreisprogramme, Sozialhilfe, Benachtei-
  ligtenprogramm des Bundes, EG-Sozialfonds);
  kommunale Investitionen in den Ausbau und Umbau vorhandener
  öffentlicher Einrichtungen und technischer Infrastrukturen;
- Straßenbau (z. B. GVFG für Aus-, Um- und Rückbau, Wohnumfeldverbesserung durch Verkehrsberuhigung, Radwege);
- regionale, kommunale Wirtschaftförderung, Fremdenverkehrsförde-
  rung, Strukturprogramme für den ländlichen Raum zur Förderung
  von Handwerk, Gewerbe und Handel;
- Natur- und Umweltschutz (z. B. Moorschutzprogramm, Landes-
  pflege).

Agrardörfer:

Bei den Agrardörfern stehen die Maßnahmen zur Existenzsicherung
der landwirtschaftlichen Betriebe im Vordergrund.

Die Entwicklungsmöglichkeiten hängen wesentlich davon ab, ob das
industrielle oder das ökologische Leitbild der Landwirtschaft
zum Tragen kommt.

Das ist nicht nur eine Frage übergeordneter politischer Entscheidungen zugunsten der einen oder anderen Agrarpolitik, sondern auch
abhängig von

- den natürlichen Voraussetzungen und der Betriebsstruktur;
- der Größe und Struktur der Dörfer;
- der Auffassung und Einstellung der Landwirte;
- der Nähe zu zentralörtlichen Absatzmärkten.

Es ist zu vermuten, daß gerade diejenigen Agrardörfer, die schlech-
tere natürliche Voraussetzungen und eine relativ große Anzahl
kleinerer mittlerer Betriebe haben auch besonders günstige Voraussetzungen für einen Einstieg in das ökologische Leitbild der Landwirtschaft mitbringen.

In jedem Falle steht bei den Agrardörfern die Koordination entsprechender agrarstruktureller Maßnahmen im Vordergrund:

- Existenzsicherung kleinerer mittlerer Betriebe durch direkte Einkommenshilfen;
- Einkommenstransfer für Landespflegebeiträge;
- Förderung zusätzlicher Einkommensmöglichkeiten im Bereich örtlicher, öffentlicher Dienstleistungen (Jobteilung), Fremdenverkehr;
- Dorferneuerung.

Von besonderer Bedeutung sind auch die Umsetzungsmöglichkeiten ökologischer Leitbilder bei der Energieversorgung, der Wasser- und Abwasserversorgung, der Abfallbeseitigung und die Verknüpfung aller ökologisch orientierten Nutzungen.

Abbildung: Verknüpfung ökologisch orientierter Nutzungen

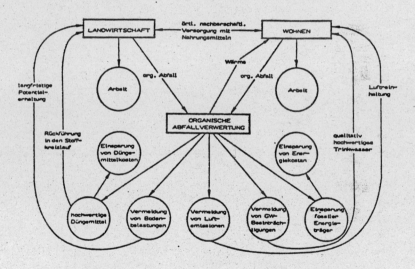

Quelle: Schäfer, K./Brahms, F./Langer, H./Hoppenstedt, A.: Ausprägung ökologischer Entwicklungskriterien für einzelne Regionstypen - Leituntersuchung für den Modellfall Ländlicher Raum -, im Auftrag Umweltbundesamt, Manuskript Hannover 1983, S. 81

Einige Agrardörfer werden sich autonom weiterentwickeln - ggf. mit dem Ergebnis einer Rückentwicklung zu landwirtschaftlichen Weilern.
Auch diese realistische Entwicklung bedarf öffentlich geförderter Konzepte.

Fazit: Während die Regionalplanung bemüht ist, die Wohnfunktion in erster Linie in zentrale Orte bzw. in die Nähe von Arbeitsstätten zu lenken und hier die Zukunft nicht in den Dörfern liegen sollte, bewegen sich die Zukunftsmöglichkeiten der Agrardörfer weitgehend im Spannungsfeld eines industriellen bzw. ökologischen Leitbildes der Landwirtschaft.

4. Regionalplanung bzw. Regionalwissenschaft will keine Besserwisserei sein; sondern sie vertritt eine Betrachtungsebene, wo bestimmte Zusammenhänge und Wechselbeziehungen zwischen den Fachplanungen und den Entwicklungstendenzen gesehen werden; sie kann Beurteilungskriterien beisteuern für einen behutsamen Umgang mit der überkommenen Siedlungsstruktur und ihre sinnvolle Weiterentwicklung.

Eckart G ü l d e n b e r g , Hannover

THESEN ZUM REFERAT

----

1. Anhaltende Funktionsverluste und schwindende Existenzsicherungs-
   möglichkeiten gefährden die Zukunft der Dörfer

   - Die Abhängigkeit ländlicher Siedlungen von städtischen Ausbildungs-
     und Arbeitsstätten nimmt weiter zu;

   - Bevölkerungsentwicklung und -verteilungstendenzen begünstigen die
     Zentren;

   - das Leitbild einer industrialisierten Landwirtschaft verringert die
     Existenz- und Beschäftigungsmöglichkeiten;

   - die Nahverkehrsmobilität ist kaum noch zu verbessern, teilweise
     verschlechtert sie sich.

2. Anforderungen an eine veränderte Raumordnungs- und Agrarpolitik

2.1 Die Raumordnungskonzeption des Disparitätenausgleichs ist überholt;
    sie hat die Ausstattung der Dörfer mit öffentlichen Einrichtungen
    und technischer Infrastruktur sowie die Verkehrsbeziehungen
    verbessert - aber die ökonomische Tragfähigkeit kaum.

2.2 Die Raumordnungskonzeption einer "endogenen" Regionalentwicklung
    versucht - in realistischer Einschätzung der Ausgangslage - die re-
    gionale Eigenständigkeit zu fördern und Beurteilungskriterien für eine
    funktionsspezifische Siedlungsentwicklung bereitzustellen.

2.3 Wesentliche Chancen eines weitgehenden Funktionserhaltes von land-
    wirtschaftlich geprägten Dörfern liegen in einer konsequenten Um-
    orientierung der Agrarpolitik hin zu einem ökologischen Leitbild der
    Landwirtschaft.

2.4 Das in Niedersachsen praktizierte Dorferneuerungsprogramm

    - erlaubt einen wichtigen planerischen Einstieg in grundlegende Zu-
      sammenhänge der Dorfentwicklung;

- beschränkt sich hinsichtlich seiner Maßnahmen im wesentlichen auf objektbezogene Instandsetzungs- und Modernisierungsmaßnahmen (dabei ist die Legitimität bzw. Notwendigkeit der den städtischen Modernisierungsprogrammen vergleichbaren Maßnahmen unbestritten);

- ist nicht rückgekoppelt mit einer in sich konsistenten Agrarpolitik und einer umfassenden Existenzsicherung landwirtschaftlicher Betriebe;

- bevorzugt bei der Auswahl entwicklungsfähige Dörfer mit Ansätzen zur Funktionsmischung (Mischdörfer); ländliche Wohnstandorte, aber auch überwiegend landwirtschaftlich geprägte Dörfer (Agrardörfer) bleiben weitgehend ausgeklammert.

3.   Siedlungs- und agrarstrukturelle Ansätze im Entwurf zum Regionalen Raumordnungsprogramm des Großraums Hannover.

3. I   Die differenzierte Darstellung des natürlichen Ertragspotentials zielt in Abwägung mit der Fachplanung ab auf:

- eine standort- und umweltverträgliche landwirtschaftliche Bodennutzung;

- teilräumlich differenzierte agrarstrukturelle Förderprogramme und Maßnahmen unter Berücksichtigung von Bewirtschaftungsnachteilen;

- einen verstärktenSchutz landwirtschaftlicher Flächen vor Inanspruchnahme durch andere Nutzungen.

3.2   Leitbilder und Maßnahmekonzepte für ländliche Siedlungen im Großraum Hannover

- Die rückläufige Bevölkerungsentwicklung und die erforderliche wirtschaftliche Auslastung öffentlicher und privater Dienstleistungen, technischer Infrastrukturen und des ÖPNVerfordern und die regional entspannte Wohnungsmarktsituation erlaubt eine Begrenzung der künftigen Wohnbautätigkeit auf die zentralen Standorte.

- Die ländlichen Siedlungen lassen sich entsprechend ihrer mehr oder weniger ausgeprägten Wohnstandortfunktion bzw. landwirtschaftlichen Produktionsfunktion unterscheiden in:

- ländliche Wohnstandorte
- Mischdörfer
- Agrardörfer.

- Mit dem Ziel einer Stärkung der Funktionsmischung sollten entsprechende Maßnahmen vorrangig auf dafür geeignete ländliche Wohnstandorte bzw. größere Mischdörfer konzentriert werden.

- Bei den Agrardörfern stehen Maßnahmen zur Existenzsicherung landwirtschaftlicher Betriebe im Vordergrund. Ihre unterschiedlichen Entwicklungsmöglichkeiten hängen wesentlich davon ab, ob das industrielle oder das ökologische Leitbild der Landwirtschaft zum Tragen kommt und wie weit es gelingt, in sich konsistente agrarstrukturelle Programme und Maßnahmen unter Berücksichtigung regionaler Besonderheiten und Unterschiede zu entwickeln.

Einige Agrardörfer werden sich autonom und ohne größere öffentliche Maßnahmen zu landwirtschaftlichen Weilern zurückentwickeln.

Joachim D e s c z y k , Hannover

DAS DORF SEHEN

Sehr geehrte Damen und Herren,

ich freue mich, Ihnen heute in einem kleinen Beitrag über die Dörfer
erzählen zu dürfen. Mein Beitrag wird sich im wesentlichen auf die
Kommentierung ausgewählter Dias zum Thema beschränken. Er wird daher
nicht so tiefgehend sein, wie die Vorträge von heute nachmittag. Ich
hoffe jedoch, daß er zu weitergehenden Fragen veranlassen wird.

"Das Dorf sehen" - das ist das Thema, mit dem ich konfrontiert
wurde und dazu möchte ich Ihnen erzählen.

Wie wir alle sehen und spüren, gewinnen die Themen Dorf, Dorferneuerung in jüngster Zeit sehr an Aktualität. Nachdem man sich in den
südlichen Bundesländern schon seit Jahren mit diesem Thema befaßt,
ist nunmehr auch in Niedersachsen das Interesse an dem Stiefkind
"Dorf" sehr stark gewachsen. Ich würde sagen, es ist raketenähnlich
in die Höhe gestiegen.

Viele Menschen beschäftigen sich nun mit dem Dorf und verfolgen an-
geblich dasgleiche Ziel. Jeder sieht es aber anders. Manchmal schaut
man aneinander vorbei, ohne das zu wissen. Gründe dafür gibt es natürlich verschiedene, so wie dies in jedem Lebensbereich der Fall
ist. Vornehmlich werden diese Gründe bestimmt durch die eigene Erfahrung, durch die Erwartung und Befindlichkeit der Betroffenen,
also der Gesprächspartner und vieler, vieler Menschen, die sich mit
der gleichen Fragestellung befassen. Daß diese drei Dinge eine wichtige Rolle spielen, haben wir heute nachmittag auch schon spüren
können. Ein Denkmalpfleger sieht nunmal das Dorf ganz anders als ein
Landwirt oder als ein Hausbesitzer eines zusammenfallenden Gebäudes
und noch anders als ein Vertreter der Landwirtschaftskammer. Die Befindlichkeit aller Betroffenen spielt dabei auch eine wichtige Rolle. Ich meine, daß wir uns all dessen bewußt sein sollten, wenn man
sich mit derart sensiblen, so empfindlichen Elementen, wie Dorf,

Landschaft, also Dingen, die in Jahrhunderten gewachsen sind, beschäftigt. Mit meinem Beitrag möchte ich versuchen, Sie wenigstens
auf einige Aspekte hinzuweisen, die bei der Dorferneuerung berücksichtigt werden sollten, auch wenn sie manchmal nur die Oberfläche
der Problematik aufzeigen werden. Egal ob es die Dächer sind oder
die Fassaden, die heute hier auch schon genannt wurden.

Zunächst möchte ich jedoch Constantin Freiherr von Heeremann zitie-
ren, der anläßlich der Aktion "Alte Werte neu entdecken" vor einigen
Jahren das Dorf meines Erachtens recht treffend beschrieb. Ich zitiere: "Wortassoziationen werden wach, Landwirtschaft, einfache Menschen, Wohn- und Begegnungsstätte, Marktplatz, kulturelles Zentrum
im ländlicher Umgebung, Kirchturmidylle - ist das Dorf von heute
noch damit zu vergleichen? Ist vom Dorf vielleicht nur noch eine
verschwommene Sehnsucht unzufriedener Städter übriggeblieben, die
den Wunsch nach einem Zurück - zur - Natur hegen? Da schwingt zeit-
lose Ruhe mit, da sieht man Bauernhäuser, Höfe, an die sich Handwerk,Kleingewerbe, das Wirtshaus und der Kramladen arbeitsteilig an-
gegliedert haben. Das Dorf,Ackergrund unserer Kultur, in dessen Mitte die Kirche und der Kirchhof liegen, sieht Jahrhunderte zurück auf
unveränderte Gleichförmigkeit seines Alltags, die seinen Lebens- und
Gemeinschaftsrhythmus ausmachten. War es nun eine heile Welt? Geben
wir uns nicht der Illusion hin, daß annodazumal das Bauerndorf nur
das reinste Idyll war. Die soziale Kontrolle beschnitt den Einzelnen
häufig in seiner persönlichen Sphäre. Das, was man in käfigartigen,
vielstöckigen Mietshäusern an Anteilnahme für den Nachbarn vermißt,
kann im Dorf zur sozialen Fessel werden, die nicht jedem recht ist.
Mithören, Mitwissen sind Selbstverständlichkeiten in einer Dorfge-
meinschaft, ebenso wie sich lauffeuerartig verbreitende Meldungen.
Das ist so, und keiner, außer den Betroffenen, nimmt Anstoß daran."

Ich meine, daß das Dorf und der ländliche Raum in der Tat nie eine
Idylle waren. Über Jahrhunderte hinweg entstand aber eine Gestalt,
die ein Ergebnis von Wechselwirkungen zwischen Natur und Mensch,
mit all seinen Bedürfnissen ist. Und es war stets und überall eine
Auseinandersetzung mit den Gegebenheiten, und diese unterlagen dem
Gesetz des steten Wandels. Heraklit sagte 500 Jahre vor Christus

"Panta rhei" was etwa heißen soll "alles fließt". Und Goethe meinte: "Es gibt nichts beständigeres als den Wechsel". In der Natur verlaufen solche Prozesse langsam und stetig. Nur der Mensch vermag diese Prozesse zu beeinflussen.

Die Dorferneuerung ist nun auch ein Mittel, ein Instrument, das im Ergebnis diese Prozesse irgendwie beeinflussen soll. Wenn man sich nun mit dem Dorf beschäftigt, dann meine ich, ist eine Grundvoraussetzung, das Dorf nicht nur als solches, sondern als ein Element einer Ganzheit zu betrachten. Einer Ganzheit, die aus einer Vielzahl von Elementen wie: Landschaft, Menschen, Gebäude, Tiere, Arbeit und vielen anderen mehr, besteht.

Lassen Sie uns zunächst über die Landschaft sprechen, dann ins Dorf gehen und uns mit Häusern befassen. Dabei werde ich einige von den Dingen erläutern, die besonders wichtig sind. Manchmal wird es ausreichen das Bild zu betrachten, um gewisse Unterschiede oder Aussagen festzustellen.

Es ist wichtig, die Landschaft als eine Gestalt zu erfassen, die man primär visuell wahrnimmt. Dabei ist aber selbstverständlich die Frage zu stellen, wie denn das ökologische Verhältnis in dieser Landschaft aussieht? Entscheidend ist also, die Eigenart einer Landschaft festzustellen und zu benennen, um daraufhin Maßnahmen empfehlen zu können, die diese Eigenart vervollständigen. Es wäre verfehlt, eine verhältnismäßig offene Landschaft zu einer geschlossenen ausbilden zu wollen. Es gilt aber zu erkennen, daß eine Landschaft gegliedert sein sollte, damit sie wohnlich, behaglich und zum Leben geeignet ist. Das, was in der jüngsten Vergangenheit oft geschah, geschah sicherlich mit bestimmten, meistens guten Zielen und Erwartungen. Die Landschaft wurde vielfach übermäßig bereinigt und ausgeräumt. Das Ergebnis ist bedauernswert. Solange der Landwirtschaft nicht mehr Aufmerksamkeit geschenkt wird, werden die Bemühungen um die Dörfer keine guten Früchte tragen.

Die Eigenarten einer Landschaft sollten also sowohl in visueller, ökologischer aber auch in kultureller Hinsicht erkannt und bejaht werden und das sowohl im großen als auch im kleinen Maßstab.

Man kann über die Zuständigkeit des Naturschutzes oder über die Frage, wie denn Naturschutz in eine Dorferneuerungsplanung eingebunden werden sollte oder müßte, ausführlich diskutieren. Viel wichtiger ist es aber unabhängig davon, im Rahmen der Dorferneuerungsplanung Schritt für Schritt mit Hinweisen die Betroffenen, d.h. die Dorfbewohner und die Besitzer von großen Flurstücken darauf hinzuweisen, was getan werden kann, ohne daß dies mit einem Gesetz oder einer Richtlinie verordnet werden muß.

Das Bauen in der Landschaft gehörte seit jeher zur menschlichen und natürlichen Existenz. Dabei gibt es grundsätzliche Möglichkeiten, in der Landschaft zu bauen. Die erste erfolgt nach dem Prinzip der Selbstbehauptung. Dabei werden Gebäude so angeordnet, als würden sie sagen: "So, hier sind wir und wollen dies nicht verschweigen". Das andere Prinzip ist jenes des Sichunterordnens, des Sichanpassens an die Gegebenheiten, und das Zurückgehen. Dies geschieht in erster Linie aus Vernunftsgründen, denn eine solche Siedlung, die hinter einem Landrücken liegt und dann noch entsprechend eingegrünt ist, wirkt einfach vernünftiger als eine, die völlig offen ist und wo der Wind durch alle Straßen hindurchfegen kann. Es gibt leider zu viele Beispiele dafür, wie neuerdings trotz des vielen Wissens in der Landschaft gebaut wurde - so als ob man nichts wüßte. Die Siedlung auf dem linken Bild könnte überall stehen. Sie verrät keine Verwandtschaft mit irgendeiner Landschaft oder einer benachbarten Ortschaft. Die Gebäude stehen nebeneinander als ob sie sagen würden, daß sie nichts miteinander zu tun haben wollen. Es ist aber möglich, landschaftsgerecht zu bauen, sowohl was den äußeren Ausdruck angeht als auch konzeptionell, indem bestimmte Materialien und Farben verwendet werden aber auch, indem die Gebäude entsprechend einer Form entwickelt werden, die Bezüge zum Vorhandenen herstellt.

Vielerorts wurden Campingplätze, Gewerbegebiete angelegt und nun stören sie. Auch dafür gibt es Beispiele, wie diese notwendigen Bedürfnisse erfüllt werden können. Die Existenz von Gewerbegebieten ist in manchen Orten nunmal berechtigt und deshalb ist es sinnvoll, sich damit auseinanderzusetzen, wie denn ein solches Gebiet in die Umgebung einbezogen werden kann, ohne zunächst einmal eine visuelle Störung der Landschaft und des Dorfes darzustellen.

Der Straßenbau ist eine der wichtigsten baulichen Maßnahmen, die in der Landschft erfolgen. Früher konnte man gar nicht anders, als Straßen zu bauen so, wie es die Gegebenheiten erlaubten. Man hatte kein großes Werkzeug, konnte somit auch keine großen Erdmassen bewegen. Heute ist alles möglich! Dabei sind Straßen, die sich aus der Landschaft heraus ergeben, die entsprechend gegliedert sind, indem die Topographie ausgenutzt und durch Bäume betont wird, unbestritten interessanter. Solche Straßen ermöglichen ein wesentlich angenehmeres, ermüdungsfreieres Benutzen. Auch kleinere Straßen und Wege werden oft mit einem sehr hohen Aufwand gebaut. Die notwendigen Wege könnten aber auch so hergestellt werden, daß ihre Benutzung gut möglich ist und die Belastung für die Landschaft verhältnismäßig gering bleibt.

Nun sollten wir uns der Siedlung nähern eben auf diesen gut ausgebauten Straßen. Was man dort oft zu sehen bekommt, ist schon recht unterschiedlich. Man stellt fest, daß am Rande dieses über Jahrhunderte gewachsenen Dorfes etwas Neues hinzugekommen ist, das zunächst das Landschaftsbild ziemlich stark beeinträchtigt, aber insbesondere die gewachsene Silhouette des alten Dorfes. Dabei wäre es so einfach gewesen, wenn die Siedlung an dieser Stelle unumgänglich ist - durch einige knappe Festlegungen das Bild angemessener werden zu lassen. Also angenommen, man hätte festgelegt, daß alle Gebäude zur Landschaft hin traufständig sein sollten, daß bei den Dachfarben eine Einheitlichkeit herrschen sollte und daß die Gebäude größenmäßig einander ähneln, sowie durch die Art der Anpflanzungen ein weicherer Übergang zur Landschaft erfolgt wäre, dann wäre viel erreicht. Es ist wichtig, Planungen nicht nur auf dem Papier zu beurteilen, sondern herauszugehen und die sog. Orte des ersten Erkennens - wie es Prof. Landzettel formuliert - aufzusuchen, um von dort aus zu betrachten, ob eine Maßnahme überhaupt durchgeführt werden darf, unabhängig von anderen Gegebenheiten als den visuellen. Möglicherweise wird man einen besseren Standort dafür finden. Hier sehen Sie ein Beispiel für einen Ortsrand, der völlig harmlos entsteht durch die Anordnung der Gebäude und die Tatsache, daß dort Obstbäume gepflanzt wurden. Hart und unbefriedigend wirkt es meist dann, wenn ohne ein minimales Konzept gesiedelt wird.

Wenn man nun in die Dörfer hineingeht, so wird man sich zunächst
einmal mit dem Ortseingang, also mit einem Element des Ortsrandes
befassen. Entweder man kommt in einen Ort sehr schnell, sehr großzü-
gig hinein, manchmal kommt man durch den Ort durch und bemerkt erst
irgendwann in der Mitte oder vielleicht auch erst beim Ausgang, daß
man das Dorf bereits passierte. Oder es ist so wie auf dem rechten
Bild - die Straße pendelt auf den Ort zu. Der Ortseingang wird deutlich durch Gebäude gebildet und unterstützt wird diese Wirkung durch
Bäume, die entlang der Straße geführt sind.

Für die Straßen im Ort gibt es dann ebenfalls verschiedene Möglichkeiten. Hier ist es wichtig zu erkennen, wodurch ein Straßenraum,
sowohl in der Länge als auch in der Breite gegliedert wird. Sind es
vorwiegend Gebäude? Welche Gebäude sind die wichtigsten, für den
Fall, daß eines davon abgerissen werden muß? Dann ist die Frage zu
stellen, was muß unternommen werden, damit eine bestimmte Gliederung
wieder hergestellt werden kann? Zahlreiche Beispiele belegen, daß
dies nicht nur durch Gebäude, sondern auch durch Großgrün geschehen
kann.

Ganz entscheidend in diesem Zusammenhang ist die Frage nach dem notwendigen Ausbaustandard von Straßen und vor allem nach der notwendigen Breite. Es gibt Ortschaften, in denen die Fahrbahnen 10 m und
breiter sind. Möglicherweise sind engere Straßen innerhalb der Orte
sinnvoller, um den Verkehr zu beruhigen und um den anderen Nutzern,
d.h. Radfahrern, Fußgängern, Kindern einen angemessenen Raum zu geben. Bei den Nebenstraßen geschieht es ebenfalls leicht, daß dort
nach einem Standard geplant und gebaut wird, der für die Stadt gedacht war. Asphaltierte Bürgersteige werden angelegt aus dem Bedürfnis nach Sicherheit und Pflegeleichtigkeit heraus. In einem kleinen
ländlichen Wohngebiet kennen sich doch alle, deshalb können Auto-
fahrer, Radfahrer und Kinder die Fahrbahn nutzen, ohne daß Unfälle
passieren müssen.

Entscheidend für das Erleben der Innerdörflichkeit ist es meiner
Ansicht nach, fußläufige Wegverbindungen im Dorf zu unterhalten oder
neu anzulegen. Auf diese Weise können auch Neubaugebiete an die Dorf-

mitte auf eine für den Nutzer angemessene Art angebunden werden.

Daß man sich in vieler Hinsicht an der Stadt orientiert, sieht man
zuhauf. Die Vorbereiche, die früher entweder naturbelassen oder
einfach nur gepflastert waren, wo das Gras noch durchwachsen konnte,
werden gern - wie ich das bereits angedeutet habe - asphaltiert oder
mit großflächigen Platten befestigt. Dabei gibt es eine Vielzahl von
Möglichkeiten, diesen Bereich anders zu gestalten. Zum einen so, daß
der Unterschied zur Fahrbahn deutlicher wird, zum anderen so, daß
auch noch Leben dort herrschen kann.

Diese beiden Bilder zeigen, daß auch andere Dinge zum Ausdruck, also
zum Bild einer Straße und damit auch zum Bild des Dorfes beitragen.
Eine entsprechende Straßenleuchte, die kleinteilige Pflasterung,
eine dorfgerechte Gestalt der notwendigen Elemente wie
Bushaltestelle, Telefonzelle, Transformatorenhaus und vieles andere
mehr, prägen das Bild auf eine entscheidende Weise.

Grundstückseinfriedungen tragen ebenfalls zu einem harmonischen oder
chaotischen Ortsbild bei. Früher wurden Grundstückseinfriedungen errichtet, die einfach üblich gewesen sind. Wenn man Schutz haben
wollte, dann wurde entweder eine Hecke angelegt oder eine kräftige
Mauer gebaut. Dort, wo das nicht gewünscht war, wurde ein Zaun
angelegt. Heute ist man sich ziemlich unschlüssig, weil es zu viele
Varianten gibt. Zu nennen sind Betonfertigteile, Jägerzäune, die in
der Anschffung preisgünstig sind, in der Unterhaltung aber furchtbar
aufwendig. Vieles bringt ein hohes Maß an Individualität zum
Ausdruck. Vielerorts schämt man sich wegen einfacher Lattenzäune,
obwohl dieser Lattenzaun ohne große Pflege zu benötigen, über Jahr-
zehnte stehen kann.

Neben den Straßen ist die Dorfmitte von großer Wichtigkeit. Das ist
heute nachmittag bereits angeklungen. Zahlreiche Orte können sich
glücklich schätzen, ihre Kirche noch zu haben. Manche haben noch
ihre Schule, andere einen Dorfplatz, also z.B. eine Rasenfläche mit
Bäumen darauf. Es ist gut, wenn eine Dorfmitte vorhanden ist, die
zum einen den geschichtlichen Bezug herstellt, zum anderen aber auch

eine Nutzung ermöglicht. Es ist aber auch wichtig, daß es andere
Mitten gibt. Frau Sommer hat es angedeutet, was es bedeutet, wenn es
im Ort einen Laden gibt, wo man frischen Kuchen, Brot oder andere
Produkte erhält. Solche Orte sind "Kommunikationszentren", Gemein-
schaftsbereiche von größter Bedeutung. Manchmal sind ein Edeka-Laden
und ein Eichbaum auf einer großen asphaltierten Fläche der Ort, an
dem man sich trifft, wo man Neuigkeiten erfährt und wo man seine
Sorgen loswerden kann. Und in jenen Ortsmitten wird im Rahmen der
Dorferneuerung gern gestaltet.

Die Suche nach der Ortsmitte ist eines der, wie mir scheint, größten
Probleme bei manchen Dorferneuerungsplanungen. Wenn man sie dann gefunden hat, muß eine Gestaltung erfolgen. Eine Maßnahme also, weil
Förderungsmittel zur Verfügung stehen. Hier wird gezeigt, daß
Dorferneuerung betrieben wurde. Ich meine, daß gerade in diesen Bereichen so schlicht und zurückhaltend, wie es irgend geht, zu gestalten ist. Etwa so, daß das Geschehene kaum spürbar wird. Manchmal
sollte ein Sich-Selbst-überlassen bestimmter Bereiche zum Ziel gemacht werden. Das Bild rechts zeigt einen Bereich in einem Heide-
dorf, der ursprünglich gestaltet werden sollte, zumindest indem der
Rasen so oft es geht gemäht wird. Ich konnte jedoch erreichen, daß
dieser Bereich sich selbst überlassen wird und damit eine kleine Ni-
sche bildet, die für das Dorf, für die Natur, für die Tierwelt von
großer Bedeutung bleibt. Dieses ist auch eine wichtige Mitte. Dort,
wo Scheunen stehen bleiben können, ohne daß man an ihnen etwas tut.

Nun möchte ich zu den privaten Anwesen und Gebäuden übergehen, die
bei der Dorferneuerung sicherlich mit die entscheidendste Rolle
spielen. In diesem Kontext gibt es eine ganze Reihe von Elementen,
die zu berücksichtigen sind. Das erste ist der Übergang vom öffentlichen zum privaten Bereich. Wie vollzieht er sich? Vollzieht er
sich überhaupt? oder ist der private Bereich eine Erweiterung der
Straßenfläche und der Fahrbahn? Es gibt Höfe, die sich zur Straße
hin völlig öffnen. Dadurch entsteht ein eher unbefriedigendes Gefühl, weil man glauben kann, mit höherer Geschindigkeit in der
Milchkammer zu landen. Rechts ein Beispiel, mit welch einfachen Mitteln ein solcher Übergang durch Bäume auf eine sehr gute Weise be-

tont werden kann. Wie unterschiedlich diese Übergänge noch sein können, kennen wir aus der eigenen Erfahrung. Da ist zunächst das Pflegeleichte, Billige, wo der Kübel daraufgestellt wird und dann das aufwendigere, aber wesentlich lebendigere. Ein Walnußbaum vor einem Gebäude, die kleine Rasenfläche, die allemal gemäht werden kann.

Sehr schwer tut man sich bei der Bewältigung einfacher Aufgabenstellungen. Das ist deshalb verrückt und überhaupt nicht lächerlich, weil es ein Ergebnis einer totalen Verunsicherung ist, die in verschiedener Hinsicht herrscht. Die Menschen möchten doch etwas Schönes schaffen, auch derjenige, der diesen Garagenvorbereich gestaltete. Das Selbstverständnis ist nicht leicht anzunehmen, denn wer will schon einfach und normal sein?

Bei diesem Beispiel hat der Bauherr wohl erkannt, daß ein schönes, behütendes Dach, wie an den alten Bauernhäusern, etwas Gutes ist. Er hat aber in die falsche Schublade gegriffen, bezogen auf die Baukörperverhältnisse, die Farbgebung und anderes mehr. Die Lösung liegt dabei so nahe, auch wenn sie wiederum nicht vollkommen ist, sondern eher bescheiden. Die Proportionen sind ähnlich, auch wenn die Dimensionen die gleichen sind, denn wer kann es sich schon leisten, ein solches Gebäude, wie die alte Scheune zu errichten? Es genügt aber nicht, nur einen Teil der Umgebung wahrzunehmen. Die Ganzheit ist wichtig!

Auch mit modernen Mitteln kann ein Gebäude geschaffen werden, das die Fachwerkstruktur nachempfinden läßt, ohne aus Fachwerk zu bestehen!

Wenn leerstehende Wirtschaftsgebäude und Scheunen zur Verfügung stehen und umgenutzt werden können, dann meine ich, ist dies eine sehr gute Möglichkeit, das Alte zu retten und Bauland zu sparen. Zu beachten ist unbedingt, wie das Gebäude früher beschaffen war und wie man möglichst viel von dem Alten erhalten kann. Dabei ist zunächst der Baukörper ausschlaggebend. Leider geschieht es sehr oft, daß durch Auf-, An-, Ausbauten die Baukörper dermaßen verunstaltet werden, daß ein Neubau angemessener gewesen wäre.

Die Aufmerksamkeit, die den Hauptgebäuden gilt, sollte auch den harmloseren Nebengebäuden geschenkt werden. Wenn Nebengebäude nicht die gleiche Sprache der Hauptgebäude sprechen, wirken sie störend und unpassend. Dabei ist es kein Problem, moderne und notwendige Funktionen, wie Garagen, in die alte Umgebung zu integrieren, indem man zusätzliche Elemente wie z.B. ein Dach verwendet, um diese Einbindung herzustellen.

Bei der Betrachtung der Gebäude ist nach der Frage, wie denn der Baukörper aussehen sollte, und nach der Feststellung, daß dieser Baukörper wohl mit das Wichtigste ist, die Frage nach der Farbe ganz entscheidend. Die Farbe ist sowohl aus der Ferne gesehen, als auch im Nahbereich von Bedeutung. Schaut man sich die Gebäude auf dem linken Bild an, wird man feststellen, daß dort im Laufe der Zeit dazugebaut wurde, erweitert wurde, verändert wurde. Man hat aber die Farbe beibehalten. Auf diese Weise entsteht eine Einheit all jener Elemente, die manchmal anders geworden sind, als man sich das wünscht. Dies geht soweit, daß auch mal ein Material verwendet werden darf, das keineswegs dem Charakter des alten entspricht. An einem Wirtschaftsgebäude oder sonstigen Nebengebäuden darf durchaus Welleternit verwendet werden, wenn es der Farbe nach dem übrigen entspricht. Wie wichtig das mit der Farbe zu nehmen ist, soll wiederum diese Gegenüberstellung zeigen. Das schwarz-weiße Gebäude schafft es einfach nicht, sich in einer rotbraunen Umgebung zu behaupten. Diese erhält wiederum einen besonderen Ausdruck, indem Tore, Luken, Fenster und Kleinigkeiten farbig hervorgehoben werden.

An Putzgebäuden und sehr unansehnlich gewordenen Backsteinbauten kann man mit der Farbe viel erreichen. Sie sollte aber nicht - wie in der Werbung - schreiend, sondern eher zurückhaltend sein.

Wenn man sich den Gebäuden sozusagen bis an die Haut genähert hat, muß auch die Frage nch dem Material geklärt werden. Sie kennen das alle, daß in den letzten 10 bis 20 Jahren eine Flut verschiedener Materialien über das Land hinweg zog und überall Spuren hinterließ. Backsteinbauten und Fachwerkhäuser wurden und werden immer noch verkleidet. Oft verschwindet unter dem neuen Kleid etwas sehr charaktervolles. Nun hat man vielerorts erkannt, daß dieses nicht das Richtige ist. Ob es sich jedoch vermeiden läßt, bezweifele ich.

Glücklicherweise gibt es Möglichkeiten, dort, wo es notwendig ist, Verkleidungen zu verwenden, die aus natürlichen und vergänglichen Materialien bestehen sollten, um wie das Übrige, in Würde altern zu können.

Die am stärksten betroffenen und empfindlichsten Elemente des Hauses sind neben den Verkleidungen noch die Türen, Fenster, sowie andere kleine Details. Es hat jemand einmal gesagt: "Türen sind wie ein Händedruck". Aber wer mag schon eine Hand aus Aluminium anfassen?

Diese Gebäude mit den beiden Türen stehen direkt nebeneinander. Die Tür rechts sollte ersetzt werden durch eine ähnliche Aluminiumtür, die ja viel dichter ist, besser schließt also und moderner ist. Die Tür war einfach schwarz gestrichen und gefiel nicht. Es gelang im Rahmen der Dorferneuerungsberatung, den Besitzer davon zu überzeugen, daß durch Instandsetzungsarbeiten des Schreinermeisters und Malermeisters dieTür wieder so weit hergerichtet werden kann, daß sie den Anforderungen durchaus genügt und eine Belebung des Hauses darstellen wird. Nunmehr will es keiner gewesen sein, der diese Tür durch eine moderne Aluminiumtür ersetzen wollte.

Die Tür war wie ein Händedruck und die Fenster wie die Augen des Hauses. Aber wie manche Häuser heutzutage, nachdem an ihnen Veränderungen vorgenommen wurden, schauen, hat nichts mehr mit Schauen zu tun. Das ist eher ein Schauern. Es sind Grimassen, die furchtbare Schmerzen der Gebäude ausdrücken wollen.

Bei der Fenstererneuerung in Fachwerkgebäuden ist es wichtig, daß die Fachwerkstruktur im wesentlichen erhalten bleibt. Es sollten daher keine Ständer entfernt werden! Wenn nun moderne Gebäude in der Nähe von Fachwerkgebäuden errichtet werden und mit Hilfe der Fenster eine Verwandtschaft erreicht werden soll, sind die großen Öffnungen lediglich in mehrere kleinere zu unterteilen.

Langsam möchte ich zum Schluß kommen, aber nicht ohne etwas zu benennen und aufzuzeigen, was zwar zuletzt genannt wird, aber nicht
als unwichtig angesehen werden sollte. Das Grün, die Natur in der
Siedlung, ist ein äußerst wichtiger Faktor.

Überlegen Sie bitte, welche Qualitäten ein Laubbaum in der Nähe
eines Hauses ausmachen kann, nicht nur, indem man sich darunter
setzen kann. Setzen Sie sich einmal unter oder in die Nähe einer
Tanne. Das ist kaum möglich. Meines Erachtens muß immer wieder auf
die vielfältigen Möglichkeiten hingewiesen werden, die sich bei der
Gestaltung mit Laubgehölzen in ihrer unterschiedlichsten Form ergeben. Im Sommer spenden sie Schatten, im Winter wird das Licht intensiver durchgelassen. Laubgehölze machen es möglich, die Jahreszeiten nachzuempfinden und vielleicht gelingt es im Rahmen der
Dorferneuerung einen Forschungsauftrag an die BASF zu erteilen, mit
dessen Hilfe nch einem Mittel gesucht würde, das einem Baum irgendwann im September eingespritzt werden könnte, damit sich das Laub
später in nichts auflöst. Ich bin sicher, dies wäre ein sehr gutes
Mittel, wieder mehr Laubbäume in unsere Dörfer hineinzubekommen.

Meine Damen und Herren, das gesamte Wesen eines Dorfes hat
natürlich noch wesentlich mehrere Gestalten, als ich das hier gezeigt habe, vor allem wegen der knappen Zeit nicht zeigen konnte.
Nur auf einige, die sich vor allem durch die Gestalt äußern, also
durch das, was man sehen kann, habe ich Sie hingewiesen.

Marie-Luise Kaschnitz hat in diesem kleinen Taschenbuch, das man an
einem Abend durchlesen kann, das Dorf auf eine vorzügliche Weise
beschrieben. Ich zitiere: "Eines Tages, vielleicht sehr bald schon,
werde ich den Versuch machen, das Dorf zu beschreiben. Ich werde
überlegen, womit anfangen, mit dem Oberdorf, mit dem Unterdorf, mit
dem Friedhof, mit dem Wald oder mit den Höhen, die noch oben am
Ölberg liegen. Wasser, so geht die Sage, erfüllte die Talbucht, wie
jetzt zuweilen der Nebel. An den Felswänden waren einmal Ringe, an
den Ringen Boote befestigt, während in Wirklichkeit nur eines fest-
steht, nämlich daß diese Höhlen die Zuflucht nacheiszeitlicher
Jägerhorden waren". "... am 7. Tag werde ich mich den Geräuschen

des Dorfes zuwenden. Zuerst den noch immer nicht verklungenen Gei-
stergeräuschen, dem Schleppschritt der Kühe, dem Knarren der Wa-
genräder, dem Pferdegetrappel auf der Landstraße, der Glocke des
Ausrufers, dem Rattern und Sausen der Dreschmaschine im Schuppen.
Geräusche, an deren Stelle etwas anderes getreten ist, was laut
ist, rasch ist, ein Hin und Her der Zukunft entgegen, das zieht und
treibt. Die Geräusche von Traktoren, die mit vielfältigen Geräten
hacken, jäten, pflanzen, pflügen, Wasser pumpen, regnen, mähen,
dreschen, Erde krümeln".

"An meinem nächsten, am 13. Arbeitstag werde ich die Geräusche des
Dorfes beschreiben, wenig Süßes und beileibe nichts tropisch Be-
täubendes, wenig Flieder, keine Akazien, ein einziger Faulbaum im
Garten des Hauses Nr. 84, und die Madonnenlilien in den Bauerngärten fast ausgestorben. Die Frühlingsgerüche rein, zart,
aufschießendes Gras, Kirschblüte, Apfelblüte, Quittenblüte, Narzis-
sen im Garten, gelbe Gerüche, weiße Gerüche, ein Wölkchen rosa dabei. Harzduft und Holzgeruch im Wald, von den rissigen Stämmen her,
von den aufbereiteten Klaftern, der hellen Schnittflächen der Bu-
chen. Von Schädlingsbekämpfungsmitteln scharfer, beißender bis zum
Hustenreiz". "An meinem nächsten, dem 14. Arbeitstag, werde ich
einige Wege in der Umgebung des Dorfes beschreiben, den Bettlerpfad
etwa, der im Kohlwald aus dem Tannendickicht tritt, das Tal durch-
quert und danach Waldspitzen abschneidend Wiesen zum Wiesengrün
durchschleichend, immer wieder den Blick freigibt auf die Strom-
ebene, auf die Burg".

Ihnen allen wünsche ich, daß Sie das Dorf - Ihr Dorf - mit dem Sie
als Landwirte, als Planer, als Kommunalpolitiker oder Vertreter von
Behörden zu tun haben, so zu sehen, so zu riechen, zu betrachten,
anzufassen vermögen, wie es Marie-Luise Kaschnitz in ihrem Buch
beschreibt. Dann wird die Dorferneuerung den Dörfern sicherlich
gut bekommen, denn sie ist, wie Prof. Landzettel es auch einmal
formulierte, nicht nur eine Sache des rationellen Handelns, sondern
auch eine Sache des Herzens. Ich bin überzeugt, daß eines der
wichtigsten Ziele der Dorferneuerung sein sollte, zunächst einmal
das Dorf richtig, also vernünftig zu sehen und es nicht nach einem
Schema zu betrachten oder in ihm etwas sehen zu wollen, was dort
gar nicht ist.

Es kommt darauf an, die Eigenschaften, die ein Dorf ausmachen, zu erkennen und zu benennen und die Betroffenen auf verschiedene Dinge hinzuweisen, egal, ob dies ökologische Sachverhalte oder Fragen des Naturschutzes sind.

Neben den Bestrebungen, viele Dinge in Richtlinien, Gesetze und Planungen einfließen zu lassen, heißt es Schritt für Schritt wichtige Gedanken ins Dorf zu bringen, z.B. im Rahmen von Bürgerversammlungen, Beratungsgesprächen und Arbeitskreissitzungen. Denn bevor die Richtlinien und Gesetze in Kraft treten, sind sie einen bürokratischen Weg gelaufen. In der Zwischenzeit hätten zahlreiche kleine Wiesenflächen oder Feuchtbereiche erhalten werden können, ohne das Gelder dafür aufgewendet werden müssen. Es genügt zunächst, ein Bewußtsein dafür herzustellen.

Eine große Gefahr sehe ich darin, das Dorf nun, nachdem man sich jahrzehntelang nicht mit ihm befaßt hat, schlagartig erneuern zu wollen.

Als Planer sehe ich mich als derjenige, der allen Betroffenen helfen soll, an jenen Punkten länger zu verweilen, die eben entsprechend gesehen werden sollten. Wenn man dabei keine großen Maßnahmen entstehen, so meine ich, kann im Rahmen der Dorferneuerung ein kleiner Grundstein dafür gelegt werden.

UNSERE DÖRFER WERDEN "ERNEUERT"

BERICHT ÜBER DIE ORTSBEGEHUNG IN LOCCUM
Prof. Dipl.-Ing. Dietrich K l o s e , Architekt, Hildesheim

1. Allgemeines

Das bedeutende und mächtige Kloster bestimmte die Entwicklung des Dorfes
Loccum. So ist die jetzige Struktur des Dorfes Loccum ein Ergebnis der ge-
schichtlichen Entwicklung des Klosters. Die relative Bedeutungslosigkeit des
Ortsbildes steht daher im Gegensatz zu dem imponierenden Bild der Kloster-
anlage.
Da das Kloster jahrhundertelang Zentrum der Siedlung war, hat das Dorf bis
heute keine städtebauliche Eigenständigkeit entwickelt.
Diese Situation wird jetzt als " städtebaulicher Mißstand " empfunden. Der
Rat der Stadt Rehburg-Loccum hat daher beschlossen, vorbereitende Untersuchungen nach dem Städtebauförderungsgesetz einzuleiten.
Im Gegensatz zu den anderen, in dieser Tagung behandelten Beispielen, in
denen eine Dorferneuerung nach " dorfbaulichen " Gesichtspunkten betrieben
wird, wird das Dorf Loccum als Stadtteil behandelt. Dies hat auch seine Berechtigung, da dieser Ort aufgrund seiner Entwicklung schon nicht mehr Dorf,
aber auch noch nicht Stadt ist.

2. Geschichte

Zum Verständnis der Struktur des Ortes Loccum vermittelte Herr Klose als
Einführung einen kurzen Abriß der Geschichte des Klosters und des Ortes.
Bereits in frühgeschichtlicher Zeit ist, wie Funde bezeugen, die Gegend be-
siedelt gewesen.
Aus der Zeit vor 1000 lassen sich zahlreiche Orte, wie Vahrlingen, Leserin-
gen, Winzlar usw., nachweisen.
Etwa im 10. oder 11. Jahrhundert gründeten die Grafen von Lucca eine Burg,
deren Ringwall noch im Loccumer Wald zu sehen ist.

Nachdem die Grafen ihren Besitz dem Zisterzienserorden gestiftet hatten, kam es 1163 zur Gründung des Klosters, das, wie alle Zisterzienserklöster, dem Papst direkt unterstellt wurde. Das Kloster wurde schnell mächtig, es erlangte 1252 die Reichsunmittelbarkeit und war damit im Besitz der hohen Gerichtsbarkeit und der Territorialherrschaft.

Die Macht und die Bedeutung des Klosters fanden ihren architektonischen Ausdruck in der Errichtung einer großen Klosterkirche, deren Bau 1260 begonnen wurde. Wie sehr diese schlichte, aber großartige Architektur von den strengen Regeln des Ordens geprägt ist, wird deutlich, wenn man realisiert, daß etwa zur gleichen Zeit (1277) Erwin von Steinbach die Westwand des Straßburger Münsters errichtete.

Die Strenge, ja Rigorosität der Lebensführung bestimmte auch die Wirtschaftsführung des Ordens. Die Bauern seines Herrschaftsbezirkes wurden zu abhängigen Landarbeitern eines zentral vom Kloster gesteuerten, landwirtschaftlichen Unternehmens.

Diese "Grangienwirtschaft," die sicher sehr effektiv war, führte zur Umsetzung von Bauern in die Nähe des Klosterhofes und damit zur Auflösung von Dörfern. Der Kranz von Wüstungen rings um Loccum kann das Ergebnis dieser Maßnahmen sein.

Im 15. Jahrhundert hatte das Kloster nicht mehr genügend Laienbrüder - Konversen - und konnte daher die Grangienwirtschaft nicht mehr aufrecht erhalten. So kam es zur Gründung von Meierhöfen. Sie waren landwirtschaftliche Betriebe, die im Besitz des Grundherren verblieben, aber von persönlich abhängigen, zu Abgaben und Hand- und Spanndienst verpflichteten, " eigenbehörigen " Bauern selbständig bewirtschaftet wurden.

Da in Loccum ein großer Klosterhof verblieb, waren die Meierstellen um Loccum mit fünf bis sieben Hektar verhältnismäßig klein. Diese Tatsache hat bis in unsere Zeit Struktur und Bild des Ortes Loccum bestimmt.

Die enge Bindung an das Kloster, das in das persönliche Leben seiner eigenbehörigen Bauern einwirkte, hat verhindert, daß sich ein eigenständiges dörfliches Zentrum bildete. Das Leben der Loccumer war auf das Kloster bezogen. So blieb Loccum eine Streusiedlung. Dieser Charakter ist, trotz der baulichen Verdichtung, noch heute spürbar.

Die ständige Präsenz und damit Kontrolle des Klosters, auch nach der Reformation 1584, die geringe Größe der Wirtschaftseinheiten und die verhältnismäßig große Belastung durch die Leistungen für das Kloster, haben auch das achitektonische Bild des Ortes bestimmt. Anders als z.B. in Winzlar, wird in Loccum das Ortsbild nicht geprägt von Bauernhöfen mit einer Architektur, die von einem gewissen Repräsentationsanspruch geprägt ist.

Die Ablöseverordnung vom Jahre 1833 brachte den Loccumer Bauern zwar eine nochmalige Belastung, weil eine Ablösesumme an das Kloster zu zahlen war, aber auch eine persönliche und wirtschaftliche Befreiung. Durch die Industrialisierung im vorigen Jahrhundert erlebten die Bauern einen wirtschaftlichen Aufschwung. Der wachsende Bedarf an landwirtschaftlichen Produkten führte zu einer günstigen Preisentwicklung. Die Produktionskosten konnten durch den Einsatz von Maschinen niedrig gehalten werden.

Die Handwerkerlöhne blieben auf dem Land verhältnismäßig niedrig. Wie im gesamten Umland war daher auch in Loccum der Anreiz groß, die alten, strohgedeckten Fachwerkhäuser der Höfe durch neue, in Ziegel gemauerte und mit Pfannen gedeckte Gebäude zu ersetzen.

Nach dem 2. Weltkrieg brachten die " Wirtschaftswunderjahre " eine neue Baukonjunktur auf das Land. Der Zuzug von Heimatvertriebenen führte zu einem Ansteigen der Bevölkerung, einem Anwachsen der Wirtschaftskraft und einem ganz erheblichen Baubedarf.

Diese beiden großen Neubauschübe, Ende des vorigen und zu Beginn unseres Jahrhunderts und in der Wirtschaftswunderära, haben in Locum die alten Fachwerkhäuser bis auf wenige Ausnahmen ausgerottet.

Während die Ziegelarchitektur der Jahrhundertwende noch von einem hohen gestalterischen Niveau des Handwerks geprägt war, zeigt der Wirtschaftswunderstil kaum noch architektonische Qualität. Ihm sind leider viele Bauten und Bauteile der schönen Ziegelarchitekturen zum Opfer gefallen.

3. Statistik

Loccum hat, nach dem Stand vom 7.2.86, 3176 Einwohner.

Weitere Strukturdaten : Ein-Personen-Haushalte   663

Zwei-Personen-Haushalte   296

Drei-Personen-Haushalte   237

Vier-Personen-Haushalte   193

Fünf und mehr   82

Die Zahl der Ein-Personen-Haushalte ist überdurchschnittlich groß. Sie wird aber
bedingt durch ein leider sehr isoliert liegendes Altersheim mit 100 Plätzen sowie
durch die Bildungseinrichtungen, die evangelische Akademie und das Predigerseminar.

In Loccum wohnen 80 Gewerbetreibende und es gibt noch 117 landwirtschaftliche
Betriebe, davon 20 Vollerwerbsbetriebe von 30 - 60 ha Größe.

Evangelische Akademie, Kloster und Predigerseminar bestimmen weiterhin den
Ruf und die Bedeutung von Loccum.

Das Bedürfnis nach einem eigenständigen Leben ist aber in Loccum erwacht, was
das rege Vereinsleben mit 22 Vereinen zeigt.

Das Bedürfnis nach eigenständiger Entwicklung hat schließlich auch zu dem Beschluß des Rates, in Loccum vorbereitende Untersuchungen nach dem Städtebauförderungsgesetz einzuleiten, geführt.

Da sich die Untersuchungen erst in der Anfangsphase befinden, werden keine
Maßnahmen vorgestellt. Eine Ortsbesichtigung soll zu den Problembereichen führen. Eine anschließende Diskussion wird dann einer Problemanalyse dienen und
für die zahlreich anwesenden Ratsmitglieder aus Loccum Entscheidungshilfen vor-
bereiten.

4. Ortsbesichtigung

4.1 Erschließung der Wohnbaufläche

Die Ortsbesichtigung begann mit der Begehung des " Hopfengartens ", einer
schmalen, von Grün eingefaßten Straße, die in die B 441 einmündet.

Das Gelände östlich und westlich des Hopfengartens ist im Flächennutzungsplan
als Wohnbaufläche ausgewiesen. Dieses Gebiet kann aber nur durch einen Anschluß an die B 441 erschlossen werden. Da sich in der Einmündung des Hopfengartens die notwendigen Sichtdreiecke nicht ausbilden lassen, kann ein Anschluß
nur über das an der Bundesstraße liegende Grundstück einer ehemaligen Tank-
stelle erfolgen.

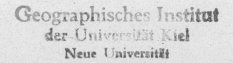

Herr Klose erläutert, daß der Verkehrsanschluß dieses Straßenzuges an der
Hauptkreuzung in Loccum ein erheblicher städtebaulicher Mißstand sei. Über
einen neuen Anschluß des ganzen Hopfengartengebietes an die B 441 könnte
dieser städtebauliche Mißstand beseitigt werden. Der eben begangene Zug des
Hopfengartens würde dann als Fußweg, der durch eine Grünfläche führt, ausgebildet werden können.

4.2 Bach

Die Arbeitsgruppe überschreitet einen kanalisierten Bach, der durch eine von Bebauung noch weitgehend freigehaltene Senke führt.
Herr Schmitz, stellvertretender Gemeindedirektor der Stadt Rehburg-Loccum,
weist darauf hin, daß dieser Bach, der als Vorfluter dient, in Regenzeiten im
unteren Bereich erhebliche Probleme verursacht. Es besteht Einigkeit unter allen
Seminarteilnehmern, daß dieser Bach wieder renaturiert werden müßte. Ein natürlich gestaltetes Bachbett bietet Fauna und Flora einen neuen Lebensraum
und wirkt sich regulierend auf den Wasserhaushalt aus.

4.3 Alter Bahnhof

Ein landschaftlich eingebetteter Weg führt auf den ehemaligen Bahndamm mit
dem alten Bahnhof und einem Lagerschuppen der Raiffeisengenossenschaft.
Der ehemalige Bahnhof ist ein Bauwerk des Jugendstils, dessen Architektur
alle Seminarteilnehmer beeindruckt. Das Gebäude ist sehr gefährdet, der Unterhaltungszustand ist schlecht. Stilechte Fenster und Türen sind bereits aus-
gewechselt worden. Es wird darauf hingewiesen, daß der Ortsteil Loccum
ein Zentrum seines Gemeinschaftslebens sucht. Es wird daher die Frage diskutiert, ob der alte Bahnhof einem solchen Zweck dienen könnte. Die Diskussion
mit den Teilnehmern aus Loccum ergibt, daß das hier stehende Bauvolumen
für eine Nutzung als Gemeinschaftszentrum des Ortes wohl zu groß ist. Auch
die periphere Lage läßt diesen Standort aus der Sicht der Ortsbewohner als
nicht so sehr geeignet erscheinen. Es besteht jedoch Einigkeit darüber, daß das
alte Bahnhofsgebäude, das z.B. dem Bahnhof von Worpswede an architektonischer
Qualität nicht nachsteht, auf jeden Fall erhalten werden müßte.

4.4 Bahndamm

Bei der Begehung des Bahndammes erleben die Seminarteilnehmer, wie hier die
Natur von der ehemaligen Verkehrsanlage Besitz ergriffen hat und so ein neues
Landschaftselement entstanden ist. Es ist für das Bild und die Struktur des Ortes von großer Bedeutung. Zur Zeit befindet sich der Bahndamm im Besitz eines
Bauunternehmers, der berechtigt ist, die Aufschüttung abzubauen. Die Absicht
der Gemeinde, den Bahndamm zu erhalten und in seinem jetzigen Bestand planerisch zu sichern, wird von den Seminarteilnehmern einhellig begrüßt. Für ein in
der Nähe des Bahnhofes stehendes Lagerhaus wird man allerdings einen neuen
Standort finden müssen, zumal hier auch nicht mehr die erforderliche Verkehrs-
anbindung gegeben ist.

4.5 Tunnel

Die Straße nach Rehburg wird in einem als Tunnel wirkenden Brückenbauwerk
durch den Bahndamm geführt. Es gibt Bestrebungen, dieses Brückenbauwerk zu
entfernen und die Straße zu verbreitern. Die Mehrzahl der Seminarteilnehmer
plädiert jedoch dafür, die Situation nicht zu verändern. Frau Hockemeyer, die
Planerin des Landkreises, macht auf die Torwirkung aufmerksam, die zum
städtebaulichen Element geworden ist und gibt zu bedenken, daß diese Einen-
gung zu einer Drosselung der Verkehrsgeschwindigkeit führt, was an dieser Stelle besonders wünschenswert ist.

4.6 Landwirtschaftliche Betriebe

Der weitere Rundgang führt vorbei an zwei größeren landwirtschaftlichen Betrieben, deren Schwierigkeiten erörtert werden, die aus dem in allen unseren Dörfern zu beobachtenden Strukturwandel erwachsen. Weil Hofstellen als Wohnungen
umgenutzt werden, sind die landwirtschaftlichen Betriebe bald von Wohnungen
eingekreist. Daraus resultieren für den landwirtschaftlichen Betrieb Emissions-
probleme.

4.7 Ehemaliges Freibad

Der Weg führt weiter, vorbei an dem ehemaligen Freibad Loccum. Es liegt am
Ende der Senke, durch die der kanalisierte Bach läuft. Die bisherigen Untersuchungen haben ergeben, daß an dieser Stelle, im Zusammenhang mit der Renaturierung des Baches, ein landschaftlich gestaltetes Regenrückhaltebecken angelegt werden könnte. Rückhaltebecken und Senke könnten im unteren Bereich als
Spielfläche gestaltet werden.
Anregungen zur Durchführung der wassertechnischen Maßnahmen brachten die Beiträge von Prof. Schwerdtfeger.

4.8 Kreuzungsbereich

Die Ortsbegehung führt zur Straßenkreuzung Rehburger Straße - B 441, die durch
die Einmündung des Hopfengartens direkt in den Kreuzungsbereich zu einem Ge-
fahrenpunkt wird. Eine neue Anbindung an die B 441, wie zu Beginn der Ortsbegehung diskutiert, könnte diesen städtebaulichen Mißstand beseitigen.
Auf der gegenüberliegenden Straßenseite engt ein Schuhgeschäft den Bürgersteig
der an der Klostermauer entlang führenden Marktstraße so sehr ein, daß der Fußgänger sich von dem motorisierten Kreuzungsverkehr bedroht fühlen muß. Eine
sehr ungünstige Situation für eine Geschäftslage. Aus dem Kreis der Seminarteilnehmer kommt die Anregung, doch zu prüfen, ob durch ein Zurücknehmen der
Front im Erdgeschoß Arkaden geschaffen werden könnten, unter denen der Fußgänger sich ungehindert bewegen kann. Eine solche Lösung wäre allerdings nur
durchführbar, wenn ein Ersatz für die ohnehin gering bemessene Geschäftsfläche
geschaffen werden kann.

4.9 Sportplatzbereich

Der Weg der Ortsbesichtigung führt weiter zum Sportplatzgebiet. Es wird darauf hingewiesen, daß der Bestand an hohen Pappeln durch die geplante Erschlie-
ßungsstraße des Sportplatzes nicht vernichtet werden darf.
An der geplanten Straßeneinmündung steht ein Heuer- oder Kötterhaus. Dieses
für die Region so typische Haus, das sich noch in seinem ursprünglichen Zustand
befindet, könnte erhalten werden, wenn es einer neuen Nutzung zugeführt wird.

So könnten hier z.B. Räume für den Sportbetrieb eingebaut werden.

Es wird auch hier die Frage diskutiert, ob dieses Gebäude für die gewünschten Gemeinschaftseinrichtungen des Ortsteiles Loccum geeignet wäre.

Auch das in der Nähe liegende Grundstück des abgerissenen Gemeindehauses wird in die Diskussion mit einbezogen. Einige Mitglieder des Ortsrates von Loccum plädieren dafür, hier die gewünschte Einrichtung zu errichten. Die Diskussion um das " Dorfgemeinschaftshaus " wirft die ganze Problematik solcher Einrichtungen auf. Es wird die Frage gestellt, ob sich nicht auch in Loccum, wie an vielen anderen Orten, genügend Saaleinrichtungen befinden, die bewirtschaftet werden und daher gut für Gemeinschaftsveranstaltungen zu nutzen sind. Ist ein " Dorfgemeinschaftshaus " nicht oft eine öffentlich finanzierte Konkurrenz zu privat betriebenen Gaststätten, die doch geeignete Räume ausreichend in unterschiedlichen Größen anbieten' ?

4.10 Marktplatz

Den Abschluß der Ortsbegehung mit der Besichtigung der Problembereiche bildet der Marktplatz. Er ist aus der Zusammenführung der wichtigsten Straßen vor dem Klostertor entstanden.

Den Seminarteilnehmern wird bewußt, daß dieser " Marktplatz ", der im Grunde nur ein Parkplatz ist, einen Schwerpunkt der städtebaulichen Untersuchung bilden muß. Die aus dem Kreis der Seminarteilnehmer gestellten Fragen weisen zugleich auf die offensichtlichen Mißstände hin : Warum müssen im Zentrum des Ortes Busse parken, reichen Bushalteplätze nicht aus ?

Gibt es peripher liegende Parkmöglichkeiten für die Busse ?

Sind die drei nebeneinander liegenden Straßen verkehrstechnisch erforderlich ?

Gibt es die Möglichkeit, Märkte und Gemeinschaftsveranstaltungen auf dem Platz abzuhalten ?

Die Mehrheit der Mitglieder der Gruppe kommt zu dem Ergebnis, daß eine zentrale Einrichtung für das örtliche Gemeinschaftsleben an diesem Platz oder in dessen unmittelbarer Nähe, ihren optimalen Standort hätte.

4.11 Diskussion

Die Arbeitsgruppe versammelt sich noch einmal in den Räumen der Akademie zur abschließenden Diskussion. Sie bestätigt und vertieft die bei der Ortsbesichtigung gewonnenen Erkenntnisse.

Der Unterschied zwischen der Dorferneuerungsplanung und einer Sanierungsplanung nach dem Städtebauförderungsgesetz wird nochmals herausgearbeitet. Die Dorferneuerungsplanung nach den Dorferneuerungsrichtlinien hat in erster Linie zum Ziel, Maßnahmen zur Verbesserung der Agrarstruktur und der Lebensverhältnisse der bäuerlichen Familien zu entwickeln. Dazu gehören auch Planungen, die der Erhaltung und Stärkung der besonderen Eigenart der ländlichen Siedlungen dienen.

Das Städtebauförderungsgesetz sieht vor, die Beseitigung städtebaulicher Mißstände zu fördern. Die bei dem Rundgang besichtigten Problembereiche bergen, wie sich gezeigt hat, städtebauliche Mißstände. Maßnahmen zu ihrer Beseitigung zu entwickeln, ist eine der Aufgaben der vorbereitenden Untersuchungen.

Die einzelnen Problembereiche sind : Erschließung der geplanten Wohnbaufläche am Hopfenkamp, Renaturierung des Baches, Erhaltung des Bahndammes und seiner Begrünung, Erhaltung und Sanierung des alten Bahnhofes, Verlagerung des Lagerschuppens auf dem Bahndamm, Entschärfung der Kreuzung Rehburger Straße - B 441, Verbesserung des Fußgängerbereiches an dieser Stelle, Umnutzung des Heuerhauses am Sportplatz, Entwicklung eines Ortszentrums im Bereich des Marktplatzes mit öffentlichen Freiflächen und einem Zentrum örtlichen Gemeinschaftslebens.

Die Diskussion kreist im wesentlichen um das Problemfeld Marktplatz, wobei erkennbar wird, daß eine Umgestaltung des Marktplatzes die Voraussetzung für die Entwicklung eines örtlichen Zentrums sein muß. Prof. Schnüll schlägt vor, den gesamten Marktplatzbereich, also einschließlich der Verkehrsflächen, einheitlich zu pflastern, um so einen ungeteilten Platzgrund zu schaffen. Eine Verkehrsberuhigung an dieser Stelle wird von den Teilnehmern der Diskussion als eine wesentliche Maßnahme angesehen.

Bei der Ortsbegehung war aufgefallen, daß der Marktplatz im Westen keine Fassung besitzt. Die Diskussionsteilnehmer werden darüber informiert, daß an der westlichen Schmalseite früher ein stattliches Fachwerkhaus stand, das den " Verkehrsbedürfnissen " geopfert wurde. Daß für dieses Haus unbedingt wieder ein Ersatz geschaffen werden müsse, um dem Platz wieder seine Fassung zu geben, darüber waren sich alle Teilnehmer der Diskussionsrunde einig.

Herr Klose bedankt sich bei den Seminarteilnehmern und besonders bei den Loccumer Bürgern aus diesem Kreis für das Engagement. Die eingehende Diskussion, in der auch wesentliche praktische Vorschläge vorgetragen wurden, haben den anwesenden Ratsmitgliedern und dem Planer Anregungen für ihre weiteren Arbeitsschritte gegeben. Die Veranstaltung hat aber auch bestätigt, daß das vom Rat angestrebte Ziel weiter verfolgt werden muß.

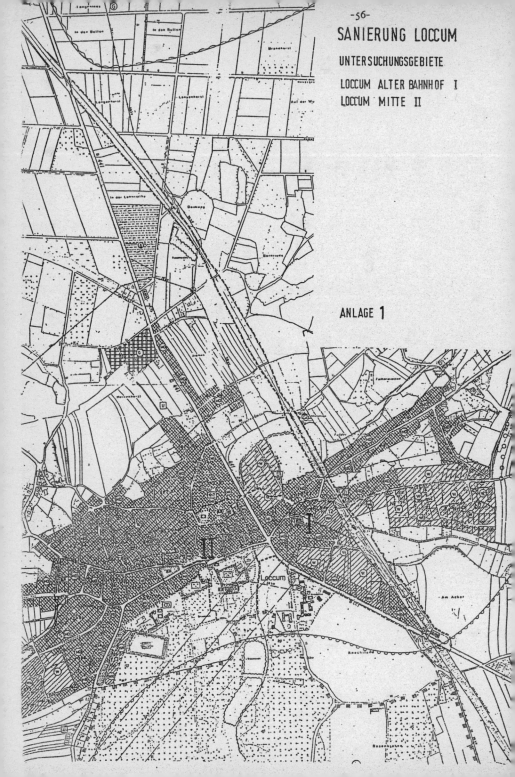

SANIERUNG LOCCUM

UNTERSUCHUNGSGEBIETE

LOCCUM ALTER BAHNHOF I

LOCCUM MITTE II

ANLAGE 1

SANIERUNG LOCCUM

DORF 1753   ANLAGE 2

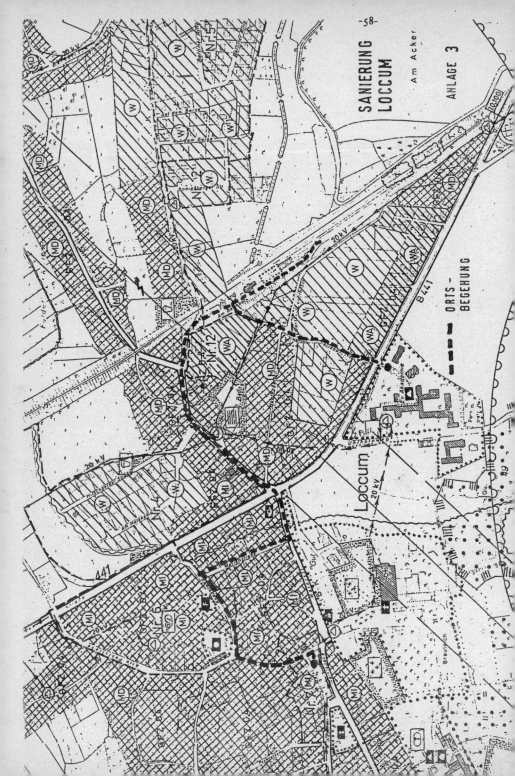

SANIERUNG
LOCCUM

Am Acker

ANLAGE 3

ORTS-
BEGEHUNG

- - - -

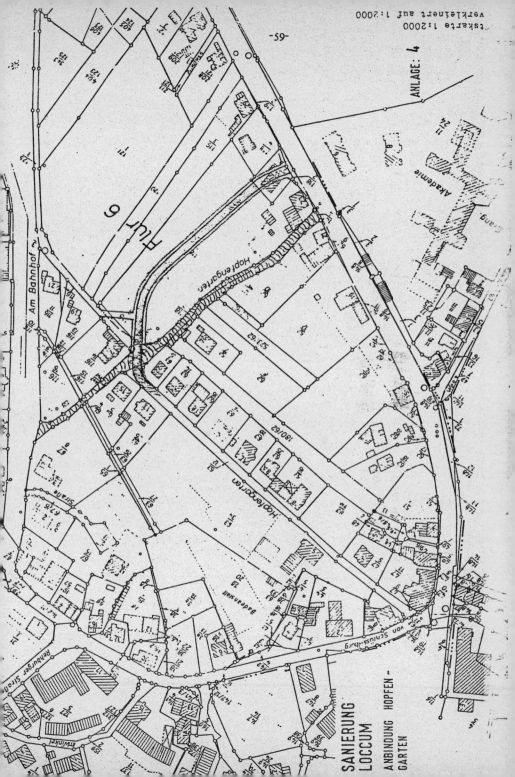

SANIERUNG
LOCCUM

ANBINDUNG HOPFEN-
GARTEN

ANLAGE: 4

tskarte 1:2000
verkleinert auf 1:2000

SANIERUNG LOCCUM

SANIERUNG LOCCUM
ALTER BAHNHOF

ANLAGE 6

3.6.85

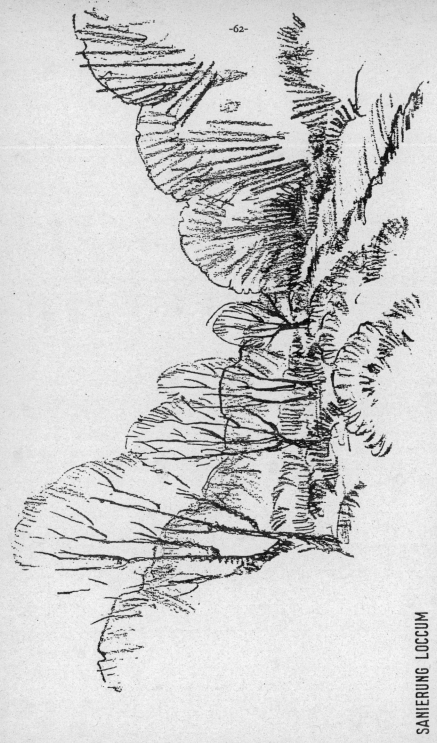

ANLAGE 7, 3.5.85

SANIERUNG LOCCUM

LANDSCHAFTSBEZOGENE GESTALTUNG UND ERHALTUNG
DES EHEMALIGEN SCHIENENWEGES

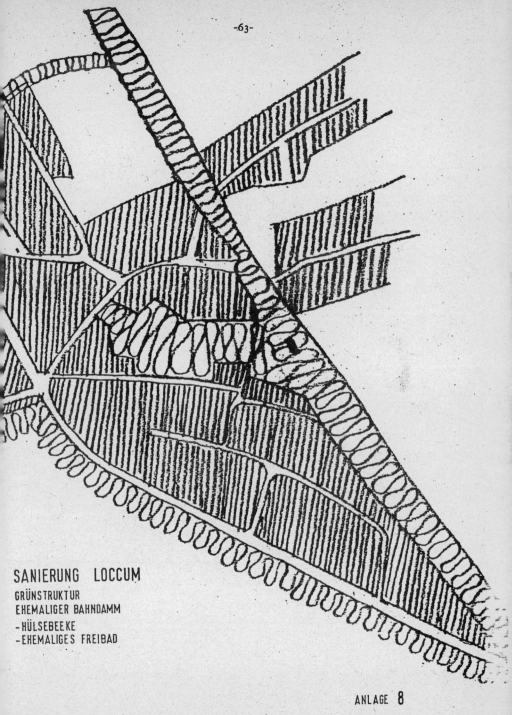

SANIERUNG LOCCUM
GRÜNSTRUKTUR
EHEMALIGER BAHNDAMM
-HÜLSEBEEKE
-EHEMALIGES FREIBAD

ANLAGE 8

4.5.85

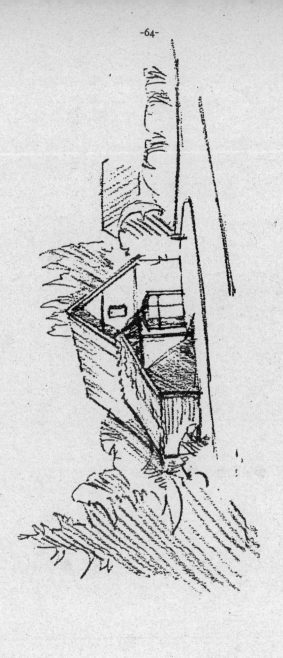

SANIERUNG LOCCUM
EHEMALIGES BAUERNHAUS

ANLAGE 9 1.5.85.

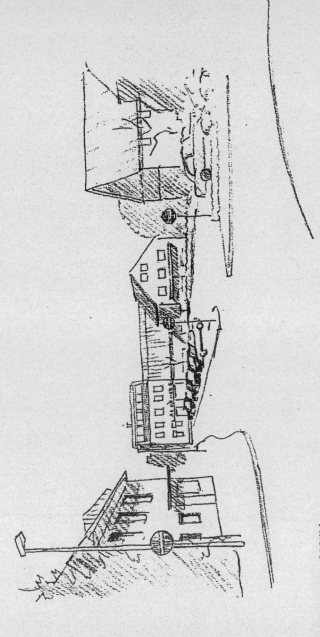

ANLAGE 10

SANIERUNG LOCCUM

DER MARKTPLATZ IST EIN PARKPLATZ GEWORDEN

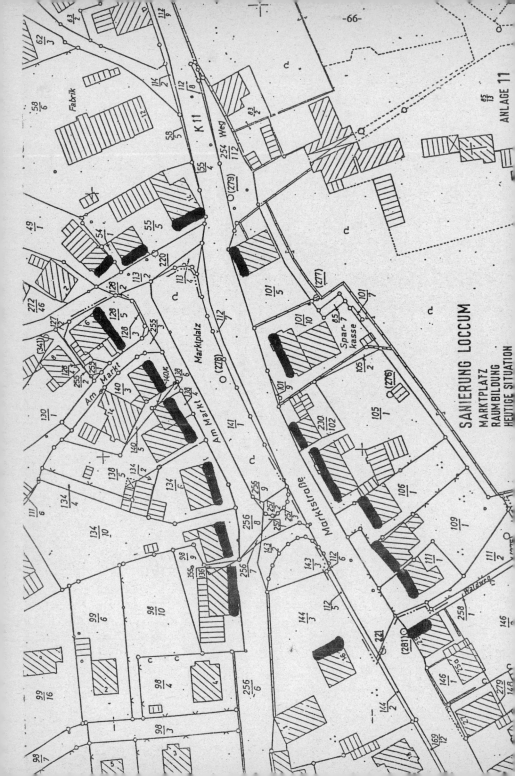

ANLAGE 11

SANIERUNG LOCCUM

MARKTPLATZ
RAUMBILDUNG
HEUTIGE SITUATION

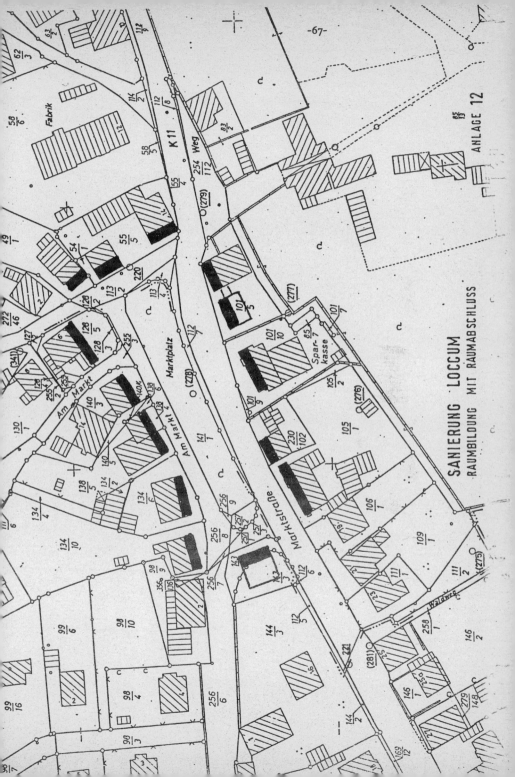

SANIERUNG LOCCUM
MARKTPLATZ
HAUS DES KLOSTERS
NEUTICER ZUSTAND

ANLAGE 13

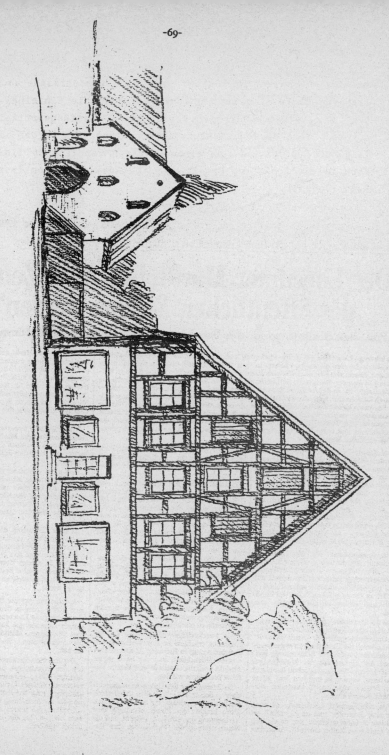

SANIERUNG LOCCUM
MARKTPLATZ
HAUS DES KLOSTERS

ANLAGE 11

In Loccum gab es im letzten Jahr eine ausführliche und lebhafte Diskussion um die Konzeption und die Einzelheiten der Dorferneuerung. Verschiedene Zeitungsartikel dokumentieren die Entwicklung im einzelnen. Sie werden im folgenden abgedruckt, um einen weiteren Einblick zu liefern in die konkreten Probleme und Diskussionslinien "vor Ort" (D.Red.).

DIE HARKE, 3. September 1986

Ortsrat einigte sich auf die Begrenzungslinien möglicher Sanierungsgebiete:

„Der Loccumer Marktplatz muß Zentrum des öffentlichen Lebens werden"

Prof. Klose erläuterte vorbereitende Untersuchungen / Bürger werden am Verfahren beteiligt

Rehburg-Loccum (WS). Die Sanierung Loccums mit Hilfe von Städtebauförderungsmitteln ist eine einmalige Chance, in dem Ort langfristig bauliche Mißstände zu beseitigen. Dieser von Professor Dietrich Klose (Architekturbüro Klose und Partner, Hildesheim) in jüngster Ratssitzung in Loccum geäußerten Ansicht schlossen sich auch die Mandatsträger an. In der im Hotel Rode vor zahlreichen Interessenten von Bürgermeister Heinrich Lübkemann einberufenen Sitzung einigte sich der Rat auf Grenzlinien der möglichen Sanierungsgebiete „Alter Bahnhof" und „Loccum Mitte", in denen mit dem Ziel der Stadtsanierung vorbereitende Untersuchungen durchgeführt worden sind. Der Planer erläuterte darüber hinaus die bis jetzt gewonnenen Erkenntnisse, die mit Zustimmung der Parlamentarier und unter Berücksichtigung von Bürgerinteressen in die Sanierungskonzeption einfließen könnten.

Prof. Klose erinnerte ferner an das „streng nach dem Städtebauförderungsgesetz" einzuhaltende Sanierungsverfahren und sagte, daß der Rat bereits den erforderlichen Planungsbeschluß gefällt habe. Nach Festsetzung der Sanierungs-Gebietsgrenzen gelte es, Anträge auf Fördermittel zu stellen, einen Finanzierungsplan auszuarbeiten, die gewünschten Maßnahmen vom Rat grundsätzlich absegnen zu lassen und — laut Bezirksregierung — zur rechtlichen Absicherung Bebauungspläne aufzustellen.

Die Gesamtkosten für die Loccumer Stadtsanierung, die sich — wie aus anderen Ortschaften bekannt — über zehn und mehr Jahre erstrecken kann, werden derzeit mit etwa neun Millionen Mark veranschlagt — ein Betrag, der zu gleichen Teilen von Bund, Land und Kommune aufzubringen sein wird.

An der Spitze des vom Planer erläuterten Katalogs mit sanierungswürdigen Objekten im Untersuchungsbereich „Alter Bahnhof" steht der von der Stadt noch zu erwerbende Bahndamm (ehemaliger Schienenweg zwischen der Leeser und der Münchehäger Straße), der in der Vergangenheit der Natur überlassen worden ist und laut Prof. Klose zum ortsbildprägenden Grünstreifen ausgebaut werden könnte.

Als erhaltenswert bezeichnete er auch das alte „reizvolle" und im Jugendstil errichtete Bahnhofsgebäude, das er als Teil der regionalen Kultur einstufte. Außerdem sollte der auf dem Bahngelände stehende Lagerschuppen der Raiffeisen-Warengenossenschaft in ein Gewerbegebiet verlagert werden.

Sinnvoll nach seiner Ansicht ferner die Renaturierung der als Vorfluter genutzten Hülsebeeke und der Ausbau des ehemaligen Freibades als landschaftsbezogenes Regenwasser-Rückhaltebecken, das in die Renaturierung einbezogen werden könnte. Die bisher genannten Vorschläge würden somit ein zusammenhängendes System von Grünzonen bilden.

In die Planung einfließen sollte nicht zuletzt die Sanierung des Kreuzungsbereiches Münchehäger Straße – Rehburger Straße und Marktstraße. Wie Prof. Klose sagte, könnte die Einmündung „Hopfengarten" beseitigt werden, die geplanten Wohnbauflächen hingegen seien über das dortige Tankstellengrundstück an der Münchehäger Straße zu erschließen.

Als zweckmäßigere Alternative für die Kreuzung erachtete er eine Verlegung des Fußgängerwegs in Richtung Klosterzufahrt — eine Möglichkeit, von der nach seiner Ansicht auch die Geschäftsleute in dem Bereich profitieren könnten.

Im Brennpunkt des Untersuchungsbereiches „Loccum Mitte" standen zweifelsfrei Gestaltungsvorschläge für den Marktplatz. Dazu brachte der Planer vorrangig eine Verlagerung der Straße Am Markt und die Neuanordnung der Parkflächen ins Gespräch. Um den Markt als Zentrum des öffentlichen Lebens nutzen zu können, plädierte er für die einheitliche Anhebung der Straßen- und Marktfläche auf Bürgersteig-Niveau, außerdem für Einrichtungen, welche Fahrzeug-Geschwindigkeiten auf ein Minimum reduzieren sowie für eine gleichartige Pflasterung der gesamten Marktfläche.

Als bedeutsam bewertete er die optische Geschlossenheit des Marktplatzes, die eventuell mit dem Bau eines Dorfgemeinschaftshauses auf westlicher Seite erreicht werden könnte.

Und nicht zuletzt sei die ortsbildbezogene Neugestaltung einzelner Bauten erforderlich. Als Beispiele nannte er die Fachwerk-Freilegung des Klostergebäudes, den Erhalt des Fachwerks an der ehemaligen Schmiede und den Dachausbau der Apotheke.

In einer Diskussion, die sich dem Planervortrag anschloß, machten die Ratsangehörigen deutlich, daß über Sanierungs-Details noch keineswegs das letzte Wort gesprochen ist. In diesem Zusammenhang unterstrich Stadtdirektor Bernd Krüger, daß die Bürgerschaft intensiv an dem Verfahren beteiligt werde.

Anträge auf private Sanierungsmaßnahmen könne jeder in den genannten Bereichen wohnende Loccumer stellen, werde jedoch niemand zu Erneuerungsmaßnahmen gezwungen. Motivierend sollen allein die erheblichen Sanierungs-Zuschüsse wirken.

Der Rat stimmte abschließend den Grenzen der angestrebten und auf Antrag von Monika Elbers erweiterten Sanierungsbereiche zu. Grünes Licht auch für die Aufstellung erforderlicher Bebauungspläne und für die Aufhebung bestehender Bebauungspläne, die jedoch solange rechtswirksam bleiben, bis die neuen Pläne Rechtskraft erhalten.

DIE HARKE, 17. September 1986

„HARKE"-Umfrage zur Marktplatzgestaltung in Loccum: Skepsis bei vielen Anliegern

„Stadtsanierung ist fixe Idee"

Heute wird die Thematik im Rathaus in Rehburg vom Stadtrat erörtert

Rehburg-Loccum. Erst vor wenigen Wochen hat sich der Rat Loccum ein für den Ortsteil bestimmtes Stadtsanierungskonzept vom zuständigen Architekten erläutern lassen – heute wird die Thematik auch in der um 19.30 Uhr in Rehburg beginnenden Stadtratssitzung behandelt. Mit einer Umfrage versuchte „DIE HARKE" zu erfahren, wie die betroffene Einwohnerschaft – besonders mit Blick auf die im Brennpunkt stehenden Erneuerungsvorschläge für den Loccumer Marktplatz – das Sanierungskonzept bewerten. Die dominierende Meinung: Alles sollte beim alten bleiben.

Bemerkenswert im Rahmen der Umfrage, daß kaum einer der Befragten bereit war, mit der Stellungnahme zugleich auch seinen Namen bekanntzugeben. Diese Haltung war besonders bei den im Marktbereich ansässigen Geschäftsleuten zu verzeichnen.

Deutlich wurde ferner, daß zwar alle angesprochenen Loccumer von den Sanierungsvorhaben erfahren haben, daß zugleich aber über Sachstand und Verfahrensweg nur wenige Informationen vorliegen.

Den in der Ortsratssitzung erläuterten Umgestaltungs-Alternativen für den Marktplatz steht ein Großteil der Anlieger und besonders der Geschäftsleute mit Skepsis oder sogar mit Ablehnung gegenüber. Eine Geschäftsfrau: „So wie der Platz ist, so finde ich ihn gut und schön. Es wäre besser, wenn die Straße zwischen Loccum und Rehurg ausgebaut und wenn der dortige Tunnel-Engpaß beseitigt würde."

Eine Anwohnerin, die ein endgültiges Urteil allerdings gern ihrem Sohn überlassen hätte („er ist besser informiert"), sprach sich eindeutig gegen ein „Ummodeln" des Marktplatzes aus. „Ich bewerte das Vorhaben als nicht gut."

Die Geschäftsleute im Marktplatzbereich zogen bei ihren Überlegungen nicht zuletzt die Parkplatzsituation in Betracht, wobei sich die Mehrheit gegen eine Parkplatz-Reduzierung aussprach.

Differenzierter äußerte sich eine Geschäftsfrau, die hinsichtlich des bestehenden Parkraums sagte: „Der vorhandene Parkplatz wird nur selten völlig in Anspruch genommen. Das Gros der Kundschaft stellt die Fahrzeuge am liebsten unmittelbar vor den Geschäften ab. Die Anlegen von Parkbuchten vor den Läden wäre darum sinnvoll."

Die größte Rolle bei allen Stellungnahmen spielten jedoch die Sanierungskosten. Dazu wörtliche Aussagen von Anliegern: „Wenn die Stadt zuviel Geld hat, so sollte sie lieber schlechte Straßen ausbessern; ich halte die Stadtsanierung für eine fixe Idee." Ein anderer Bürger: „Ich sehe keinen Sinn in dem Vorhaben, zumal die Stadt schon stark verschuldet ist. Der Markt ist in seiner bestehenden Form gut."

Öffentlich zu ihrer Meinung bekannten sich lediglich die Apotheker-Eheleute Elinore und Eberhard Arends aus der Frankenstraße 19, obwohl ihre Stellungnahmen nicht unbedingt deckungsgleich waren. So lehnte Eberhard Arends die Stadtsanierung grundsätzlich aus Kostengründen ab.

Er vertrat die Ansicht, daß allein für eine nostalgische Gestaltung des Marktes „unerhörte Finanzmittel" erforderlich seien. Ferner kritisierte er den vor wenigen Jahren vollzogenen Abbruch des sogenannten Plassischen Hauses. „Zum Loccumer Marktplatz hätte jedoch sehr gut das jetzt in Rehburg gebaute Rathaus gepaßt", meinte er.

Eberhard Arends erinnerte in diesem Zusammenhang an unterschiedlichste, vom Verkehrs- und Verschönerungsverein auch im Bereich des Marktplatzes bewältigte Aufgaben, die dem Ortsbild dienlich seien. Dazu gehöre nicht zuletzt die Einrichtung des Springbrunnens.

Elinore Arends schloß eine noch attraktivere Marktplatzgestaltung und somit eine Belebung des Marktplatzes nicht aus. Nach ihrer Ansicht müßten jedoch mehr Geschäfte und insbesondere ein oder zwei nette Lokale – zum Beispiel ein gemütliches Gasthaus – unmittelbar am Markt eröffnet werden.

Eines hat die Umfrage – auch wenn sie gewiß nicht repräsentativ war – zweifelsfrei ergeben: Baldmöglichst sollte zu der angestrebten Stadtsanierung eine Bürgerversammlung erfolgen. So können Mißverständnisse ausgeräumt und fundierte Informationen gegeben werden. Darüber hinaus – und das ist erklärte Absicht der Kommunalpolitiker – sollten so rasch wie möglich Bürgerwünsche berücksichtigt werden.

Wolfgang Siebert

DIE HARKE, 20./21. September 1986

Stadtsanierung Loccum: Jetzt sollen doch erst die Bürger gehört werden

Stadtrat vertagte Untersuchungsbeschluß / Einwohnerversammlung wird im Oktober anberaumt

Rehburg-Loccum (WS). Laut Stadtratsbeschluß vom Mai 1985 soll Loccum nach dem Städtebauförderungsgesetz saniert werden. Dies ist gewiß keine Neuheit, denn auch DIE HARKE berichtete wiederholt davon. Neu hingegen ist, daß der Stadtrat mehrheitlich in jüngster Sitzung auf Antrag der CDU-Fraktion den Beginn der sogenannten vorbereitenden Sanierungsuntersuchungen vertagt und den Verwaltungsausschuß beauftragt hat, im Oktober mit dem zuständigen Planer eine Bürgerversammlung anzuberaumen.

In einer intensiven Diskussion bekräftigten alle Fraktionen – außer den drei Angehörigen der Wählergemeinschaft, die sich nicht an den Erörterungen beteiligten –, daß sie zum einen das Sanierungsbestreben für Loccum gutheißen, zum anderen, daß die Bürgerschaft informiert und an dem Verfahren beteiligt werden müsse.

Different allerdings die Auffassung der SPD auf der einen Seite und der CDU und FDP auf der anderen, zu welchem Zeitpunkt die Bürger Mitspracherecht erhalten sollten. So hieß es aus den SPD-Reihen vorrangig, noch in vergangener Sitzung müßten die Sanierungsuntersuchungen beschlossen werden. Die Einwohnerschaft könne informiert und in die Planungen einbezogen werden, sobald die Bezirksregierung einer Aufnahme ins Förderprogramm zugestimmt habe.

Demgegenüber die CDU und die FDP: „Die Loccumer haben schon jetzt ein Recht, über unsere Planungen informiert zu werden." Darüber hinaus könnten Anregungen und Wünsche von Einwohnern aus einer baldmöglichst einzuberufenden Versammlung in das bestehende Sanierungskonzept einfließen.

Wie das Gros der Ratsherren, so berief sich auch Hans Elbers auf die jüngste HARKE-Umfrage in Loccum, bei der die meisten Bürger einen Mangel an Information und eine ablehnende Haltung zu den Sanierungsvorhaben signalisiert hatten.

„Die Stadtsanierung soll den Bürger nicht verärgern", sagte Elbers, „sondern der Ortsverschönerung des Ortes und dem Anheizen der Bauwirtschaft dienen." Und so griff er zunächst auch den HARKE-Vorschlag auf, „recht bald" eine Bürgerversammlung abzuhalten.

Mit einem weiteren Wortbeitrag äußerte er dann jedoch Zweifel, ob sich der Stadtrat nach der Kommunalwahl – in veränderter Zusammensetzung – ebenso für die Sanierung einsetzen werde.

Heinrich Lustfeld hingegen pochte auf den Antrag seiner Fraktion, die Beschlußfassung aufzuschieben. Nach seiner Ansicht hätten Rat und Verwaltung hinreichend Zeit, das Sanierungs-Untersuchungskonzept zu erstellen und zu beschließen, da dieses erst bis zum 1. April 1987 bei der Bezirksregierung vorliegen müsse.

Stadtdirektor Bernd Krüger räumte in diesem Zusammenhang ein, daß ein Ratsbeschluß-Aufschub von zwei bis drei Wochen keine Terminprobleme aufwerfe. Ursprünglich habe die Verwaltung zwar auf eine Ratsentscheidung bis zum 30. September gehofft; nach der Vertagung müsse sie allerdings zwingend im Oktober fallen.

Für einen Beschluß in jüngster Sitzung plädierte Bürgermeister Bullmann. „Der Bürger soll zwar gehört werden, aber erst, wenn es um die Feinheiten geht", sagte er. „Wir sollten jetzt nicht die Leute verrückt machen; sie sollen im nachhinein – wenn wir die Genehmigung haben – informiert werden." Er habe kein Verständnis für ein Abblocken des Ratsbeschlusses, sagte Heinrich Bullmann.

Auch Loccums Ortsbürgermeister Heinrich Lübkemann gestand ein, daß der Bürger nur unzureichend informiert sei. In der vergangenen Ortsratssitzung in Loccum habe der dortige Rat jedoch nur die Sanierungsgebiete begrenzt, konkrete Maßnahmen stünden erst in der nächsten Phase bevor.

Die Bedeutung der Stadtsanierung hob Rolf Lampe hervor und charakterisierte sie als Jahrhundertwerk. Nach seiner Ansicht sei der Bürger jedoch überhaupt nicht informiert und sollte zunächst einmal gefragt werden, ob er die Sanierung wirklich will.

Helmut Denzin zitierte Bürgermeister Bullmann und fragte: „Sie sind der Ansicht, es gebe nur Zustimmung zur Sanierung; warum sollen wir dann nicht zunächst auch die Einwohnerschaft befragen?"

Und letztlich Walter Schmidt, der sich gegen die Erörterung von Detailfragen wandte, da es noch nicht sicher sei, daß Loccum ins Förderprogramm aufgenommen werde, und die ein termingerechtes Einreichen der Planunterlagen forderte. „Wir sind nicht die einzigen, die sich um Zuschußmittel bewerben", gab er zu bedenken.

Stadt Rehburg-Loccum   3o56 Rehburg-Loccum, d. o9.1o.1S
                                        Heidtorstr. 2

An alle

Mitbürgerinnen und Mitbürger
des Ortsteiles Loccum
der Stadt Rehburg-Loccum

────────────────────────────────

Sehr geehrte Mitbürgerinnen und Mitbürger,

der Rat der Stadt Rehburg-Loccum und der Ortsrat Loccum beschäftigen sich seit geraumer Zeit mit Fragen der Stadtsanierung im
Ortsteil Loccum.

Anläßlich der letzten Sitzung des Ortsrates Loccum stellte der
mit der Durchführung der Voruntersuchungen für das Stadtsanierungskonzept beauftragte Planer, Herr Prof. Dietrich Klose,
Hildesheim, die von ihm erarbeiteten Gedankengänge der Öffentlichkeit vor.

In der kurze Zeit später folgenden Ratssitzung wurde beschlossen,
die Bürgerschaft des Ortsteiles Loccum über das Thema "Stadtsanierung" im Rahmen einer Bürgerversammlung zu informieren.

Zu dieser Bürgerversammlung lade ich Sie im Namen des Verwal-
tungsausschusses der Stadt Rehburg-Loccum hiermit recht herzlich
ein.

Die Bürgerversammlung findet am

<u>**Mittwoch, dem 22.1o.1986, 2o.oo Uhr,**</u>

<u>**im Hotel Rode im Ortsteil Loccum**</u>

statt.

Zu Beginn der Bürgerversammlung wird Prof. Klose die von ihm erarbeiteten Vorstellungen der Bürgerschaft vorstellen. Anschließend
haben die Mitbürgerinnen und Mitbürger die Gelegenheit, zu dem
Vorhaben Fragen an den Verwaltungsausschuß und den Planer zu stellen.

Nach dieser Bürgerversammlung wird sich der Rat der Stadt voraussichtlich am 24. Oktober 1986 nochmals formal mit der Abgrenzung
des Bereichs befassen, in dem vom Büro Klose vorbereitende Untersuchungen durchgeführt werden sollen. In den Bereichen müssen
städtebauliche Mißstände oder Funktionsschwächen vorhanden sein,
wenn mit Erfolgsaussicht ein Antrag auf Aufnahme in das Städtebauförderungsprogramm gestellt werden soll.

Es geht daher noch nicht um die Durchführung einzelner Maßnahmen und deren Konkretisierung, sondern um die Schaffung der formellen Voraussetzungen für die Antragstellung als Anerkennung eines Stadtsanierungsgebietes. Ob das städtische Vorhaben in das Sanierungsprogramm aufgenommen wird, entscheidet das Land Niedersachsen.

An dieser Stelle möchte ich darauf hinweisen, daß diese Bürgerversammlung dazu dienen soll, die Bürgerschaft zu informieren und daß der einzelne Bürger die Chance bekommt, sich sachkundig zu machen. Nicht vorgesehen hingegen ist eine Diskussion mit möglicherweise von außerhalb kommenden Fachleuten und Experten zu dem Thema Stadtsanierung. Derartige Gäste können der Bürgerversammlung zwar beiwohnen, haben allerdings kein Mitspracherecht.

Mit freundlichen Grüßen

(Bullmahn)
Bürgermeister

DIE HARKE, 24. Oktober 1986

„Marktplatzgestaltung ist Zugmaschine für die gesamte Stadtsanierung Loccum"

Loccumer Bürgerversammlung äußerte sich kritisch und konstruktiv zur geplanten Stadtsanierung

Rehburg-Loccum (WS). Ein grundsätzliches Ja für die Stadtsanierung Loccum, Vorbehalte, Vorschläge oder Änderungswünsche zu Detailfragen – das war das Ergebnis einer von der CDU-Stadtratsfraktion angeregten Bürgerversammlung in Loccum, zu der unter Vorsitz des stellvertretenden Stadtbürgermeisters Gerhard Graf vom Verwaltungsausschuß ins Hotel Rode eingeladen worden war und in der eine Vielzahl interessierter Bürger engagiert diskutierten.

Eingangs der Versammlung erläuterte der von der Stadt zu den Sanierungs-Voruntersuchungen beauftragte Planer, Professor Klose, die aus der Sicht des Städtebauförderungsgesetz bestehenden baulichen Mißstände und die als sinnvoll bewerteten baulichen Entwicklungsmöglichkeiten in Loccum (DIE HARKE berichtete).

Wie er dazu betonte, diene das Städtebauförderungsgesetz der Bewerkstelligung von öffentlichen wie auch privaten baulichen Maßnahmen, die weder die Kommune noch der Privatmann mit eigener Finanzkraft in Angriff nehmen könne. Bund, Land und Kommunen beteiligten sich jeweils bis zu einem Drittel an den jeweiligen Investitionen, wenn dem Antrag auf Städtebauförderung stattgegeben worden ist.

Prof. Klose: „Der Stadtrat erachtet die Stadtsanierung Loccum für notwendig; mit Vorgesprächen bei der Bezirksregierung wurden entsprechende Weichen gestellt. Jetzt gilt es, den Kostenrahmen zu ermitteln und die Einmütigkeit aller Beteiligten zu erreichen, um den Antrag auf Aufnahme in das Städtebau-Förderprogramm zu stellen."

Der Planer erläuterte in diesem Zusammenhang die in zwei Gebiete eingeteilten bisherigen Untersuchungen und machte – aus seiner Sicht – detailliert auf bauliche Erfordernisse aufmerksam. Dabei unterstrichen er wie auch Stadtdirektor Bernd Krüger und Gerhard Graf, daß sich die Realisierung einzelner Maßnahmen über Jahre hinaus erstrecken werde und zu konkreten Sanierungsmaßnahmen noch mehrere Bürgerbeteiligungen erforderlich seien.

Zum geplanten Baugebiet „Hopfengarten" sagte er z.B., es lasse sich nur verwirklichen, wenn es über ein – derzeit stillgelegtes – Tankstellengelände mit einer Straße erschlossen werde. Dazu die Anmerkung der offensichtlichen Eigentümerin des Tankstellenareals: „Solange ich lebe, wird dort keine Straße gebaut."

Bedenken geäußert wurden auch zu der vor längerer Zeit verrohrten Hülsebeeke, die nach Ansicht von Prof. Klose wieder renaturiert werden müßte.

Die Stellungnahmen der Bürgerschaft waren zwar kritisch, doch vorwiegend nicht von Ablehnung geprägt. Dominierend waren Überlegungen und Anregungen, die entweder eine Modifizierung einzelner Planungen zur Folge haben könnten oder völlig neue Ideen und Vorschläge, die allgemein gutgeheißen wurden und in die Konzeption einfließen könnten.

Dazu gehört ein Konzept der Wählergemeinschaft, die die Anlage eines Bürgerparks mit Freizeiteinrichtungen auf dem ehemaligen Freibadgelände für denkbar hält. Eine Anmerkung aus den Reihen der Bürger, das Freibad sollte wieder eingerichtet werden, wurde zwar beifällig aufgenommen, ist jedoch laut Stadtvertreter nicht mehr realisierbar.

Und auch die Anregung, nach dem Vorbild der Neuen Heimat das Freibadgelände für eine Mark an eine Privatperson zu verkaufen, um es anschließend als Badeanstalt zu nutzen, fand zwar eine große Resonanz, aber noch keinen konkreten Interessenten.

Als überlegenswert eingestuft wurde hingegen der Vorschlag einer Bürgerin, auf dem Freibadgelände oder dem Areal der ehemaligen Verwaltungsstelle einen Kinderspiel- oder Bolzplatz einzurichten. Aufgeworfen wurde auch die Frage, ob nicht auf dem alten Verwaltungsgelände ein neuer Kindergarten errichtet werden sollte, da der jetzige Standort für Kinder und Eltern eine besondere Gefahr durch die Verkehrssituation bedeute.

Besondere Aufmerksamkeit weckten in der Sitzung Gestaltungsvorschläge zum Marktplatz. Nach Ansicht des Planers könnte ein verkehrsberuhigter und attraktiv gestalteter Marktplatz mit angemessenem Geschäftswesen allgemein – aber auch die rund 20 000 Klosterbesucher pro Jahr – besonders ansprechen, den Markt mit Leben erfüllen und die bestehenden Geschäfte aufwerten. Die Errichtung eines Dorfgemeinschaftshauses an der Westseite des Marktes bewertete Klose nach wie vor als sinnvoll.

Stadtdirektor Krüger betonte letztlich, daß bei der Antragstellung auf Aufnahme ins Städtebau-Förderungsprogramm die notwendige Marktplatzsanierung für die Bezirksregierung als gewichtigstes Argument dienen könne – daß die Marktgestaltung die „Zugmaschine" sei für das Gesamtvorhaben.

DIE HARKE, 28. Oktober 1986

Stadtrat Rehburg-Loccum billigt Stadtsanierung mit Erweiterung

Einstimmiger Beschluß / Lustfeld: positive Bürgerversammlung

Rehburg-Loccum (re). Der Stadtrat Rehburg-Loccum hat die Bildung der Sanierungsgebiete „Alter Bahnhof" und „Loccum-Mitte" samt einigen von Ratsherren gewünschten Erweiterungen während der vergangenen Ratssitzung einstimmig beschlossen. Heinrich Lustfeld, der CDU-Fraktionssprecher, bezeichnete die vorangegangene Bürgerversammlung als positiv.

Das Parlament hatte im Mai den Grundsatzbeschluß gefällt, in Loccum eine Stadtsanierung zu betreiben. Voraussetzung für die Aufnahme in das Städtebauförderungsprogramm ist die Durchführung vorbereitender Untersuchungen, die eine Festlegung der Grenzen umfaßt. Dies war der jetzt gefaßte Beschluß.

Über diese Grenzen hatte DIE HARKE schon berichtet. Lustfeld regte die Erweiterung der Grenzen auf die Niedersachsen- und Weserstraße an. Loccums Bürgermeister Heinrich Lübkemann wollte einen Stichweg in den vorbenannten Bereich mit aufgenommen haben, was auch das älteste dort stehende Gebäude Loccums betrifft. Beiden Anregungen folgte das Parlament.

Der stellvertretende Stadtdirektor Erhard Schmitz erklärte, daß die Masse der Bürger der Sache wohlwollend gegenübersteht. Dabei verwies er darauf, daß in verstärktem Maße öffentliche Mittel nach Loccum fließen.

Dies gelte sowohl für den öffentlichen als auch für den privaten Bereich. „Damit kann Loccum entwickelt werden", sagte Schmitz abschließend.

BERICHT ÜBER DIE ORTSBEGEHUNG IN WIEDERSAHL

<u>Gerhard D r e y e r</u>, Bürgermeister, Wiedensahl

Am Beispiel Wiedensahl möchte ich Ihnen zeigen, wie die Anpassung
eines Dorfes an dem Wandel der Zeit abgelaufen ist.
Es besteht noch keine Planung, die eine gezielte Weiterentwicklung
festlegen würde. Doch haben wir uns in den letzten Jahrzehnten immer
wieder an die Erfordernisse der Zeit anpassen können.

Bewußtsein und Maßstab für die Beurteilung des Dorfbildes haben in
den letzten Jahren einen anderen Rahmen bekommen. Was wir heute für
unser Dorf wünschen, wurde vor wenigen Jahren als überholte Romantik
belächelt, und wir fürchten heute, daß bei einer Planung wieder ein
Bild auftaucht, das einer kritischen Beurteilung in naher Zukunft
nicht gerecht wird.

Um ein Dorf kennen und verstehen zu lernen, muß man um seinen Ursprung wissen und einen Blick in seine Geschichte werfen.

Wiedensahl ist ein altes Hagenhufendorf, wie sie in unserer Landschaft im 13. Jahrhundert vielfach gegründet wurden. An einer 2,5 km
langen Straße, die heute Landesstraße ist, liegen dicht gedrängt zu
beiden Seiten die Häuser und Höfe.

Wiedensahl hat heute etwa 950 Einwohner, das sind gut 100 Einwohner
mehr wie gegen Ende des letzten Jahrhunderts.
Von der Struktur war Wiedensahl ein Bauern- und Handwerkerdorf. Wiedensahl ist eine selbständige politische Gemeinde, die einer Samtgemeinde angeschlossen ist.
Die Kirchengemeinde deckt sich mit den Grenzen der pol. Gemeinde. Es
gibt noch zwei funktionsfähige Realverbände: Der Wasser- und Boden-
verband, der die Unterhaltung der Gräben und zum Teil der
Wirtschaftswege und Straßen abdeckt, und in dem jeder Grundeigentü-
mer und Hausbesitzer Mitglied ist und die Forstgenossenschaft.

Die in den Jahren 1951 und 1961 gebaute Schule steht seit etwa 10
Jahren leer.

Treffpunkte des dörflichen Lebens sind: Am nördlichen Ende des Dorfes der Sportplatz mit dem Sporthaus, im südlichen Bereich des Dorfes ein Schießsportgelände mit Vereinsheim.

In der Mitte des Dorfes liegt das Alte Pfarrhaus neben dem Friedhof und der Kirche, in ihm sind heute neben den Gemeinderäumen der Kinderspielkreis untergebracht. Das obere Geschoß dieses Hauses beherbergt ein umfangreiches Heimatmuseum. In diesem Haus lebte Wilhelm Busch 6 Jahre, hier entstanden ein Teil seiner Bildergeschichten.

Da das Dorf bei seiner Gründung in wenigen Jahren erbaut worden ist, so erkennt man bis in die Gegenwart eine verhältnismäßig große Einheitlichkeit im Stil und der Form der Baukörper . Das Dorf in seiner heutigen Ansicht ist zum überwiegenden Teil zwischen 1880 und 1914 neu erbaut worden, nachdem die alten Gebäude abgängig waren bzw. den Anforderungen an Wirtschaften und Wohnen nicht mehr genügten. Mit dem Aufschwung der Landwirtschaft und des Handwerks wurden größere Baukörper erforderlich, diese prägen heute noch das Bild des Dorfes.

Die Besitzstruktur der Bürger des Dorfes lag in der Größe vom kleinen Nebenerwerbsbetrieb gekoppelt mit einem Handwerkszweig bis zur Hofgröße von etwa 25 bis 30 ha.

Nachdem vor etwa 20 Jahren der Ausbau der Landesstraße die durchs Dorf führt geplant wurde, ergab sich für den Bereich der Gemeinde Wiedensahl die Notwenigkeit, Maßnahmen, die den Straßenbereich berührten, vorweg zu nehmen. So wurden in wenigen Jahren Abwasserkanal, Frischwasserversorgung, Oberflächenwasserkanal verlegt und Stromversorgung und Fernmeldezuleitung verkabelt. Diese Bauarbeiten veränderten in kurzer Zeit das bisher gewohnte Bild des Dorfes. Heute wird die Breite der Straßenführung schon wieder kritisch betrachtet und ein gewisser Rückbau gefordert.

Die Bebauungsplanung hat lange Zeit unter Landknappheit gelitten. Die augenblickliche Planung wird von der Absicht geleitet, die Form und die Anlage des langgestreckten Straßendorfes zu erhalten und den alten Ortskern nicht "einzumauern", wie es in vielen Dörfern bei der regen Bautätigkeit nach dem letzten Weltkrieg geschehen ist. Nachdem ein generelles Bauverbot nach der Gemeinde- und Verwaltungsreform abgewehrt werden konnte, ist heute ein Wachstum im Rahmen der Eigenentwicklung vorgesehen.

In den vergangenen Jahrzehnten ist viel - aus heutiger Sicht - erhaltenswerte alte Bausubstanz verschwunden.
Wohl das wertvollste Haus ist im Mittelpunkt des Dorfes geblieben: Das Alte Pfarrhaus neben Friedhof und Kirche gelegen. Es ist eines der wenigen noch erhaltenen Pfarrbauernhäuser.
Vor 20 Jahren bescheinigte ein Gutachten: Keine erhaltenswerte Bausubstanz. Der Abbruch scheiterte am fehlenden Geld. Heute ist das Haus eines der Zentren im Gemeinschaftsleben des Dorfes.

Zur Zeit laufen Vorhaben in Verantwortung der Gemeinde Wiedensahl:

1. Renovierung und z.T. Umbau eines gemeindeeigenen Wohn- und Geschäftshauses, welches seit 100 Jahren die Apotheke beherbergt. Volumen etwa 150.000,-- DM

2. Ausbau eines leerstehenden Flügels der früheren Schule zu einer Arztpraxis   Vol. 140.000,-- DM

3. Kauf eines Grundstücks mit aufstehendem früheren Gaststättensaal zur Erweiterung der Sportfläche. Umbau des Saales (230 qm) zur Trainingsstätte wegen fehlender Sporthalle.
Volumen etwa 300.000,-- DM, hiervon werden etwa 100.000,-- DM durch Zuschüsse und Eigenleistung abgedeckt.

Probleme der Gegenwart

1. Der Strukturwandel in der Landwirtschaft führt dazu, daß weitere Wirtschaftsgebäude leerstehen, und der Gegensatz zwischen der Funktion Wohnen und Wirtschaften sich verschärfen wird.

2. Spekulative Grundstückskäufe im Bereich des bebauten Ortskerns unterlaufen die Planung.

3. Lücken im Bundesbaugesetz erlaubten Bauten, die das harmonische Ortsbild stören.

4. Fremde Baumaterialien stören das Ortsbild.

Kritische Anmerkungen bei der Vorstellung des Dorfes:

1. Gestaltungssatzung, bei der heute üblichen freien Bauweise führt
   das oft zu unharmonischen Bauten, die sich nicht in das Bild der
   Umgebung einpassen.

Vor 10 Jahren wurde gegenüber der Kirche das alte Schulgebäude
abgebrochen und der dadurch entstehende freie Platz großflächig als
Marktplatz belassen. Ortsfremden kann schwer verständlich sein, daß
dieser Platz für ein großes Fest einmal im Jahr (Martini-Markt, 350
Marktbezieher und mehrere 10.000 Besucher)vorbehalten werden muß.

2. Es besteht keine Vorstellung, wie der weitere Strukturwandel der
   Landwirtschaft.sich auf das Dorf auswirken wird.

3. Beim Ausbau der Landesstraße ist in den Seitenräumen viel Grün
   verloren gegangen. So wirkt die Straße heute in vielen Augen als
   überbreite Schneise.

BERICHT ÜBER DIE ORTSBEGEHUNG IN ESTORF

Dipl.-Ing. Reinhard H e r i c h , Architekt, Nienburg/Weser

Treffpunkt der Seminarteilnehmer und gleichzeitig Ausgangspunkt für eine Ortsbegehung war das im Rahmen der Dorferneuerung neu geschaffene Gemeinschaftshaus am Dorfplatz im westlichen Ortsteil von Estorf.

Nach der Begrüßung durch Günter Deking, stellv. Bürgermeister, Arbeitskreis- und Dorferneuerungsausschuß-Vorsitzender und gleichzeitig Landwirt, dessen Hofstelle sich direkt am Dorfplatz befindet, wurden zunächst an Karten allgemeine Erläuterungen zum Ort und zur Dorferneuerungsplanung gegeben.

Einige Eckdaten: Zur SG Landesbergen, LKr. Nienburg gehörig und auf einer Niederterrasse am westlichen Geestrücken gegenüber dem Urstromtal der Weser gelegen ; ca. 1000 Einwohner; negative Altersstruktur; hoher Auspendleranteil.

Entwicklung des Haufendorfes westlich der B 215 mit 18 Vollmeierhöfen, 4 Halbmeierhöfen, 17 Kötnerstellen und 10 Brinknitzern, östlich der B 215 Eichenwald mit Fachwerkscheune.

Entwicklung der bäuerlichen Betriebe von 120 = 1949 auf 11 VE- und 4 NE-Betriebe 1981; durchschnittliche Betriebsgröße 65 ha; Bodengüte 60 - 85 (Marsch),15-50(Geest); Tendenz: Zupacht und Spezialisierung.

Um den Strukturwandel des ländlichen Raumes mit seinen Folgen, wovon besonders und in hohem Maße der historische Ortsteil bereits sichtbar betroffen war ,zu begegnen, wurde vom Rat die Dorferneuerungsplanung, die sich in einer Zweistufigkeit gliedert, nämlich dem DE-Gutachten und der DE-Entwicklungsplanung beschlossen.

Die Begehung beschränkte sich aus Zeitgründen auf einen kürzeren Weg durch den Ort, die Hauptentwicklungsbereiche der Ortserneuerung jedoch einschließend. (Abb. 1)

Entwicklungsbereich 1 'Ecke Alte Dorfstr./Riefenstr.' mit einem komple-

Aufgabenkatalog wie Abriß-, Sicherungs- und Umbaumaßnahmen im Hochbauli-
chen sowie Einfriedungs-, Grün- und Freiflächengestaltungsmaßnahmen.
Eine noch zu Beginn der Planung skizzierte denkbar schlechteste Entwicklung konnte aufgrund bereits beispielhaft ausgeführter Erneuerungsmaßnahmen aufgehalten werden. (Abb. 2-4)

Entwicklungsbereich 2 'Ecke Riefenstr./Alte Schulstr.' mit einem im Umbau befindlichen ehemaligen Brinknitzerhauses einer hannoverschen Bauherrengruppe und einem umgebauten ehemaligen Kötnerhaus einer jungen
Estorfer Bauherrengruppe. Ein z.T. fertiggestellter gemeinsamer Hofraum
ohne Abgrenzung drückt Nachbarschaftshilfe und Verbundenheit aus.

Entwicklungsbereich 3 'innerörtlicher Straßenausbau'; Verzicht von Hoch-
borden, Reduzierung der Querschnitte auf ein Maß, das dem
landwirtschaftlichen Querverkehr Rechnung trägt, Pflasterung, Beseitigung von platzbesetzenden Fichtenkulturen.

Entwicklungsbereich 4 nach Überquerung der B 215, die Estorf in 2 Ortshälften teilt und eine Zäsur im räumlichen, sozialen und funktionalen
Beziehungsgefüge bedeutet der 'Buswartebereich' ein geographischer Mittelpunkt mit einem neu geschaffenen Buswartehaus, das das Thema "Bus-
warte' statt der üblichen Fertighaus- und Blockhaustypen neu definieren
soll. (Abb. 5)

Entwicklungsbereich 5 'historisches Scheunenviertel im sog.
Schünebusch', das nach Verlust der ursprünglichen Funktion für die Landwirtschaft und wegen seiner kulturgeschichtlichen Bedeutung als Frei-
lichtmuseum entwickelt werden soll.(Abb 6)

Entwicklungsbereich 6 'Dorfmitte Estorf' und Endpunkt der Begehung.
Nachdem die Bundesstraße eine gemeinsame 'Mitte' für beide Ortshälften
unmöglich macht, und sämtliche neuen Freizeiteinrichtungen im Ortsteil
errichtet werden, lag es nahe, den ehemaligen Dorfplatz wieder nutzbar
zu machen.

Folgende Teilschritte wurden realisiert: Gestaltung des Platzes mittels
Pflasterung, Lindenanpflanzung, Leuchten und Sitzmöglichkeiten; Moderni-

sierung des platzbegrenzenden Massivgebäudes (Schlachterladen), Umbau
einer Fachwerkscheune zu einem kleinen Gemeinschaftshaus mit Versamm-
lungs- und Vereinsräumen sowie Verwaltungsaußenstelle.

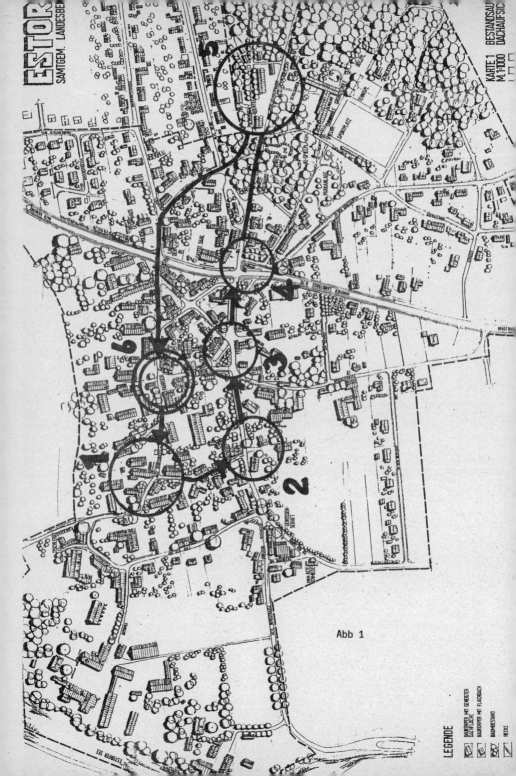

Abb 1

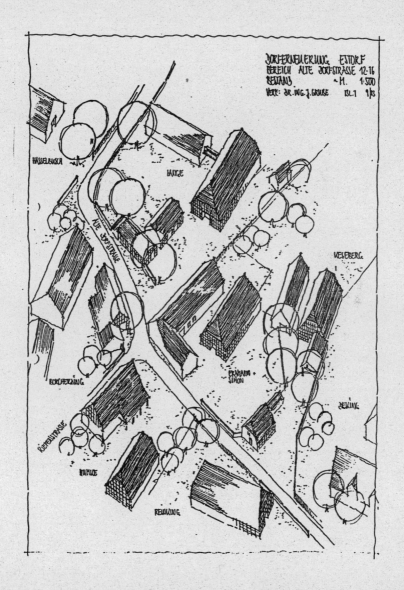

Abb 2

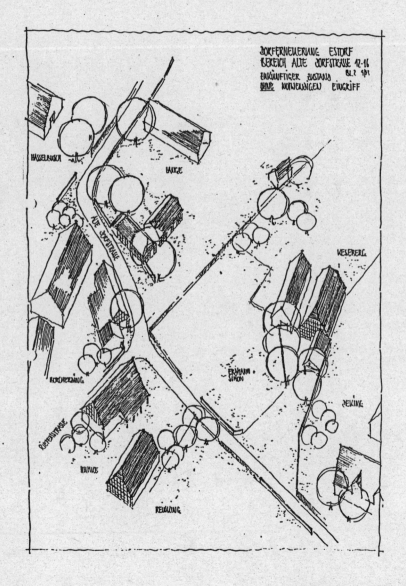

Abb 3

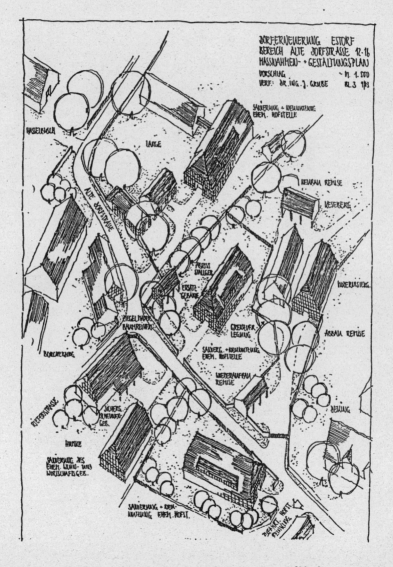

Abb 4

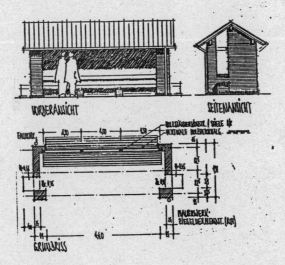

Abb 5

Abb 6

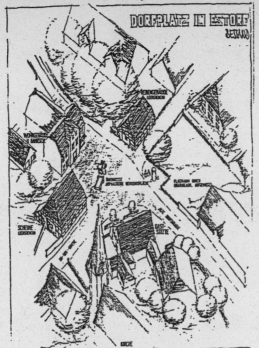

Abb 7

*Der Dorfplatz nach der
Erneuerung der historischen
Bausubstanz*

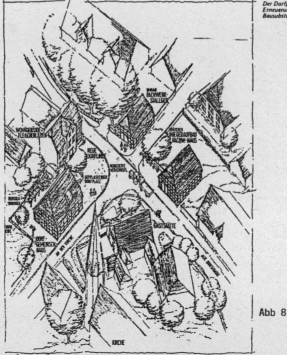

Abb 8

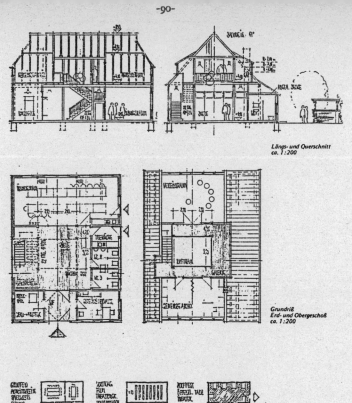

Längs- und Querschnitt
ca. 1:200

Grundriß
Erd- und Obergeschoß
ca. 1:200

Nutzungsvarianten

Abb 9

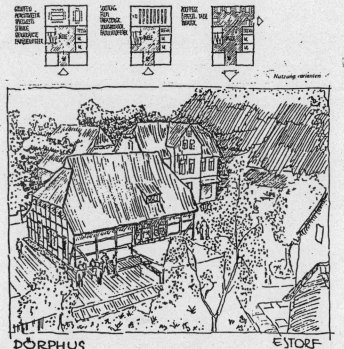

DÖRPHUS   ESTORF

Abb 10

AUSWERTUNG DER DORFBEGEHUNGEN

Am Samstag, den 7. Juni 1986 fanden Dorfbegehungen in vier Dörfern in der Umgebung der Akademie statt. Die Begehungen wurden "begleitet" von einem "Ortsbegehungsbogen", der von Herrn Prof. Dr. J. Grube, Nienburg, erarbeitet wurde. Der Bogen sollte u. a. dazu dienen, die Aufmerksamkeit der Teilnehmer auf mögliche "Störfaktoren" sowie auf bereits durchgeführte oder geplante Maßnahmen der Dorferneuerung zu lenken sowie diese zu bewerten. Der Ortsbegehungsbogen ist auf den folgenden Seiten abgedruckt. Die Bögen wurden von den Teilnehmern ausgefüllt und zum Teil der Tagungsleitung zur Auswertung zur Verfügung gestellt. Herr Prof. Grube wertete die Bögen aus; die Auswertung wird im Anschluß an den Ortsbegehungsbogen dokumentiert (D. Red.).

ORTSBEGEHUNGSBOGEN

Ort: Teilnehmer/in:

Anlaß: Tagung der Evangelischen Akademie Loccum vom 6. - 8. Juni 1986
           "UNSERE DÖRFER WERDEN 'ERNEUERT'"

SEHR GEEHRTE TEILNEHMERIN, SEHR GEEHRTER TEILNEHMER!

Sie haben heute 2 - 3 Stunden Zeit, sich im Rahmen einer Ortsbegehung einen ersten Eindruck über den Zustand eines Dorfes zu verschaffen, das in das Niedersächsische Dorferneuerungsprogramm bereits aufgenommen ist oder für das eine Aufnahme beantragt wurde bzw. werden soll.

Bei einem Alter von mehr als 800 oder gar 1000 Jahren sind Spuren der Herkunft, der Entwicklung, der Veränderung oder auch Zerstörung in unterschiedlicher Intensität unübersehbar und natürlich.

Im Rahmen der Begehung interessieren Ihre Benennung vorliegender Störfaktoren, Ihr Urteil über die Angemessenheit bereits durchgeführter, beziehungsweise geplanter Maßnahmen und ihre Vorschläge für die zukünftige Entwicklung des Ortes.

Dabei werden keine wissenschaftlich, methodisch abgesicherten Aussagen erwartet, die bei der Kürze der verfügbaren Zeit und bei der unvollständigen Information über den Ort auch gar nicht möglich sind.

Von Ihrer spontanen Reaktion auf das vor Ort Gesehene und Gehörte und von Ihren, in die Bewertung einfließenden Wertvorstellungen für die zukünftige Dorfgestaltung erwarten wir Anregungen für das folgende Gespräch und für die vor uns liegende Arbeit in den Dörfern.

Zu der nun folgenden 'Spurensicherung' in einem niedersächsischen Dorf wünschen Veranstalter und Tagungsleitung Ihnen viel Vergnügen und neue Entdeckungen.

PS: Wir wären Ihnen dankbar für eine individuelle, möglichst unbeeinflußte Bewertung!

Prof. Dr. J. Grube . FH Hannover . FB Architektur in 3070 Nienburg/Weser

---

ORTSBEGEHUNGSBOGEN

Ort: **Teilnehmer/in:**

---

	erheb- lich	teil- weise
1 STÖRFAKTOREN (optisch/akustisch/Materien):	störend	
Als besonders störend empfinde ich		
1.1 die Lärm- und Staubemissionen infolge des Durchgangsver- kehrs im Ort	☐	☐
1.2 die Lärm- und Staubemission infolge des innerörtlichen Verkehrs	☐	☐
1.3 die Lärm- und Staubemissionen infolge industrieller/erwerb- licher Nutzung	☐	☐
1.4 die Staub- und Geruchsemissionen aus landwirtschaftlicher Nutzung	☐	☐
1.5 die fehlende landwirtschaftliche Einbindung der Ortslage	☐	☐
1.6 die fehlenden oder wenigen landwirtschaftlichen Klein- und Mittelbetriebe im Ortskern	☐	☐
1.7 die Neubausiedlungen am Ortsrand	☐	☐
1.8 die Neubauten innerhalb des Ortskernes	☐	☐
1.9 die siedlungsstrukturellen Details im öffentlichen Freiraum, wie Straßen-, Spielplätze, Seitenräume, Plätze, Leuchten, Straßenmöblierungen, Hinweisschilder, Bushaltestellen u.a.	☐	☐
1.10 die siedlungsstrukturellen Details im privaten Freiraum, wie Einfriedungen, Vorgärten, Vordächer u.a.	☐	☐
1.11 die fehlende bzw. nicht ausgebaute Ortsmitte	☐	☐
1.12 die fehlenden Parkplätze im Ortskern	☐	☐
1.13 das vorhandene Parkplatzangebot	☐	☐
1.14 die fehlende Qualität der hochbaulichen Details wie Türen, Tore, Fenster, Vordächer, Dächer u.a.	☐	☐
1.15 die fehldende bzw. wenig ortsgerechte Begrünung des Ortes	☐	☐
1.16 das vorhandene Angebot an privaten Dienstleistungs- einrichtungen (Laden, Bank u.a.)	☐	☐
1.17 das vorhandene Angebot an öffentlichen Dienstleistungs- einrichtungen (Kindergarten, Gemeinschaftshaus, Kirche, Friedhof u.a.).	☐	☐
1.19 die Werbung im Dorf	☐	☐

Fortsetzung STÖRFAKTOREN

1.19   Zu den Punkten 1.1 - 1.18 habe ich folgende
<u>ergänzende Bemerkungen</u> zu machen:

....

....

....

....

1.20   Folgende <u>zusätzliche Störfaktoren</u> sind mir aufgefallen
bzw. vermute ich:

....

....

....

2 MASSNAHMEN	eher positiv	eher negativ
Die bereits ausgeführten (A) bzw. geplanten (P) Maßnahmen, die mir im Rahmen der Ortsbegehung benannt wurden, beurteile ich wie folgt:		
2.1 Ausbau, Verbesserung des innerörtlichen Straßen- und Wegenetzes	☐	☐
2.2 Bau einer Umgehungsstraße	☐	☐
2.3 Ansiedlung neuer Gewerbebetriebe am Ortsrand/ im Ortskern (zutreffendes unterstreichen)	☐	☐
2.4 Landschaftsplanerische Maßnahmen (Windschutz/Ortsbildabrundung)	☐	☐
2.5 Innerörtliche Grünordnungsmaßnahmen (Baumpflanzungen/Alleen/Grünplätze u.a.)	☐	☐
2.6 Ausweisung neuer Baugebiete am Ortsrand	☐	☐
2.7 Bebauung innerörtlicher Baulücken	☐	☐
2.8 Umnutzung leergefallener, ehemals landwirtschaft- licher Bausubstanz	☐	☐
2.9 Denkmalpflegerische Einzelmaßnahmen (Restauration/ Renovierung/Wiederaufbau/Modernisierung u.a.)	☐	☐
2.10 Neubau landwirtschaftlicher Wirtschafts- und Remisengebäude im Ortskern	☐	☐

Fortsetzung MASSNAHMEN	eher	eher
	positiv	negativ

2.11 Verbesserung, Ausbau der technischen Infrastruktur/Straßen, Abwasser-, Trinkwasserversorgung) ☐ ☐

2.12 Verbesserung/Ausbau der sozialen, kulturellen Infrastruktur (Gemeinschaftshaus, Kinderspielkreis, Jugendtreff u.a.) ☐ ☐

2.13 Bach-/Teichsanierung ☐ ☐

2.14 Durchführung von Flurbereinigungsmaßnahmen (Wirtschaftswegebau u.a.) ☐ ☐

2.15 Zu den Punkten 2.1 - 2.14 habe ich folgende ergänzende Bemerkungen zu machen:

....

....

....

2.16 Folgende zusätzlich ausgeführte Maßnahmen beurteile ich wie folgt:

....

....

....

....

3 EMPFEHLUNGEN	zwingend erforderlich	wünschens- wert
Langfristig halte ich ergänzend zu den unter 2 aufgeführten Maßnahmen folgende Investitionen im Sinne einer Selbstregulierung des Systems in _____ für erforderlich:		
Schaffung von neuen Arbeitsplätzen im Ort 3.1 - für die Landwirtschaft	☐	☐
3.2 - für das Gewerbe	☐	☐
3.3 - für sonstige Dienste	☐	☐
Durchführung energiesparender Maßnahmen wie 3.4 - Sonnenkollektoren	☐	☐
3.5 - Wärmepumpen	☐	☐
3.6 -Progasanlagen	☐	☐
Ausbau, Förderung alternativer 3.7 Landwirtschaft	☐	☐
3.8 Aussiedlung landwirtschaftlicher Betriebe	☐	☐
3.9 Teilzweigaussiedlung von landwirtschaftlichen Einzelgebäuden	☐	☐
3.10 Folgende zusätzliche Empfehlungen:		

3.10   Folgende zusätzliche Empfehlungen:

....

....

....

....

Prof. Dr. J. Grube . FH Hannover . FB Architektur . 3070 Nienburg/Weser

AUSWERTUNG DER ORTSBEGEHUNGSBÖGEN
LOCCUM, MARDORF, ESTORF, WIEDENSAHL

zu Frage	Loccum	Mardorf	Estorf	Wiedensahl	Gesamt [x)]
1.1	4 erh. störend 1 teilw. ."	2 teilw. störend		1 teilw. störend	4 erh. 4 teilw.
1.2	3 erh. störend 2 teilw. "			2 teilw. störend	3 erh. 4 teilw.
1.4	2 teilw. störend			1 teilw. störend	4 teilw.
1.5	3 erh. störend 3 teilw. "	1 teilw. störend		1 teilw. störend	3 erh. 5 teilw.
1.6	1 erh. störend 4 teilw. "			1 teilw. störend	1 erh. 5 teilw.
1.7	3 erh. störend 1 teilw. "		1 teilw. stör.	2 erh. störend 3 teilw. störend	5 erh. 5 teilw.
1.8	6 erh. störend 1 teilw. "	3 teilw. störend	2 teilw. stör.	2 erh. störend 3 teilw. "	8 erh. 9 teilw.
1.9	4 erh. störend 2 teilw. störend	2 teilw. störend		1 teilw. störend	4 erh. 5 teilw.
1.1o	1 erh. störend 3 teilw. "	1 teilw. störend	1 teilw. stör.	1 erh. störend 1 teilw. "	2 erh. 6 teilw.
1.11	4 erh. störend 2 teilw. "	1 erh. störend		1 teilw. störend	5 erh. 3 teilw.
1.12	3 teilw. Störend	1 teilw. störend			4 teilw.
1.13	1 erh. störend 3 teilw. störend	1 teilw. störend	1 teilw. stör.		1 erh. 5 teilw.
1.14	5 erh. störend 3 teilw. "	1 teilw. störend	2 teilw. stör.	4 erh. störend 1 teilw. "	9 erh. 7 teilw.
1.15	2 erh. störend 3 teilw. "	1 erh. störend	2 teilw. stör.	3 teilw. störend	3 erh. 8 teilw.
1.16	3 teilw. störend		1 teilw. stör.	1 teilw. störend	5 teiw.
1.17	3 teilw. störend	1 teilw. störend			4 teilw.
1.18	1 teilw. störend				1 teilw.
1.19	3 teilw. störend	2 teilw. störend 1 erh. "		2 erh. störend 1 teilw. "	3 erh. 6 teilw.

x) störend

zu Frage	Loccum	Mardorf	Estorf	Wiedensahl	Gesamt
2.1	1 positiv 5 negativ	4 positiv	2 Positiv	2 positiv 3 negativ	9 positiv 8 negativ
2.2	2 positiv 2 negativ	1 positiv 3 negativ		2 negativ	3 positiv 7 negativ
2.3	4 positiv 1 negativ	1 negativ		2 negativ	4 positiv 4 negativ
2.4	3 positiv 2 negativ	2 positiv	1 positiv 1 negativ	4 positiv	9 positiv
2.5	4 positiv 1 negativ	3 positiv	2 positiv 1 negativ	3 positiv 1 negativ	12 positiv 3 negativ
2.6	2 positiv 2 negativ	2 negativ	1 negativ	3 negativ	2 positiv 8 negativ
2.7	1 positiv 4 negativ	2 positiv	1 positiv 1 negativ	1 positiv 1 negativ	5 positiv 6 negativ
2.8	3 positiv 3 negativ	2 positiv 1 negativ	2 positiv	4 positiv	11 positiv 4 negativ
2.9	3 positiv 1 negativ	1 positiv 1 negativ	2 positiv	4 positiv 2 negativ	1o positiv 4 negativ
2.1o	1 positiv 2 negativ	1 positiv	1 positiv	1 positiv 1 negativ	4 positiv 3 negativ
2.11	2 positiv 3 negativ	1 positiv	1 positiv	2 positiv 2 negativ	6 positiv 5 negativ
2.12	2 positiv 3 negativ	4 positiv	2 positv	4 positiv 2 negativ	12 positiv 5 negativ
2.13	5 positiv	1 positiv 1 negativ	1 positiv	2 positiv 1 negativ	9 positiv 2 negativ
2.14	1 positiv 2 negativ	1 positiv		1 positiv	3 positiv 2 negativ
2.15				1 positiv	1 positiv

zu Frage	Loccum	Mardorf	Estorf	Wiedensahl	Gesamt
3.1	2 erforderlich 4 wünschenswert	3 wünsch.	1 erf.	3 erf. 1 wünsch.	6 erf. 8 wünsch.
3.2	2 erforderlich 4 wünschenswert	2 wünsch.	1 wünsch.	3 erf. 1 wünsch	5 erf. 6 wünsch.
3.3	2 erfoderlich 3 wünschenswert	1 erf. 2 wünsch.	2 wünsch.	2 erf. 1 wünsch.	5 erf. 8 wünsch
3.4	2 erforderlich 1 wünschenswert	1 wünsch.	2 wünsch.	2 wünsch	2 erf. 6 wünsch
3.5	1 erforderlich 1 wünschenswert	1 wünsch.	2 wünsch.	2 wünsch.	1 erf. 6 wünsch.
3.6	2 wünschenswert	1 wünsch.	2 wünsch.	2 wünsch.	7 wünsch.
3.7	2 erfoderlich 3 wünschenswert	2 wünsch.	1 erf. 1 wünsch.	2 erf. 1 wünsch.	5 erf. 7 wünsch
3.8	2 erfoderlich 2 wünschenswert				2 erf. 2 wünsch.
3.9	1 erfoderlich 1 wünschenswert				1 erf.

Ergänzende Bemerkungen zu LOCCUM

- monotones Grün
- zuviel Kfz-Verkehr
- Freiraum am Markt gewerblich nutzen
- Lage Bebauungsgebiet schlecht
- Fußgänger und Radfahrerschließung schlecht
- zu alte "Badeanstalt"
- Soda Brücke abreißen
- Dorf keine Einheit
- Siedlungsstruktur schlecht
- Ortsdurchgangsstr. negativ

Ergänzende Bemerkungen zu Mardorf

- Übergang zwischen Randgrün und Fahrbahn schlecht
- "Pfützenbildung" im Straßenbereich
- in der Saison schlechtes Parkplatzangebot

Ergänzende Bemerkungen zu Wiedensahl

- pflegeleichtes Einheitsgrün fehlt
- Erhaltung des Pfarrgartens und alter Bauerngärten notwendig
- Marktplatz und Hauptstr. brauchen mehr große Bäume
- Schlechte Einbindung des Dorfteiches
- Ausbau Dorfstraße mit Geh und Radwege zu dominant
- Straßenrandbereiche schlecht
- Trennung Hofgrundstücke Straßenraum schlecht
- auf Geldkreislauf achten (Geld im Dorf ausgeben)

Prof.Dr.J.Grube FH Hannover 307 Nienburg/Weser

DORFERNEUERUNG PRAKTISCH: VERTIEFUNG VON EINZELASPEKTEN DURCH KURZREFERATE IM PLENUM

1. **Straßen und Wege im Dorf**

   Prof. Dr. Ing. Robert S c h n ü l l , Institut für Verkehrswirtschaft, Straßenwesen und Städtebau, Universität Hannover

0. Vorbemerkungen

Mit dem nachfolgenden Kurzreferat soll zur Vorbereitung der Diskussionen im Arbeitskreis lediglich ein Überblick über ein abendfüllendes Thema gegeben werden.

Abendfüllend ist das Thema deshalb, weil sich

- der innerörtliche Straßenentwurf gegenwärtig in der größten Wandlung der Nachkriegsgeschichte befindet,

- der Bewußtseinswandel "weg von den städtischen Vorbildern und hin zur Besinnung auf die ursprünglichen Werte des Dorfes" auch den Entwurf der Straßen und Wege verändert hat und

- die Ortsdurchfahrten künftig nicht mehr als "Fernstraßen im Dorf", sondern als Verkehrswege betrachtet werden, die sich auch bei überörtlicher Bedeutung den innerörtlichen Nutzungsansprüchen dörflicher Hauptverkehrsstraßen und Plätze anzupassen haben.

Der im Entwurf innerörtlicher Straßen und Wege vollzogene Wandel ist besonders dadurch gekennzeichnet, daß sich die Entwurfsüberlegungen nicht mehr vorrangig auf das Fahrbahnband und dem Kraftfahrzeugverkehr beziehen, sondern daß in ganzheitliche Straßenraumentwürfe auch der nichtmotorisierte Verkehr, die nichtverkehrlichen Nutzungsansprüche und das Umfeld vollwertig einbezogen werden.

Eine Vielzahl von Forschungsberichten und sonstigen Veröffentlichungen dokumentiert diesen Wandel. Als wichtigste Veröffentlichungen zum Thema der Tagung können

- die "Empfehlungen für die Anlage von Erschließungsstraßen EAE 85" [1] und

- der mit Unterstützung des ADAC im Jahre 1984 zusammengestellte Werkbericht "Gestaltung von Ortsdurchfahrten kleinerer Orte und Dörfer" [2]

betrachtet werden.

Nachfolgend werden im Arbeitskreis die drei wesentlichen Anwendungsbereiche von Straßen und Wegen im Dorf behandelt.

1. Erschließungsstraßen außerhalb der Ortsdurchfahrten in Dorfkernen

Dieser Anwendungsbereich ist schnell abgehandelt, denn es geht im Prinzip nur darum,

Straßen-/Wegetyp	maßgebende Funktion	Entwurfsprinzip	Begegnungsfall	Einsatzgrenzen		Querschnittskizze (Klammerwerte: Mindestmaße bei bezogen Verhältnissen)	Straßenführung								Knotenpunkt				
				Verkehrsstärke (Spitzenstunde)	angestrebte Höchstgeschwindigkeit		erreichbare Abschnittslänge	Versatztyp	Einengungstyp	Teilaufpflasterungstyp	Schwellen	weitere Überquerungshilfen	Wendeanlagetyp	Haltestelleinbuchten	Linksabbiegespurtyp	Fahrbahnteiler	Mitbenutzung der Gegenfahrspur	Teilaufpflasterungstyp	Lichtsignalanlage
1	2	3	4	5	6	7	8	9	10	11	12	13	14	15	16	17	18	19	20
-	-	-	-	Kfz/h	km/h		m												
HSS 3[1]	V	2	Lz/Lz	≤800	40...50		100	-	5,50 kurz	-	-	FBT FU FGÜ	-	+[10]	1 (2)	+ (-)	Bus 0 Lz 1 (3 Mü 1)	-	-
SS 2[2]	E	2	Lkw/Lkw	≤500	30...40		≤100	-	3,00[9] kurz	≤1:25	-	-	-	-	2 (-)	-	Lz 1 3 Mü 1 2 Mü 0	≤1:25	-
AS 3	A	1	Pkw/Pkw Lkw/R	≤150	≤30		≤50	-	3,00 kurz vert.	-	-	-	5 4 (2) (1)	-	-	-	3 Mü 2 (2 Mü 1)	-	-
			Lz/Lz	≤150	≤30		≤50	-	3,00 kurz vert.	-	-	-	5 4 (3) (1)	-	-	-	3 Mü 2 (2 Mü 1)	-	-
AW 1[3]	A	1	Lkw/Pkw Lfw/Lfw	-[5]	≤30		≤50	-	-	-	-	-	3 2 (1)	-	-	-	Lfw 1	-	-
AW 2[4]	A	1	Lkw Pkw/R	-[5]	≤30		≤50	-	-	-	-	-	3 2 (1)	-	-	-	Lfw 1	-	-

Anmerkungen:
[1]) Ortsdurchfahrt der Kategorie C IV nach den RAS-N
[2]) Ortsdurchfahrt der Kategorie D IV oder D V nach den RAS-N
[3]) Parkbucht nur in Ausnahmefällen
[4]) Ausweichstelle am Wegende erforderlich
[5]) bis 30 Wohnungen
[6]) bis 10 Wohnungen
[7]) Unterbringung des ruhenden Verkehrs bei landwirtschaftlich geprägter Baustruktur auch wie bei SS 2
[8]) Unterbringung des ruhenden Verkehrs bei städtisch beeinflußter Baustruktur auch wie HSS 3
[9]) Nur an baulichen Engstellen (vgl. 5.2.1.5)
[10]) Gestalterisch an die Seitenräume einbezogen

Abkürzungen:
HSS = Hauptsammelstraße
SS = Sammelstraße
AS = Anliegerstraße
AW = Anliegerweg
V = maßgebende Verbindungsfunktion

E = maßgebende Erschließungsfunktion
A = maßgebende Aufenthaltsfunktion
F = Fußgänger
Kfz = Kraftfahrzeug
R = Radfahrer
G = Grünstreifen
P = Parkstreifen/Parkbucht
FBT = Fahrbahnteiler
FU = Furt mit LSA
FGÜ = Fußgängerüberweg
Lz 0 = Lastzug benutzt keine Gegenfahrspuren
3 Mü 2 = 3achsiges Müllfahrzeug benutzt 2 Gegenfahrspuren
+ = ja
- = nein
1 = Mischungsprinzip
2 = Trennungsprinzip mit Geschwindigkeitsdämpfung
3 = Trennungsprinzip ohne Geschwindigkeitsdämpfung

Abb. 1: Entwurfselemente in dörflichen Gebieten [1]

Städtebauliche Struktur und besondere Nutzungsansprüche
- 1 bis 2geschossige Einzelhausbebauung; Doppelgaragen im Bauwich.
- Wohnen.
- Aufenthalt, Kinderspiel; vielfältige Nutzung der privaten bzw. halböffentlichen Hof- und Freiflächen.

Beispiel

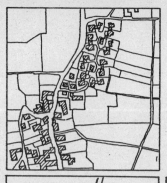

Dörfliche Gebie

Anliegerwe

AW

Erläuterungen
- Entwurfsprinzip: Mischungsprinzip (Mischfläche).
- Weitgehend unversiegelte Oberflächen; Reduzierung der Fahrgassen auf das fahrgeometrisch notwendige Maß.
- Wendeanlage Typ 3 in „Hof"-flächen integriert.
- Neben der 3,00 m breiten Fahrgasse ein befahrbarer Pflasterstreifen (breite Rasenfugen); zwischen Fahrgasse und Grünflächen ergibt sich so ein fließender Übergang.
- Große Einzelbäume.

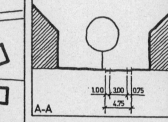

A-A

Maßgebender Begegnungsfall: Pkw/Pkw bzw. Lkw/R, Wendeanlage Typ 3 (3achsiges Müllfahrzeug).

Detail
Fahrgasse mit Pflasterstreifen; Einzelbäume; Hofflächen.

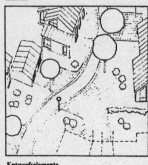

Möglicher Anwendungsbereich
Verkehrsstärke: 30–50 Kfz/Spitzenstunde
angestrebte Höchstgeschwindigkeit: unter 30 km/h

B-B

5 10 20 40 METER

Entwurfselemente
- Fahrbahn — 5.2.1.1
- Wendeanlage — 5.2.1.9
- Grundstückszufahrten — 5.2.1.12
- Beleuchtung — 5.2.1.14
- Begrünung — 5.2.1.15

Bewertung der Nutzungsqualität
- Fußgängerlängsverkehr — gut
- Fußgängerquerverkehr — gut
- Aufenthalt — gut
- Kinderspiel — gut
- Radverkehr — gut
- Fließender Kfz-Verkehr — gut
- Ruhender Kfz-Verkehr — –
- Öffentlicher Personennahverkehr — –
- Begrünung — gut
- Ver- und Entsorgung — gut

Anmerkung
Neben der 3 m breiten Fahrgasse werden hier alle befahrbaren Flächen (Wendeanlagen, Hofflächen, Pflasterstreifen) mit breiten Rasenfugen ausgebildet. Fahrzeugbegegnungen können in der Regel in den Hofflächen stattfinden; die Pflasterstreifen wurden aus gestalterischen Gründen (fließende Übergang zwischen befestigten und vollständig begrünten Flächen) gewählt.

Abb. 2: Gestaltungsbeispiele für einen Anliegerweg in dörflichen Gebieten [1]

Straßen-/Wegetyp	maßgebende Funktion	Entwurfsprinzip	Begegnungsfall	Einsatzgrenzen Verkehrsstärke (Spitzenstunde) [Kfz/h]	angestrebte Höchstgeschwindigkeit [km/h]	Querschnittskizze (Klammerwerte: Mindestmaße bei bezogen Verhältnissen)	erwünschte Abschnittslänge [m]	Versatztyp	Einengungstyp	Teilaufpflasterungstyp	Schwellen	weitere Übergleitungshilfen	Wendeanlagentyp	Haltestelleneinbuchten	Linksabbiegergruppentyp	Fahrbahnteiler	Mitbenutzung der Gegenfahrspur	Teilaufpflasterungstyp	Lichtsignalanlage
1	2	3	4	5	6	7	8	9	10	11	12	13	14	15	16	17	18	19	20
–	–	–	–	Kfz/h	km/h		m												
HSS 3¹)	V	2	La/Lz	≤800	40...50		100	–	5,50 kurz	–	–	FBT FU FGÜ	–	+¹⁰⁾	1 (2)	+ (–)	Bus 0 Lz 1 (3 Mü 1)	–	–
SS 2²)	E	2	Lkw/Lkw	≤500	30...40		≤100	–	3,00*) kurz	≤1:25	–	–	–	–	2 (–)	–	Lz 1 3 Mü 1 2 Mü 0	–	≤1:25
AS 3	A	1	Pkw/Pkw Lkw/R	≤150	≤30		≤50	–	3,00 kurz vert.	–	–	–	5 4 (2) (1)	–	–	–	3 Mü 2 (2 Mü 1)	–	–
			La/Lz	≤150	≤30		≤50	–	3,00 kurz vert.	–	–	–	5 4 (3) (1)	–	–	–	3 Mü 2 (2 Mü 1)	–	–
AW 1³)	A	1	Lkw/Pkw Lfw/Lfw	–⁴)	≤30		≤50	–	–	–	–	–	3 2 (1)	–	–	–	Lfw 1	–	–
AW 2⁴)	A	1	Lkw Pkw/R	–⁵)	≤30		≤50	–	–	–	–	–	3 2 (1)	–	–	–	Lfw 1	–	–

Anmerkungen:
¹) Ortsdurchfahrt der Kategorie C IV nach den RAS-N
²) Ortsdurchfahrt der Kategorie D IV oder D V nach den RAS-N
³) Parkbucht nur in Ausnahmefällen
⁴) Ausweichstelle am Wegende erforderlich
⁵) bis 30 Wohnungen
⁶) bis 10 Wohnungen
⁷) Unterbringung des ruhenden Verkehrs bei landwirtschaftlich geprägter Baustruktur auch wie bei SS 2
⁸) Unterbringung des ruhenden Verkehrs bei städtisch beeinflußter Baustruktur auch wie bei HSS 3
⁹) Nur an baulichen Engstellen (vgl. 5.2.1.5)
¹⁰) Gestalterisch an die Seitenräume einbezogen

Abkürzungen:
HSS = Hauptsammelstraße
SS = Sammelstraße
AS = Anliegerstraße
AW = Anliegerweg
V = maßgebende Verbindungsfunktion

E = maßgebende Erschließungsfunktion
A = maßgebende Aufenthaltsfunktion
F = Fußgänger
Kfz = Kraftfahrzeug
R = Radfahrer
G = Grünstreifen
P = Parkstreifen/Parkbucht
F = Fahrbahnteiler
FBT = Fahrbahnteiler
FU = Furt mit LSA
FGÜ = Fußgängeruberweg
Lz 0 = Lastzug benutzt keine Gegenfahrspuren
3 Mü 2 = 3achsiges Müllfahrzeug benutzt 2 Gegenfahrspuren
+ = ja
– = nein
1 = Mischungsprinzip
2 = Trennungsprinzip mit Geschwindigkeitsdämpfung
3 = Trennungsprinzip ohne Geschwindigkeitsdämpfung

Abb. 1: Entwurfselemente in dörflichen Gebieten [1]

Städtebauliche Struktur und besondere Nutzungsansprüche

- 1 bis 2geschossige Einzelhausbebauung; Doppelgaragen im Bauwich.
- Wohnen.
- Aufenthalt, Kinderspiel; vielfältige Nutzung der privaten bzw. halböffentlichen Hof- und Freiflächen.

Beispiel

Dörfliche Gebie

Anliegerwe

AW

Erläuterungen

- Entwurfsprinzip: Mischungsprinzip (Mischfläche).
- Weitgehend unversiegelte Oberflächen; Reduzierung der Fahrgassen auf das fahrgeometrisch notwendige Maß.
- Wendeanlage Typ 3 in „Hof"-flächen integriert.
- Neben der 3,00 m breiten Fahrgasse ein befahrbarer Pflasterstreifen (breite Rasenfugen); zwischen Fahrgasse und Grünflächen ergibt sich so ein fließender Übergang.
- Große Einzelbäume.

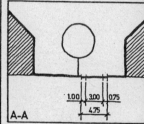

A-A

1.00 | 3.00 | 0.75
4.75

Maßgebender Begegnungsfall: Pkw/Pkw bzw. Lkw/R, Wendeanlage Typ 3 (3achsiges Müllfah zeug).

Detail

Fahrgasse mit Pflasterstreifen; Einzelbäume; Hofflächen.

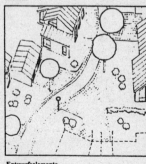

Möglicher Anwendungsbereich

Verkehrsstärke: 30–50 Kfz/Spitzenstunde
angestrebte Höchstgeschwindigkeit: unter 30 km/h

5 10 20 40 METER

B-B

Entwurfselemente	
- Fahrbahn	5.2.1.1
- Wendeanlage	5.2.1.9
- Grundstückszufahrten	5.2.1.12
- Beleuchtung	5.2.1.14
- Begrünung	5.2.1.15

Bewertung der Nutzungsqualität	
- Fußgängerlängsverkehr	gut
- Fußgängerquerverkehr	gut
- Aufenthalt	gut
- Kinderspiel	gut
- Radverkehr	gut
- Fließender Kfz-Verkehr	gut
- Ruhender Kfz-Verkehr	–
- Öffentlicher Personennahverkehr	–
- Begrünung	gut
- Ver- und Entsorgung	gut

Anmerkung

Neben der 3 m breiten Fahrgasse werden hier als befahrbaren Flächen (Wendeanlagen, Hofflächen) Pflasterstreifen) mit breiten Rasenfugen ausgebil det. Fahrzeugbegegnungen können in der Regel ir den Hofflächen stattfinden; die Pflasterstreifer wurden aus gestalterischen Gründen (fließender Übergang zwischen befestigten und vollständi begrünten Flächen) gewählt.

Abb. 2: Gestaltungsbeispiele für einen Anliegerweg in dörflichen Gebieten [1]

- zwischen der vorhandenen Bebauung eine auch für den landwirtschaftlichen Verkehr ausreichende Fahrgasse mit Breiten zwischen 3,00 und 6,50 m durchlaufend oder punktuell zur Verfügung zu stellen,

- die Seitenräume befestigt oder unbefestigt ohne weitere Flächenzuweisung für möglichst viele Aktivitäten wie dörfliche Kommunikation, Arbeiten, Lagern und Abstellen von Fahrzeugen nutzbar zu machen und

- die Wiedergewinnung von Dorfplätzen durch die Gestaltung der Straßen und Wege zu fördern.

Abbildung 1 zeigt mit den Typen AS 3, AW 1 und AW 2 solche Anliegerstraßen und -wege. Dabei wird die Gestaltung des Straßenraumes sehr stark von der Baustruktur und der verfügbaren Straßenraumbreite beeinflußt. Bei weiten Straßenräumen (Variante 1) genügt in der Regel die Ausweisung und Befestigung einer Fahrgasse (ohne Borde) bei engen Straßenräumen (Variante 2) bewegen sich alle Straßenraumnutzer auf der gleichen Fläche zwischen den Häusern. Abbildung 2 zeigt ein Gestaltungsbeispiel für einen Anliegerweg.

2. Erschließungsstraßen in ortsrandnahen Wohngebieten

Bei Wohngebieten in Ortsrandlage sind für die Anwendung der in Abbildung 3 enthaltenen Entwurfselemente für Straßen und Wege drei Aufgabenbereiche zu unterscheiden.

- Planung neuer Baugebiete,

- Umbau der Straßen und Wege in bestehenden Baugebieten (der 50er und 60er Jahre) und

- erstmalige Herstellung der Straßen und Wege auf der Grundlage älterer Bebauungspläne.

Bei der von weiten Kreis der Bevölkerung geforderten Umgestaltung bestehender Straßen und Wege in Wohngebieten der 50er und 60er Jahre sollte sehr behutsam vorgegangen werden, damit verkehrlich, gestalterisch und sozial vertretbare Lösungen entstehen. In der Regel sind weiche Elemente der Verkehrsberuhigung zu bevorzugen. Außerdem sollte es selbstverständlich sein, daß die Kommunen für derartige Umgestaltungsmaßnahmen eine planerisch und finanztechnisch sinnvolle Dringlichkeitsreihung erarbeiten und vom Rat beschließen lassen, damit Verkehrsberuhigung nicht dort betrieben wird, wo sich eigentlich nur die Anwohner selbst zu beruhigen brauchten. Auch die Erhebung von Ausbaubeiträgen nach den Kommunalabgabengesetzen der Länder sollte in der Regel selbstverständlich sein.

In bestehenden Baugebieten, in denen die erstmalige Herstellung der Verkehrsanlagen noch nicht erfolgt ist (vgl. § 128 (1) (2) BBauG), können die für geplante Baugebiete empfohlenen Entwurfselemente (Abb. 3) in der Regel durch eine veränderte Flächenaufteilung innerhalb der festgesetzten Verkehrsfläche auch ohne Bebauungsplanänderungen angewendet werden. In diesen Fällen kann es bei Ausbildung schmalerer Fahrbahnen zweckmäßig sein, für den ruhenden oder nichtmotorisierten Verkehr größere Flächen auszuweisen oder öffentlichen Grünflächen gestalterisch mit den privaten Grünflächen zu verbinden und sie den Anliegern zur Nutzung und Pflege zu übergeben. Es ist allen im Kommunalbereich Tätigen zu empfehlen, die diese auch hinsichtlich der Erschließungskosten günstigeren Möglichkeiten umfassend zu nutzen.

				Einsatzgrenzen		Querschnittskizze	Straßenführung								Knotenpunkt				
Straßen-/Wegetyp	maßgebende Funktion	Entwurfsgehtyp	Begegnungsfall	Verkehrsstärke (Spitzenstunde)	angestrebte Höchstgeschwindigkeit	(Klammerwerte: Mindestmaße bei beengten Verhältnissen)	erwünschte Abschnittslänge	Versatztyp	Einengungstyp	Teilaufpflasterungstyp	Schwellen	weitere (Querungsmaßnahmen)	Wendeanlagentyp	Haltestellenwechsen	Linksabbiegespurtyp	Fahrbahnteiler	Mitbenutzung der Gegenfahrspur	Teilaufpflasterungstyp	Lichtsignalanlage
1	2	3	4	5	6	7	8	9	10	11	12	13	14	15	16	17	18	19	20
-	-	-	-	Kfz/h	km/h		m												
HSS 1	V	3	Bus/Bus	≤ 1500	50... ...60		-	-	-	-	-	-	FBT FU	-	+	1	+	Lz 0 (Lz 1) Bus 0	-	4
HSS 3	V	2	Bus/Bus	≤ 800	40... ...50		≤ 100	-	5,50 kurz	-	-	FBT FU FGO	-	(-)	1 (2)	+ (-)	Lz 1 Bus 0		
SS 2	E	2	Pkw/Pkw (Lkw/Lkw)	≤ 500	30... ...40		50... ...100	-	4,00 kurz	≤ 1:25	-	-	7	-	2	-	Lz 1 3 Mü 1 2 Mü 0	≤ 1:25	
			Lkw/Lkw	≤ 500	30... ...40		50... ...100	-	4,00 kurz	≤ 1:25	-	-	7	-	2	-	Lz 1 3 Mü 1 2 Mü 0	≤ 1:25	
AS 2	E	2	Lkw/Pkw Lfw/Lfw	≤ 250	30... ...40		50... ...100	Lkw/ Lkw	3,00 kurz	≥ 1:10	+	-	6 5 (4)	-	-	-	3 Mü 2 2 Mü 1	≥ 1:10	
AS 3	E	1	Pkw/Pkw (Lkw/Lkw)	≤ 120	≤ 30	Neubau	50	Pkw/ Pkw	3,00 vert.	-	-	-	4 3 (2) (1)	-	-	-	3 Mü 2 2 Mü 1	-	
			Pkw/Pkw Lkw/R	≤ 150	≤ 30	Teilumbau	50	Lkw/ Pkw	3,00 kurz	≥ 1:10	+	-	4 3 (2) (1)	-	-	-	3 Mü 2 2 Mü 1	-	
AS 4	A	1	Pkw/R (Lkw/Pkw) (Lfw/Lfw)	≤ 60	≤ 30		≤ 50	-	-	-	-	-	4 3 (2) (1)	-	-	-	Lfw 1	-	
AW 1	A	1	Lkw/Pkw Lfw/Lfw	¹)	≤ 30		≤ 50	-	-	-	-	-	3 2 (1)	-	-	-	Lfw 1	-	
			Lkw Pkw/R	²)	≤ 30		≤ 50	-	-	-	-	-	3 2 (1)	-	-	-	Lfw 1	-	

Abb. 3: Entwurfselemente für Wohngebiete in Ortsrandlage [1]

Zu Abbildung 3:

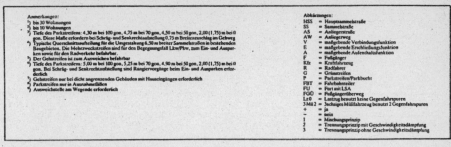

3. Dörfliche Ortsdurchfahrten

3.1 Ziele und Maßnahmen

Im Gegensatz zu den Erschließungsstraßen sind in Ortsdurchfahrten überörtliche und örtliche Nutzungsansprüche im Straßenraumentwurf zu berücksichtigen.

Zur Beschreibung der überörtlichen Nutzungsansprüche werden in den neuen Richtlinien zur funktionalen Gliederung des Straßennetzes [3] alle Straßen nach ihrer funktionalen Bedeutung in unterschiedliche Straßenkategorien (A bis E) eingestuft, d.h. die Verkehrs- bzw. Verbindungsfunktion wird nicht von vornherein als entwurfsprägend betrachtet. Wegen dieser funktionalen Differenzierung wird es künftig auch Ortsdurchfahrten geben, in denen statt der Verbindungsfunktion die Erschließungs- und Aufenthaltsfunktion für die Gestaltung maßgebend sein wird.

Unabhängig davon muß sich die Entwurfscharakteristik in Ortsdurchfahrten aber auch dann an den vielfältigen verkehrlichen und nichtverkehrlichen Nutzungsansprüchen orientieren, wenn die Verbindungsfunktion für den Entwurf eines Straßenraumes maßgebend wird. Diese aus der Sicht der Netzplanung neue Betrachtungsweise führt dazu, daß sich die Streckencharakteristik einer klassifizierten Straße in den Ortsdurchfahrten im Vergleich zur freien Strecke in der Regel ändert und diese Änderung auch in der Gestaltung der Straßenräume zum Ausdruck gebracht wird.

Übliche örtliche Nutzungsansprüche für angebaute Straßen sind in den EAE 85 [1] mit den wesentlichen Flächenansprüchen sowie mit ergänzenden qualitativen Hinweisen zusammengestellt. Danach können von Bedeutung sein:

- Fußgängerverkehr längs und quer,
- Aufenthalt und Kinderspiel,
- Radverkehr fließend und ruhend,
- Kraftfahrzeugverkehr fließend und ruhend,
- Öffentlicher Personennahverkehr,
- Begrünung und
- Ver- und Entsorgung.

Zusätzliche Nutzungsansprüche ergeben sich in ländlich geprägten Dörfern aus der Erschließung im landwirtschaftlichen Verkehr, der dörflichen Kommunikation (insbesondere im halböffentlichen Hausrandbereich) und durch die Funktion des Straßenraumes als Lager- und Abstellraum.

Aus der ortsgerechten Abwägung der überörtlichen und örtlichen Nutzungsansprüche lassen sich als wesentliche Entwurfsgrundsätze ableiten:

- Die Orientierung des Ausbaustandards am Durchgangsverkehr ist meist nicht erforderlich.

- Anzustreben sind möglichst wenig eindeutige Nutzungsvorgaben in der Flächengliederung (multifunktional nutzbare Seitenräume).

- Ist die Anwendung des Trennungsprinzips erforderlich, so sollten weiche Gestaltungselemente zur Abgrenzung der Fahrbahn gegen die Seitenräume und zur Abgrenzung der öffentlichen gegen die privaten Flächen angestrebt werden.

- Eine möglichst freie linienhafte Überquerbarkeit von Ortsdurchfahrten sollte gesichert sein.

- Die kommunikative Bedeutung der Straßenrandbereiche ist zu beachten.

Um die Ziele des ganzheitlichen Entwurfs von Ortsdurchfahrten zu erreichen, ist insbesondere eine bessere Überquerbarkeit der Fahrbahn und eine Geschwindigkeitsdämpfung im Kraftfahrzeugverkehr erforderlich. Dies wird offenkundig, wenn man den in den Ortsdurchfahrten gewünschten Geschwindigkeitsverlauf (obere Hälfte der Abb. 4) mit den Geschwindigkeiten des Kraftfahrzeugverkehrs vergleicht, die im Rahmen des nordrhein-westfälischen Versuchs zur Geschwindigkeitsreduktion in kurzen Ortsdurchfahrten [4] auf begradigten Ortsdurchfahrten mit bis zu 8,50 m Fahrbahnbreite und auf zweispurigen Fahrbahnen mit Mehrzweckspuren gemessen wurden (untere Hälfte der Abb. 4). Dabei zeigte sich, daß eine Verringerung der mittleren Geschwindigkeiten um mindestens 20 km/h erwünscht wäre und manche Orte von Kraftfahrern durchfahren werden, als seien sie nicht vorhanden.

Mit welchen Entwurfs- und Gestaltungsmaßnahmen dieses Ziel erreichbar sein könnte, ist in den letzten Jahren in mehreren Forschungsarbeiten systematisch überprüft worden. Parallel dazu werden in der Praxis auch bereits unkonventionelle Entwurfselemente angewendet. Die meisten dieser Entwurfselemente sind auch in den EAE 85 [1] enthalten. Zu nennen sind dabei in erster Linie schmale Fahrbahnen und Fahrgassen, Einengungen mit Betonung der Vertikalen durch Baumpflanzungen, Materialwechsel in der Fahrbahn, Fahrbahnteiler mit und ohne Baumbesatz und vorgezogene Seitenräume. Diese teilweise unkonventionellen Entwurfselemente verbessern vielfach gleichzeitig auch die Überquerbarkeit der Fahrbahn.

Wichtig ist die Feststellung, daß Einzelmaßnahmen - z.B. nur in einer Ortseinfahrt - in der Regel nicht sehr wirksam sind, sondern daß Maßnahmenbündel über den gesamten Bereich einer Ortsdurchfahrt notwendig werden, um Kraftfahrern die vielfältigen Nutzungsmischungen bewußt zu machen und ihr Fahrverhalten nachhaltig zu beeinflussen.

Zusammenfassende Empfehlungen für die in schwach belasteten Ortsdurchfahrten (DTV < 5.000 Kfz/24 h) anwendbaren Entwurfs- und Gestaltungselemente enthält Abbildung 1 mit den Typen HSS 3 und SS 2. Für stark belastete Ortsdurchfahrten stehen ähnliche, in Richtlinien oder Empfehlungen abgesicherte Zusammenstellungen gegenwärtig noch aus.

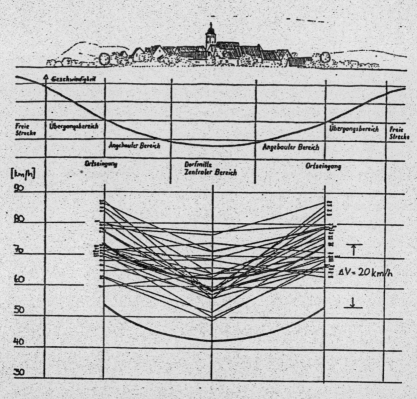

Abb. 4: Erwünschte Geschwindigkeiten in Ortsdurchfahrten und Ergebnisse von Geschwindigkeitsmessungen [4]

Städtebauliche Struktur und besondere Nutzungsansprüche
- 1 bis 2 geschossige offene Bebauung.
- Wohnen, landwirtschaftliche Betriebe, Dienstleistungen (Einzelhandel, Post, Kirche).
- Vielfältige Nutzungsansprüche an Straßenraum (Aufenthalt, Spiel, Lagerung, Parken u. a.).

Beispiel

Dörfliche Gebiete

Sammelstraße

SS 2

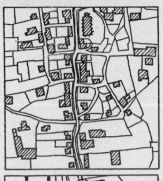

Erläuterungen
- Entwurfsprinzip: Trennungsprinzip mit Geschwindigkeitsdämpfung.
- Angepaßte Linienführung und Betonung durch Einzelbäume zur Wahrung des derzeitigen Straßenraumcharakters.
- Schmalfahrbahn (Asphalt) und beidseitige Mehrzweckstreifen als breite Muldenrinnen (Pflaster wie Hofflächen u. a. Seitenflächen).
- Multifunktionale Seitenräume.

A-A

| 4.50 | 0.75 | 4.00 | 0.75 | 5.00 |

15.00

Maßgebender Begegnungsfall: Lkw/Lkw bei verminderter Geschwindigkeit unter Benutzung eines Mehrzweckstreifens.

Detail
Fahrbahn und Seitenräume; Übergang öffentlich-privat; Bäume.

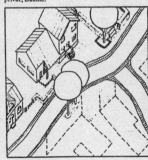

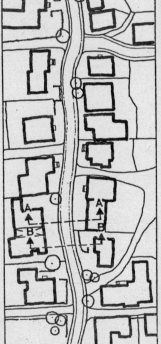

5 10 20 40 METER

Möglicher Anwendungsbereich
Verkehrsstärke: 300–500 Kfz/Spitzenstunde
angestrebte Höchstgeschwindigkeit: 30 bis 40 km/h

B-B

Entwurfselemente
- Fahrbahn und Mehrzweckstreifen	5.2.1.1
- Gehwege	5.2.1.3
- Muldenrinne	5.2.1.11.1
- Begrünung	5.2.1.15

Bewertung der Nutzungsqualität
- Fußgängerlängsverkehr	gut
- Fußgängerquerverkehr	gut
- Aufenthalt	gut
- Kinderspiel	gut
- Radverkehr	gut
- Fließender Kfz-Verkehr	gut
- Ruhender Kfz-Verkehr	(gut)
- Öffentlicher Personennahverkehr	–
- Begrünung	gut
- Ver- und Entsorgung	gut

Anmerkung
Die Wahl des Mehrzweckstreifens war möglich, da die Sammelstraße nur untergeordnete Verkehrsbedeutung aufweist; die Linienführung ergab sich aus dem Verlauf der alten Fahrbahn.

Abb. 5: Gestaltungsbeispiel für eine schwach belastete dörfliche Ortsdurchfahrt [1]

3.2 Beispiele für die Umgestaltung von Ortsdurchfahrten

Abbildung 5 zeigt ein Gestaltungsbeispiel für die Umgestaltung einer Ortsdurchfahrt mit geringer Bedeutung für den überörtlichen Verkehr.

Als zweites Beispiel zeigt Abbildung 6 einen Vorschlag zur Umgestaltung der Ortsdurchfahrt Rheder (Landkreis Höxter), der gegenwärtig im Rahmen des nordrhein-westfälischen Versuches [4] verwirklich wird. Die Ortsdurchfahrt liegt im Zuge der B 252 (Ostwestfalenstraße) und ist mit 5.500 Kfz/24 h sowie mit einem Schwerverkehrsanteil von 13 % mittelstark belastet. Vorgesehen ist eine Verminderung der Fahrbahnbreite von 11,00 m auf 6,50 m, die Anordnung von Mittelinseln und Bäumen an den Ortseinfahrten, die Anlage überfahrbarer, gepflasterter Inseln in der Ortsdurchfahrt und die gestalterische Angleichung der Fahrbahn an die Seitenräume im Bereich des Schlosses. Ziel der Umgestaltungsmaßnahmen ist die Verbesserung der Verkehrssicherheit durch Geschwindigkeitsdämpfung und eine gestalterische Verbindung der historischen Bauten beidseits der Ortsdurchfahrt im Schloßbereich.

Weitere 70 Beispiele aus dem gesamten Bundesgebiet enthält eine soeben abgeschlossene Dokumentation [5], aus der im Arbeitskreis die Beispiele Thurnau, Heuchelheim, Bleckede und Ölbronn behandelt werden sollen.

Abbildung 7 zeigt die dokumentierten Orte im Überblick.

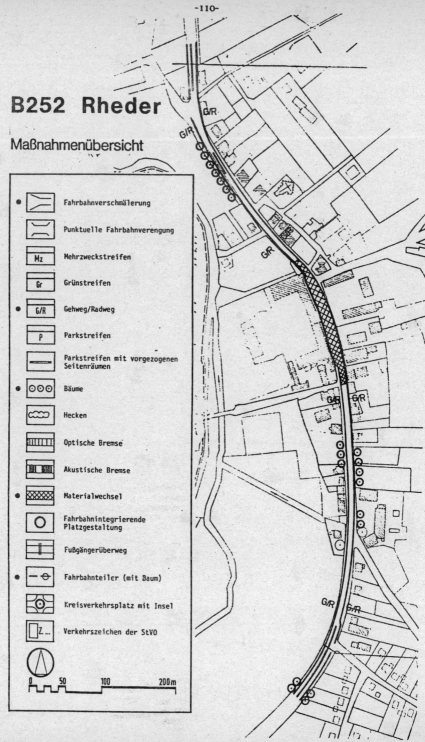

B252 Rheder

Maßnahmenübersicht

	Fahrbahnverschmälerung	
	Punktuelle Fahrbahnverengung	
Mz	Mehrzweckstreifen	
Gr	Grünstreifen	
G/R	Gehweg/Radweg	
P	Parkstreifen	
	Parkstreifen mit vorgezogenen Seitenräumen	
ooo	Bäume	
	Hecken	
	Optische Bremse	
	Akustische Bremse	
	Materialwechsel	
O	Fahrbahnintegrierende Platzgestaltung	
	Fußgängerüberweg	
-⊖-	Fahrbahnteiler (mit Baum)	
⊙	Kreisverkehrsplatz mit Insel	
Z...	Verkehrszeichen der StVO	

0   50   100   200m

Abb. 6: Umgestaltungskonzept für die Ortsdurchfahrt Rheder [4]

Abb. 7: Übersicht über die in [5] dokumentierten Ortsdurchfahrten

4. Literaturhinweise

[1] Forschungsgesellschaft für Straßen- und Verkehrswesen
     Empfehlungen für die Anlage von Erschließungsstraßen EAE 85; Köln 1985

[2] Haller, W., Schnüll, R.
     Gestaltung von Ortsdurchfahrten kleinerer Orte und Dörfer - Ein
     Werkbericht; Institut für Verkehrswirtschaft, Straßenwesen und
     Städtebau, Universität Hannover, 1984 (vergriffen, 2. Auflage beim ADAC
     München in Vorbereitung)

[3] Forschungsgesellschaft für Straßen- und Verkehrswesen
     Richtlinien für die Anlage von Straßen (RAS), Teil: Netzgestaltung (RAS-
     N), Abschnitt 1: Funktionale Gliederung des Straßennetzes (RAS-N-1),
     Ausgabe 1986

[4] Haller, W., Lange, J., Schnüll, R.
     Gestaltung kurzer Ortsdurchfahrten nach Verkehrssicherheitskriterien,
     Teil 1: Entwurfskonzepte; im Auftrage der Bundesanstalt für
     Straßenwesen, Institut für Verkehrswirtschaft, Straßenwesen und
     Städtebau, Universität Hannover, 1984

[5] Alrutz, D., Haller, W., Schnüll, R.
     Entwurf und Gestaltung von Ortsdurchfahrten in Dörfern und kleinen
     Städten - Analyse und Dokumentation ausgeführter Beispiele;
     Forschungsauftrag für den Bundesminister für Verkehr, Institut für
     Verkehrswirtschaft, Straßenwesen und Städtebau, Universität Hannover,
     April 1986

[6] Schnüll, R.,
     Rückbau und Umbau von Straßenverkehrsanlagen - Mode oder städtebauliche
     Notwendigkeit?
     in: Straßen und Autobahn 35 (1984), Heft 8, S. 326 bis 333

Sonderdruck aus STRASSE UND AUTOBAHN 37 (1986) Nr. 2, S. 47–57 · KIRSCHBAUM VERLAG · Bonn-Bad Godesberg

Erschließungsplanung und Straßenraumentwurf nach den neuen „Empfehlungen für die Anlage von Erschließungsstraßen EAE 85"

Dr.-Ing. R. Baier, Prof. Dr.-Ing. R. Schnüll

Ingenieurgemeinschaft **SCHNÜLL HALLER**

Empelder Straße 124 · 3000 Hannover 91 · Telefon (05 11) 49 93 43

Erschließungsplanung und Straßenraumentwurf nach den neuen „Empfehlungen für die Anlage von Erschließungsstraßer EAE 85"

Reinhold Baier und Robert Schnüll

1. Vorgeschichte

In der Vergangenheit ist der innerörtliche Straßenentwurf wegen seiner starken Ausrichtung auf den Kraftfahrzeugverkehr, der Vernachlässigung nicht motorisierter Straßenraumnutzer und der ungenügenden Berücksichtigung städtebaulicher und ökologischer Belange stark kritisiert worden. Um den berechtigten Teilen dieser Kritik und geänderten Wertvorstellungen in der Gesellschaft Rechnung zu tragen, wurde die Überarbeitung der Entwurfsrichtlinien für innerörtliche Straßenräume notwendig.

Im Jahre 1979 wurde deshalb für die Neubearbeitung eines Regelwerkes für die Anlage von Erschließungsstraßen zwischen dem Bundesminister für Raumordnung, Bauwesen und Städtebau (BMBau) und der Forschungsgesellschaft für Straßen- und Verkehrswesen (FGSV) eine Zusammenarbeit vereinbart, bei der von der FGSV vornehmlich der verkehrliche, vom BMBau vornehmlich der städtebauliche Teil erarbeitet werden sollte.

Nachdem die FGSV den Entwurf der RAS-E 81 [1] veröffentlic und der BMBau den Forschungsbericht „Empfehlungen für d Anlage von Erschließungsstraßen EAE 82" [2] in einem Expe tengespräch zur Diskussion gestellt hatte, kam man überein, a der Grundlage beider Arbeiten eine „integrierte Fassung" erarbeiten, um die unterschiedlichen sektoralen Schwerpun setzungen im Sinne einer ganzheitlichen Betrachtungsweis abzugleichen und inhaltliche Gegensätze zu bereinigen.

Dazu wurde eine mit Verkehrsplanern und Städtebauern besetz ad-hoc-Gruppe gebildet, aus der ein aus sechs Personen best hender Arbeitskreis hervorging. Der Forschungsbericht „Int grierte Fassung von RAS-E 81 und EAE 82" [3] wurde im intensive Dialog mit diesem Arbeitskreis erarbeitet, anschließend mit de kommunalen Spitzenverbänden und der ARGEBAU abgestimr und im September 1985 als EAE 85 [4] veröffentlicht. Sie e setzten die RAST-E 71 sowie die Entwürfe der RAS-E 81 ur der EAE 82.

Inhaltlich ist es wohl gelungen, über eine bloße Zusammenfa sung hinaus einen neuen gemeinsamen städtebaulich ur verkehrlich begründeten Ansatz zur Planung und zum Entwu von Straßenräumen in bebauten Gebieten zu formulieren.

Verfasseranschriften:
Dr.-Ing. Reinhold Baier, Büro für Stadt- und Verkehrsplanung, Hanbrucher Str. 9 – 11, 5100 Aachen; Prof. Dr.-Ing. Robert Schnüll, Institut für Verkehrswirtschaft, Straßenwesen und Städtebau, Universität Hannover, Callinstr. 32, 3000 Hannover 1

kann als der Beginn einer neuen Richtliniengeneration für diesen Geltungsbereich angesehen werden.

Darüber hinaus ist mit der Art der Bearbeitung der EAE 85 ein neuer Weg eingeschlagen worden, der sich bewährt hat und der auch bei der vorgesehenen Erarbeitung von Empfehlungen für die Anlage von Hauptverkehrsstraßen beibehalten werden soll.

Als Ergänzung zu den EAE 85 hat der BMBau eine Broschüre herausgegeben, die die neuen städtebaulichen und stadtgestalterischen Ansätze und Möglichkeiten für die Planung und den Entwurf von Straßenräumen aus seiner Sicht veranschaulichen soll [5].

2. Inhalt und Aufbau der EAE 85

Die EAE 85, deren Grobgliederung aus Bild 1 ersichtlich ist, enthalten Arbeitshilfen für
— die Netzplanung und
— den Straßenraumentwurf.

In beiden Aufgabenbereichen befassen sie sich sowohl mit bestehenden Baugebieten, d. h. mit der Modifikation vorhandener Erschließungsnetze und der Umgestaltung bestehender Straßenräume, als auch mit geplanten Baugebieten, d. h. mit der Planung von Erschließungsnetzen und dem Entwurf neuer Straßen und Wege.

Es ist dabei ein wesentliches Anliegen der EAE 85,
— zweckmäßige Vorgehensweisen für Planung und Entwurf aufzuzeigen,
— Argumentations- und Abwägungshilfen für den Einzelfall zu geben,
— Denkanstöße und Hintergrundinformationen zu liefern,
— die für auf die Örtlichkeit abgestimmte Konzepte notwendige Kreativität zu fördern und
— wechselseitige Abhängigkeiten zwischen den einzelnen Fachdisziplinen bzw. den verschiedenen Planungsebenen deutlich zu machen.

Darüber hinaus enthalten die EAE 85 wichtige konstruktive Einzelheiten der Entwurfselemente (Ziff. 5.1 und 5.2), Empfehlungen für „Regelfälle" in der Form tabellarischer Übersichten (Ziff. 5.3) sowie ausgewählte Entwurfs- und Gestaltungsbeispiele für bestimmte örtliche Gegebenheiten (Ziff. 6).

3. Allgemeine Planungs- und Entwurfsgrundsätze

Neben allgemeinen städtebaulichen Zielen und Grundsätzen werden insbesondere Hinweise zur Beachtung gesamtgemeindlicher Zusammenhänge bei der Erschließungsplanung auf Ortsteilebene gegeben.

Nach den EAE 85 ist die Planung und der Entwurf von Straßenverkehrsanlagen innerhalb bebauter Gebiete eine „städtebauliche Planungs- und Gestaltungsaufgabe, die sich an den Bedürfnissen aller Nutzer orientieren soll". Damit sind bereits die beiden wesentlichen Grundsätze angesprochen nämlich
— die notwendige Einordnung von Netzplanung und Straßenraumentwurf in den städtebaulichen Zusammenhang und
— die Ausrichtung des Straßenraumentwurfs auf straßenraumspezifische Nutzungsansprüche.

Um den Grundsatz der „Einordnung in den städtebaulichen Zusammenhang" für den Anwender praktikabel zu machen, werden sechs Gebietstypen unterschieden:
— Stadtkerngebiete,
— stadtkernnahe Altbaugebiete,
— Wohngebiete in Orts- oder Stadtrandlage,
— Industrie- und Gewerbegebiete,
— dörfliche Gebiete,
— Freizeitwohngebiete.

Die sich aus der geschichtlichen Entwicklung, der Lage im Stadtgebiet und im Verkehrswegenetz sowie der städtebaulichen Struktur ergebenden Merkmale sollen sowohl bei der Konzeption der Erschließungsnetze als auch beim Entwurf der Straßenräume beachtet werden.

Neben der Beachtung allgemeiner verkehrlicher, städtebaulicher und wirtschaftlicher Ziele stellt die Ermittlung der vielfältigen Nutzungsansprüche an Straßenräume die wesentliche Entwurfsgrundlage dar. Da nicht immer und überall alle Nutzungsansprüche auftreten bzw. die Nutzungsansprüche nicht immer voll befriedigt werden können, bedarf es der Abwägung und des Ausgleichs von Nutzungsansprüchen. Die in den EAE 85 unterschiedenen Entwurfsprinzipien bieten dazu eine geeignete Möglichkeit.

Durchgängig ist das Bemühen, den notwendigen Kraftfahrzeugverkehr für die anderen Nutzungsansprüche verträglich abzuwickeln; d. h. Erschließungsstraßen ohne geschwindigkeitsdämpfende Maßnahmen sind die Ausnahme.

1. 2.	Allgemeine Planungs- und Entwurfsgrundlagen
3.	Erschließungs- planung auf Ortsteilebene
3.1 3.3	● Anforderungen an Netze
3.4 3.5	● Netzformen für Gebietstypen
4.	Grundlagen für den Entwurf von Straßenräumen
4.1	● Ziele und Bewertungskriterien
4.2 4.3	● Nutzungsansprüche an Straßenräume
4.4	● Entwurfsprinzipien
4.5	● Abwägung und Ausgleich der Nutzungsansprüche
5.	Entwurf von Straßenräumen
5.1	● Straßenraumgestaltung
5.2	● Entwurfselemente
5.3	● Empfohlene Verkehrsanlagen für Gebietstypen
6.	Ausgewählte Entwurfs- und Gestaltungsbeispiele

1: Inhalte der EAE 85 [4]

4. Erschließungsplanung auf Ortsteilebene

Bei der Entwicklung eines städtebaulichen Gesamtkonzeptes müssen sich die Planungen zur Siedlungsstruktur und zur Erschließungsplanung im Gegenstromprinzip ergänzen. So kann es sich z. B. als notwendig erweisen, Art, Maß oder Lage geplanter Flächennutzungen zu verändern, um das zu erwartende Verkehrsaufkommen verringern oder umweltverträglicher abwickeln zu können.

In den EAE 85 werden daher die Wechselwirkungen zwischen städtebaulicher Struktur und den zugehörigen Erschließungsnetzen für bestehende und geplante Baugebiete dargestellt, um Hinweise für die Abschätzung der Einzugsbereiche von Netzelementen zu geben.

Wesentlicher planerischer Grundsatz für die Erschließungsplanung auf Ortsteilebene ist die Entwicklung getrennter Netze für die einzelnen Verkehrsarten, die anschließend zu Straßenräumen und Wegen überlagert (Bild 2) und mit den städtebaulichen Zielen für das jeweilige Gebiet abgestimmt werden.

Zur Entwicklung der verkehrsartenspezifischen Netze müssen die Ansprüche aller Verkehrsarten und Straßenraumnutzer ermittelt werden. Für geplante Baugebiete lassen sich die Ansprüche aus Analogiebetrachtungen vergleichbarer Gebiete, für bestehende Baugebiete aus der städtebaulichen Struktur und den gegebenen Verkehrsverhältnissen ableiten.

Die Ansprüche der einzelnen Verkehrsarten setzen sich zusammen aus den jeweiligen Anteilen am Verkehrsaufkommen und aus den unterschiedlichen Aufenthaltsdauern, die die verschiedenen Verkehrsteilnehmer im Straßenraum verbringen; diese sind z. B. bei Fußgängern höher als bei Radfahrern, Fahrgästen des öffentlichen Personennahverkehrs oder Kraftfahrern.

Neben diesen Ansprüchen müssen bei der Netzplanung auch die verkehrsartenspezifischen Anforderungen berücksichtigt werden.

Für den Fußgänger- und Radverkehr sollen auf Ortsteilebene geschlossene engmaschige Netze mit guter Orientierbarkeit und sicheren Überquerungsmöglichkeiten entwickelt werden, die attraktive (kurz-, konflikt- und belastungsarm) Verbindungen zwischen wichtigen Zielen in der Stadt und im Ortsteil darstellen.

Für den Kraftfahrzeugverkehr soll ein in sich schlüssiges Straßennetz in funktionsorientierter Abstufung und entsprechender Gestaltung der Netzelemente entwickelt werden.

Der öffentliche Personennahverkehr benötigt zur Attraktivitätssteigerung direkte Anbindungen an Zentren des Handels, Wohnens und Arbeitens mit möglichst bevorrechtigter Linienführung.

Für die Wahl zweckmäßiger Netzformen auf Ortsteilebene ist grundsätzlich zu klären:
— ob und inwieweit die verschiedenen Verkehrsarten auf getrennten Netzen geführt werden sollen,
— ob und welche Netzelemente stark oder schwach hierarchisch differenziert werden sollen,
— ob die Erschließung zentral von innen oder peripher von außen erfolgen soll und
— wieweit die Netze vermascht sein sollen.

Für einige Grundformen von Netzen, die jedoch nicht schematisch angewendet werden können, lassen sich die Vor- und Nachteile im Hinblick auf Verkehrssicherheit, Orientierbarkeit, Flexibilität, Erschließungsaufwand und städtebauliche Konsequenzen beispielhaft darstellen. Diese Zusammenstellung dient vor allem der Beurteilung einer zweckmäßigen Netzform für ein bestimmtes Gebiet, die nur unter Berücksichtigung der speziellen örtlichen Gegebenheiten erfolgen kann (Bild 3).

So können städtebaulich und verkehrlich begründete Ziele — wie z. B. Vermeidung gebietsfremden Kraftfahrzeugverkehrs und verträgliches Geschwindigkeitsniveau des gebietsbezogenen Kraftfahrzeugverkehrs — insbesondere im Umfeld schutzbedürftiger Einrichtungen (Schulen, Kindergärten usw.) Modifikationen der Netzform erforderlich machen.

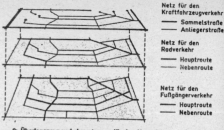

2: Überlagerung verkehrsartenspezifischer Netze [4]

In großen Baugebieten kann es zweckmäßig sein, in vermascten Straßennetzen durch die Ausweisung von Sammelstraße und die Herausnahme entbehrlicher Straßenabschnitte nachträglich eine funktionsorientierte Hierarchie zu schaffen oder b nichtvermaschten Netzen durch die funktionale Abstufung vo Sammelstraßen unverträgliche Verkehrskonzentrationen abzubauen.

Für kleine Baugebiete kann oft auf eine hierarchisch Differenzierung der inneren Nezteelemente verzichtet werde (Bild 3).

Bei der nachträglichen Modifikation von Netzformen muß beach tet werden, daß sich aus der vorhandenen Bau- und Nutzung struktur Vorgaben für die Straßenraumgestaltung ergeben kön nen.

Zur Modifikation von Netzformen werden — einzeln oder i Kombination — geschwindigkeitsdämpfende Umgestaltunge Stichstraßen- und Diagonalsperren sowie verkehrsregelnde Ma nahmen (z. B. Einbahnstraßen, Fahrtrichtungsgebote usw.) ein gesetzt.

Hinweise zu gebietsspezifischen Netzformen geben die EAE 8! um die schematische Anwendung der dargestellten Netzforme zu vermeiden und die optimale Anpassung der Netzkonzeptione an den jeweiligen Gebietstyp und seine Besonderheiten z unterstützen.

5. Entwurf von Straßenräumen

5.1 Entwurfsgrundlagen

Für den Entwurf von Straßenräumen empfehlen die EAE 85 ei neues ganzheitliches Entwurfsverfahren, das sich nicht meh vorrangig auf die Fahrbahn beschränkt, sondern die Seitenräum und das städtebauliche Umfeld einbezieht. Die nach diesen Verfahren erarbeiteten ganzheitlichen Straßenraumentwürf erfordern in der Regel keinen „städtebaulichen Begleitplan", we städtebauliche und stadtgestalterische Ansprüche bereits stä ker eingeflossen sind als beim alten Fachplan Straße.

Das Verfahren gilt nur für Straßen mit maßgebender Erschlie ßungs- oder Aufenthaltsfunktion, ist jedoch zumindest in seine verfahrensmäßigen Grundzügen und Abwägungshilfen auch au Hauptverkehrsstraßen und Ortsdurchfahrten übertragbar. Di auf der Grundlage einiger Arbeiten [6] [7] [8] [9] [10] derzei entsprechende Empfehlungen erarbeitet werden [11] [12].

Als Zielbereiche, die bei jedem Straßenraumentwurf und bei de Bewertung von Entwurfsvarianten berücksichtigt werden sollen nennen die EAE 85

— Verkehrssicherheit (mit den Teilzielen Sichtkontakt, Über querbarkeit und Geschwindigkeitsdämpfung),

— Verkehrsablauf (mit dem Teilziel Erreichbarkeit von Grund stücken für alle Verkehrsteilnehmer anstatt Schnelligkeit un Fahrkomfort),

— Umfeldverträglichkeit (mit Belastungsgrenzwerten aus Lärm, Abgasen und Trennwirkung),

— Straßenraumgestalt (mit den Teilzielen Identifikation, Orien tierung, Erlebnisqualität und Maßstäblichkeit) und

	Vorteile	Nachteile
a) Rasternetz	- kurze Wege für alle Verkehrsarten - Flexibilität bei Störungen - gleich gute Erreichbarkeit der Grundstücke - viele Netzelemente für ÖV geeignet - gleichmäßige Verteilung der Verkehrsbelastungen - abschnittsweiser Ausbau einfach - einfache Orientierung - Eck- und Platzbildungen möglich	- Verteilung des Kraftfahrzeugverkehrs schwer zu beeinflussen - gebietsfremder Kraftfahrzeugverkehr nicht auszuschließen - bevorrechtigte Führung des ÖV erfordert Hierarchisierung - zahlreiche Überschneidungen zwischen Fahrbahnen und Wegen - bei geringer Maschenweite aufwendige Doppelerschließung
b) achsiales Netz	- direkte Straßenführung - günstige Verbindung mit der Umgebung über das Wegenetz - günstige Erschließung durch Linienbusse möglich - einfache Orientierung	- schwierige Zuordnung zentraler Einrichtungen zur Bebauung - Trennwirkung der zentralen Sammelstraße, städtebaulich und für nichtmotorisierte Verkehrsteilnehmer - gebietsfremder Kraftfahrzeugverkehr bei beidseitigem Anschluß nicht auszuschließen
c) Verästelungsnetz	- straßenbegleitende Geh- und Radwege leicht zu vermaschtem Netz ergänzbar - In Teilbereichen günstige Verbindung mit der Umgebung über das Wegenetz - gebietsfremder Kraftfahrzeugverkehr auf der Sammelstraße i.d.R. nicht möglich	- lange Wege im Binnenverkehr mit Kraftfahrzeugen - Verkehrskonzentrationen im Verknüpfungsbereich Sammelstraße/höherrangige Straße nicht auszuschließen - Erschließung durch Linienbusse ungünstig
d) Innenringnetz	- Erschließung zentraler Einrichtungen über Sammelstraßen - fahrverkehrsfreie Zone im zentralen Bereich möglich - günstige Verbindung mit der Umgebung über das Wegenetz - Erschließung durch Linienbusse günstig (zweiseitiges Einzugsgebiet)	- Trennwirkung der Sammelstraße zwischen Wohnbereichen und Zentrum - starke Verkehrskonzentrationen im Bereich des Zentrums zu erwarten - geringe Knotenpunktabstände an Sammelstraßen - gebietsfremder Kraftfahrzeugverkehr bei mehrfachem Anschluß nicht auszuschließen
e) Außenringnetz	- straßenbegleitende Geh- und Radwege leicht zu vermaschtem Netz ergänzbar - Erschließung des zentralen Bereiches durch zusammenhängendes Wegenetz - Randlage der stark belasteten Sammelstraße	- Erschließung der zentralen Einrichtungen im Kraftfahrzeugverkehr nur über Anliegerstraßen - Trennwirkung der Sammelstraße zur Umgebung - lange Wege im Binnenverkehr mit Kraftfahrzeugen - Erschließung durch Linienbusse ungünstig (einseitiges Einzugsgebiet) - gebietsfremder Kraftfahrzeugverkehr nicht auszuschließen - unwirtschaftliche periphere Erschließung

Legende:
- ═══ Hauptverkehrsstraße
- ─── Sammelstraße
- ─── Anliegerstraße
- ········ wichtige Geh- und Radwege
- ─☐─ Straßenbahn/Stadtbahn
- ░░░░ denkbarer Bereich zentraler Einrichtungen

3: Vor- und Nachteile typischer Netzformen für größere Baugebiete [4]

— Wirtschaftlichkeit (mit den Teilzielen Flächenreduzierungen, sparsame Standards und Minimierung der Betriebs- und Unterhaltungskosten).

Neben den traditionellen Zielen Verkehrssicherheit, Verkehrsablauf und Wirtschaftlichkeit werden damit künftig auch die Ziele Umfeldverträglichkeit und Straßenraumgestalt vollwertig einbezogen.

Als Grundlage für Straßenraumentwürfe sind neben den Entwurfsvorgaben (z. B. der Netzfunktion) und der städtebaulichen Struktur die vorhandenen oder zu erwartenden **Nutzungsansprüche**

— Fußgängerverkehr längs und quer,
— Aufenthalt und Kinderspiel,
— Radverkehr fließend und ruhend,
— Kraftfahrzeugverkehr fließend und ruhend,
— öffentlicher Personennahverkehr,
— Begrünung und
— Ver- und Entsorgung

zu erfassen und gewichtend zu bewerten. Dazu werden für die einzelnen Nutzungsansprüche ausführliche qualitative und nach Möglichkeit auch quantitative Hinweise gegeben (Bilder 5, 6, 7 und 8).

Beim Fußgänger- und Radverkehr lassen sich dabei durch die Wahl der Verkehrsraumbreiten unterschiedliche Formen des Gehens und Radfahrens berücksichtigen (Bilder 5 und 6). Breitenzuschläge (insbesondere für Fahrzeugüberhänge und Lichtmasten) und Zusatzbreiten können zusätzlich berücksichtigt werden.

Bei der Ermittlung der Grundmaße für Verkehrsräume und lichte Räume für Begegnungsfälle im Kraftfahrzeugverkehr kann je nach Bedeutung eines Straßenraumes und Verkehrszusammensetzung von unterschiedlichen Bemessungsfahrzeugen (Pkw,·. Lieferwagen, Müllfahrzeug, Linienbus, Gelenkbus, Lastzug) und unterschiedlichen Begegnungsgeschwindigkeiten ausgegangen werden (Bild 7).

Zur Ermittlung des Mindestflächenbedarfes bei Kurvenfahrt in maßstäblichen Lageplänen können die den EAE 85 beigefügten Schleppkurvenschablonen für alle Entwurfsfahrzeuge verwendet werden.

Bei den Grundmaßen für das Abstellen von Kraftfahrzeugen (Bild 8) ist zu beachten, daß neben unterschiedlichen Arten des Ein- und Ausparkens unter bestimmten Bedingungen insbesondere in Altbaugebieten auch ein kleineres Entwurfsfahrzeug (Klammerwerte in Bild 8) zugrunde gelegt werden kann.

Grundmaße für den Raumbedarf der Begrünung ergeben sich aus den für günstige oder ausreichende Lebensbedingungen erforderlichen unversiegelten Pflanzflächen (mindestens 4 m², besser 9 m² für Bäume) und den Mindestabständen zwischen Pflanzen und anderen festen ober- und unterirdischen Bestandteilen eines Straßenraumes. In Altbaugebieten lassen sich diese Mindestmaße wegen der vorgegebenen Lage unterirdischer Leitungen und der verfügbaren Straßenraumbreite häufig nicht einhalten. In diesen Fällen sind besondere Maßnahmen vorzusehen (Bild 9).

Nutzungsansprüche aus der Ver- und Entsorgung an Straßenräume ergeben sich aus der Unterbringung von Leitungen, den Belangen der Müllabfuhr, Straßenreinigung, Schneeräumung, Feuerwehr und der Anordnung der Müllbehälterstandplätze.

Die Gewichtung und **Abwägung** der Nutzungsansprüche erfolgt unter Beachtung der Ziele und Entwurfsvorgaben, wenn neben der Netzfunktion eines Straßenraumes, der straßenräumlichen Situation und der städtebaulichen Struktur alle örtlichen Nutzungsansprüche erhoben worden sind, wofür die EAE 85 zur Vermeidung von Perfektionismus und unnötiger Datenerhebung ein dreistufiges Erhebungsverfahren vorschlagen. Aus der Abwägung ergeben sich die entwurfsrelevanten Nutzungsansprüche, die den Charakter des jeweiligen Straßenraumes bestimmen und aus denen die geeigneten Entwurfselemente abzuleiten sind.

Ein vereinfachtes **Abwägungsverfahren** für durchschnittliche Verhältnisse ist in Bild 10 dargestellt. Es zeigt, wie sich für

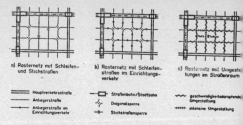

a) Rasternetz mit Schleifen- und Stichstraßen
b) Rasternetz mit Schleifenstraßen im Einrichtungsverkehr
c) Rasternetz mit Umgestaltungen im Straßenraum

Hauptverkehrsstraße — Straßenbahn/Stadtbahn — geschwindigkeitsdämpfende Umgestaltung
Anliegerstraße — Diagonalsperre
Anliegerstraße im Einrichtungsverkehr — Stichstraßensperre — intensive Umgestaltung

4: Beispiele für modifizierte Netzformen ohne hierarchische Differenzierung der inneren Netzelemente [4]

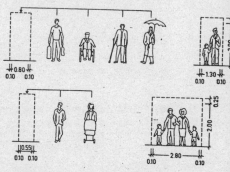

5: Grundmaße für Verkehrsräume des Fußgängerverkehrs [4]

6: Grundmaße für Verkehrsräume des Radverkehrs (Klammerwerte gelten bei eingeschränkten Bewegungsspielräumen) [4]

unterschiedliche Netzelemente mit „üblichen Nutzungsansprüchen" unterschiedlicher Entwurfsrelevanz (helle und dunkle Punkte) als Eingabegrößen im rechten Teil des Bildes die maßgebende Funktion (dunkles Quadrat), das Entwurfsprinzip (Dreieck) und der Straßen- oder Wegetyp als Ausgabegrößen ergeben.

5.2 Entwurfselemente der EAE 85

Die EAE 85 enthalten Konstruktions- und Gestaltungshinweise zu folgenden Entwurfselementen:
— Streckenabschnitte
  ● Fahrbahnen und Fahrgassen
  ● Park- und Ladeflächen im Straßenraum
  ● Fußgänger- und Radverkehrsflächen
  ● Versätze
  ● Einengungen
  ● Teilaufpflasterungen
  ● Schwellen
  ● Sperren
  ● Wendeanlagen
  ● Überquerungsstellen für Fußgänger und Radfahrer
  ● Muldenrinnen, Bordrinnen, Borde und Bordabsenkungen
  ● Grundstückszufahrten

Raumbedarf bei unverminderter Geschwindigkeit (50 km/h)

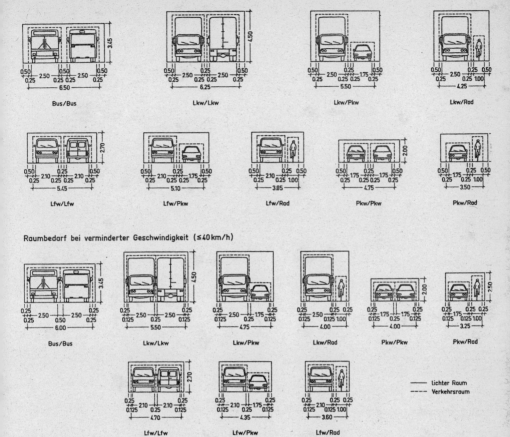

Raumbedarf bei verminderter Geschwindigkeit (≤ 40 km/h)

— Lichter Raum
--- Verkehrsraum

7: Grundmaße für Verkehrsräume und lichte Räume bei ausgewählten Begegnungsfällen mit unverminderter und verminderter Geschwindigkeit [4]

- Haltstellen des öffentlichen Personennahverkehrs
- **Beleuchtung**
- Grünpflanzungen
— Knotenpunkte
  - Fahrspuren
  - Inseln
  - **Eckausrundungen**
  - **Sichtfelder**
  - Geh- und Radwege
— Parkflächen außerhalb von Straßenräumen
— Anlagen der Ver- und Entsorgung.

Dieser Katalog enthält eine Reihe von unkonventionellen Entwurfselementen (fettgedruckt), die überwiegend aus Forschungsergebnissen und den praktischen Versuchen zur Verkehrsberuhigung übernommen werden konnten.

Im **Querschnitt** von Fahrbahnen/Fahrgassen kann die Gesamtbreite künftig baulich aus einer einheitlich gestalteten Fläche oder aus einer Fahrgasse mit ein- oder zweiseitigen Mehrzweckstreifen bestehen, die in seltenen Begegnungsfällen zwischen

großen Fahrzeugen mitbenutzt werden und zusätzlich zur Erleic[?]terung des Ein- und Ausparkens, zur Verbesserung des Sichtkontaktes beim Überqueren, zur Schneelagerung in schneere[?]chen Gebieten und bei ausreichender Breite zur Aufnahme de[?] Lieferverkehrs dienen können.

Auch vor **Schräg- und Senkrechtparkstreifen** werden Sicherheitsstreifen empfohlen, die weitgehend dieselben Funktionen habe[?] Mit solchen Sicherheitsstreifen sind Schrägparkstreifen künfti[?] auch in städtischen Hauptverkehrsstraßen und Ortsdurchfahrte[?] anwendbar [13].

Für **Einengungen und einspurige Bereiche** werden in den EAE 85 aus Simulationsergebnissen gewonnene Einsatzgrenzen an[?] gegeben, die eine sehr weitgehende Anwendung dieses Entwurfselementes erlauben und künftig viele Gebäudeabbrüche i[?] Dörfern und kleinen Orten entbehrlich machen werden.

Bei **Teilaufpflasterungen** wird zwischen fahrdynamisch wirksa[?] men Teilaufpflasterungen mit Rampenneigungen von 1:10 bis 1:[?] und nur optisch wirksamen Teilaufpflasterungen mit Rampe[?] neigungen von 1:25 bis 1:15 (Materialwechsel) unterschieden.

An **Überquerungsstellen für Fußgänger und Radfahrer** weisen die EAE auf folgende Möglichkeiten hin:

α [gon]	Tiefe ab Fahrgassenrand t-ü [m]	Überhangmaß ü [m]	bequemes Ein- und Ausparken					beengtes Ein- und Ausparken					
			Breite des Parkstandes b [m]	Straßenfrontlänge f [m] beim Einparken vorwärts	rückwärts	notwendige Fahrgassenbreite g [m] beim Einparken vorwärts	rückwärts	Breite des Parkstandes b [m]	Straßenfrontlänge f [m] beim Einparken vorwärts	rückwärts	notwendige Fahrgassenbreite g [m] beim Einparken vorwärts	rückwärts	mit Rangie
Längsaufstellung (50 gon, b=t, f) 0	2,00	–	2,00	6,75	5,75	2,75	3,50	1,75 (1,75)	–	5,00 (4,75)	2,75 (2,75)	3,50 (3,50)	–
Schrägaufstellung 50	4,50 (4,20)	0,40 (0,35)	2,50	3,54	–	2,75	–	2,25 (2,50)	3,18 (3,54)	–	2,75 (2,50)	–	–
60	4,70 (4,35)	0,45 (0,40)	2,50	3,09	–	2,75	–	2,25 (2,50)	2,78 (3,01)	–	3,50 (2,50)	–	–
70	4,75 (4,45)	0,50 (0,45)	2,50	2,81	–	3,60	–	2,25 (2,50)	2,53 (2,81)	–	4,60 (2,75)	–	–
80	4,65 (4,40)	0,60 (0,50)	2,50	2,63	–	4,25	–	2,25 (2,50)	2,37 (2,63)	–	5,70 (3,40)	–	–
90	4,55 (4,25)	0,65 (0,55)	2,50	2,83	–	5,10	–	2,25 (2,50)	2,28 (2,83)	–	6,90 (4,10)	–	–
Senkrechtaufstellung 100	4,30 (4,00)	0,70 (0,60)	2,25*)	2,25	2,25	6,10	4,50	2,25 (2,50)	2,25 (2,50)	2,25 (2,50)	8,20	5,10 (4,50)	4,75 (4,00)
			2,50	2,50	2,50	6,10	4,50	–	–	–	–	–	–
Blockaufstellung (t-ü 2ü-0,2 t-ü, g, b, b, f)	4,30 (4,00)	0,70 (0,60)	2,25*)	7,95	7,15	6,10	4,50	2,25 (2,50)	9,00 (6,75)	7,45 (6,75)	8,20 (4,50)	5,10 (4,50)	4,75 (4,00)
			2,50	7,95	7,15	6,10	4,50	–	–	–	–	–	–

*) Randparkstände   Klammerwerte für beengte Verhältnisse und bei Flächenmangel ¹¹)

8: Abmessungen von Parkständen und Fahrgassen für das Bemessungsfahrzeug Pkw bei bequemem und beengtem Ein- und Ausparken [4]

— wechselseitige Anordnung von Parkständen,
— Sicherheitsstreifen vor Parkstreifen,
— Unterbrechung von Parkbuchten mit bis zum Fahrbahnrand vorgezogenen Seitenräumen,
— Bordabsenkungen zur Kennzeichnung übersichtlicher und bequemer Überquerungsstellen,
— Ausbildung von Versätzen, Einengungen, Teilaufpflasterungen und Sperren als Überquerungsstellen,
— Anordnung von Fahrbahnteilern (Mittelinseln) mit oder ohne Bäume an breiten oder stark belasteten Straßen,
— Anlage von Fußgängerüberwegen,
— Anlage von Furten mit Lichtsignalanlage und
— Anlage von Unter- oder Überführungen.
Die Trennung der Fahrbahn bzw. Fahrgasse von den Seitenräumen kann künftig durch Muldenrinnen, Bordrinnen oder Borde erfolgen. Muldenrinnen sollen dabei nur an schwach belasteten Straßen angewendet werden, an denen das Trennungsprinzip zwar verdeutlicht, aber nicht zu stark betont werden soll.
Haltestellen in Bushaltebuchten werden in den EAE 85 allenfalls an Hauptsammelstraßen mit Verkehrsbelastungen von mehr als 500 Kfz/h empfohlen.
An Knotenpunkten wird für die Bemessung der Eckausrundungen in vielen Fällen die Mitbenutzung von Gegenfahrspuren durch größere oder selten auftretende Fahrzeuge in Kauf genommen,

was in der Regel zum gleichzeitigen Verzicht auf Fahrbahnteiler führt.
Welche der dargestellten Entwurfselemente eingesetzt werden können, richtet sich im wesentlichen nach dem gewählten Entwurfsprinzip. Für die bauliche Gestaltung werden dazu drei **Entwurfsprinzipien** unterschieden:
— Mischungsprinzip (Entwurfsprinzip 1),
— Trennungsprinzip mit Geschwindigkeitsdämpfung (Entwurfsprinzip 2) oder

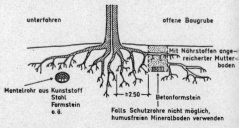

unterfahren   offene Baugrube

Mit Nährstoffen angereicherter Mutterboden

Mantelrohr aus Kunststoff Stahl Formstein o. ä.

±2.50   Betonformstein

Falls Schutzrohre nicht möglich, humusfreien Mineralboden verwenden

9: Beispiele für die Sicherung unterirdischer Leitungen im Wurzelraum von Bäumen [4]

Straßenkategorie	Netzelement		Übliche Nutzungsansprüche										Funktionen			Entwurfsprinzip			Straßentyp/Wegetyp
			Fußgängerlängsverkehr	Fußgängerquerverkehr	Aufenthalt	Kinderspiel	Radverkehr	Fließender Kraftfahrzeugverkehr	Ruhender Kraftfahrzeugverkehr	Öffentlicher Personennahverkehr	Begrünung	Ver- und Entsorgung	Verbindung (V)	Erschließung (E)	Aufenthalt und Freiraum (A)	Mischungsprinzip (1)	Trennungsprinzip mit Geschwindigkeitsdämpfung (2)	Trennungsprinzip ohne Geschwindigkeitsdämpfung (3)	
			1	2	3	4	5	6	7	8	9	10	11	12	13	14	15	16	
B IV	Anbaufreie Hauptsammelstraße	1	◑	◑	○	○	◑	●	●	○	◑	◑	◐	■	□	□			▲	Hauptsammelstraße, Typ 1 (HSS 1)
C IV	Angebaute Hauptsammelstraße	2	●	◑	○	○	◑	●	●	○	◑	◐	■	◪	□			▲	Typ 2 (HSS 2)
C IV		3	●	◑	◐	○	◐	●	●	●	●	◐	◪	■	◪	▲			Typ 3 (HSS 3)
D IV	Sammelstraße	4	●	◑	○	○	◑	●	●	○	◑	◐	◪	■	□			▲	Sammelstraße, Typ 1 (SS 1)
D IV		5	●	◑	◐	◑	◐	●	●	◑	◑	◐	◪	■	◪	▲			Typ 2 (SS 2)
D V	Anliegerstraße	6	●	◑	○	○	◑	◐	◑	○	◑	◐	□	■	◪			▲	Anliegerstraße, Typ 1 (AS 1)
D V		7	●	◑	◐	◑	◑	◐	◑	○	◑	◐	◪	■	◪	▲			Typ 2 (AS 2)
D V		8	●	◑	◐	◑	◐	●	●	◑	◑	◐	◪	■	◪	▲			Typ 3 (AS 3)
E V		9	●	●	◐	◑	◐	◑	◑	○	●	◐	□	◪	■	▲			Typ 4 (AS 4)
E VI	Anliegerweg	10	●	◑	◑	◑	◑	◐	◑	○	●	●	□	◪	■	▲			Anliegerweg, Typ 1 (AW 1)

Legend:
- ● entwurfsrelevant
- ◐ teilweise entwurfsrelevant
- ○ nicht entwurfsrelevant
- ■ maßgebende (Haupt-)Funktion
- ◪ bedeutende (Neben-)Funktion
- □ nicht bedeutende (Neben-)Funktion
- ▲ Entwurfsprinzip

10: Übliche Nutzungsansprüche an Straßenräume, Funktionen und Entwurfsprinzipien für Netzelemente, Straßen- und Wegetypen [4]

— Trennungsprinzip ohne Geschwindigkeitsdämpfung (Entwurfsprinzip 3).

Beim **Mischungsprinzip** wird versucht, durch nicht nur punktuelle Entwurfs- und Gestaltungsmaßnahmen mehrere Nutzungen auch in den **Fahrbahnen/Fahrgassen** möglichst weitgehend miteinander verträglich zu machen. Dabei kann das Mischungsprinzip nicht nur durch Aufpflasterung der gesamten Straßenraumbreite, sondern unter Beibehaltung der Borde auch durch dicht aufeinanderfolgende Maßnahmen in Längsrichtung erreicht werden.
Ob gleichzeitig mit Zeichen 325 StVO ein verkehrsberuhigter Bereich ausgewiesen werden kann und soll, ist im Einzelfall zu entscheiden.
Beim **Trennungsprinzip** wird für den Fahrverkehr eine in der Regel durch Borde oder Rinnen baulich abgetrennte Fahrbahn geschaffen; auch in solchen Fällen ist es jedoch möglich, Mischnutzung in den Seitenräumen vorzusehen.
Beim **Trennungsprinzip mit Geschwindigkeitsdämpfung** wird zusätzlich versucht, die Fahrgeschwindigkeiten durch punktuelle Entwurfs- und Gestaltungsmaßnahmen gezielt zu beeinflussen und die Überquerbarkeit der Fahrbahn zu verbessern. Derartige Maßnahmen, die durch zusätzliche verkehrsrechtliche Anordnungen unterstützt werden können, haben das Ziel, unter Aufrechterhaltung der Leistungsfähigkeit der Fahrbahn für den Kraftfahrzeugverkehr auch die Sicherheit für die nichtmotorisierten Verkehrsteilnehmer, eine befriedigende Aufenthaltsqualität für die übrigen Straßenraumnutzer und eine gute städtebauliche Einbindung zu gewährleisten.
Eine **Übergangsform zwischen Mischungs- und Trennungsprinzip** kann sich ergeben, wenn Fahrbahnen, die aufgrund ihrer Belastung keine Mischnutzung zulassen (200 bis 400 Kfz in der Spitzenstunde), durch städtebaulich und denkmalpflegerisch bedeutsame Bereiche (z. B. über Stadt- oder Dorfplätze) geführt werden. Die gestalterische Anpassung der Fahrbahn an die Oberflächenstrukturen der Plätze (Belagwechsel im Verlauf der Fahrbahn) soll dann unter Beibehaltung des Trennungsprinzips die Überquerbarkeit der Fahrbahn und die Straßenraumgestalt verbessern. Bei größerer Verkehrsstärke kann es zweckmäßig sein, die deutlich erkennbare Fahrbahn durch Poller, Ketten oder halbhohe Borde zusätzlich zu begrenzen (ohne Anwendung des Zeichens 325 StVO „Verkehrsberuhigter Bereich").

5.3 Empfohlene Verkehrsanlagen für Gebietstypen

Die grundsätzlichen Überlegungen zu den Übersichten (Ziff. 5.3.1 der EAE 85) dokumentieren, daß einerseits ein kreativer Straßenraumentwurf ermöglicht wird, andererseits für den „schneller Anwender" als Arbeitshilfe auch die gebietsspezifischen tabellarischen Übersichten und Empfehlungen zur Verfügung stehen, die durch Vorabwägungen der Richtlinienverfasser für „Regelfälle" entstanden sind. Auch in diesen Fällen soll jedoch durch die inhaltliche Ausfüllung der tabellarischen Übersichten eine unangemessene schematische Anwendung und dem Verzicht auf argumentative Abwägung im Einzelfall vorgebeugt werden.
Damit Lage und Umfeld eines Straßenraumes besser als in der Vergangenheit berücksichtigt werden können, enthalten die EAE für jeden der sechs Gebietstypen eine eigene Tabelle. Außerdem sind die Übersichten so gestaltet, daß Konstruktionsmaße in der Regel nicht direkt entnommen werden können, sondern über Kennbuchstaben und Schlüsselzahlen ein Rückgriff auf den Abschnitt „Entwurfselemente" erforderlich wird (Bild 12).
In den Übersichten (Bild 11) ergeben sich der Straßen- und Wegetyp (Spalte 1), die maßgebende Funktion (Spalte 2) und das Entwurfsprinzip (Spalte 3) aus der Abwägung der Nutzungsansprüche. Der im jeweiligen Straßen- und Wegetyp wahrscheinliche Begegnungsfall (Spalte 4) hat über die Fahrbahn-/Fahrgassenbreite wesentlichen Einfluß auf die Querschnittswahl (Spalte 8). Die Richtwerte für die Verkehrsstärke (Spalte 5) sollen im Hinblick auf die Umfeldverträglichkeit eher unter- als überschritten werden. Die angestrebte Höchstgeschwindigkeit (Spalte 6) ist als wesentliche Zielgröße für die Sicherheit und die Verträglichkeit der Nutzungsansprüche zu betrachten. Diesem Ziel sollen auch die empfohlenen Elemente der Straßenführung

1 Straßen-/Wegetyp	2 maßgebende Funktion	3 Entwurfsgruppe	4 Bezugsmaßstab	5 Verkehrsstärke (Spitzenstunde)	6 angestrebte Höchstgeschwindigkeit	7 Querschnittskizze (Klammerwerte: Mindestmaße bei beengten Verhältnissen)	8 erreichte Abschnittslage	9 Vorastyp	10 Ebenengruppe	11 Teilquerschnittgruppe	12 Schwellen	13 weitere Querungshilfen	14 Verschwenkgruppe	15 Haltestellenbucken	16 Lichtraumgruppe	17 Fahrbahnteiler	18 Mitbenutzung der Organisationen	19 Teilquerschnittgruppe	20 Lichtsignalanlage
-	-	-	-	Kfz/h	km/h		m	-	-	-	-	-	-	-	-	-	-	-	-
HSS 3	V	2	Bus/Bus	≤ 1000	40... ...50		≤ 100	-	5,50 kurz	-	-	FBT FU	-	+ (-)	1 (2)	-	Lz 1 Bus 0	-	+
SS 2	E	2	Lkw/Lkw	≤ 800	30... ...40		50... ...100	-	4,00 kurz	≤ 1:25	-	FBT FU FGO	7	-	2	-	Lz 1 3 Mä 1 2 Mä 0	≤ 1:25	
AS 2	E	2	Lkw/Pkw Lfw/Lfw	≤ 400	30... ...40		50... ...100	Lkw/ Lfw	3,00 kurz	≥ 1:10	+	-	4 5 (4)	-	-	-	3 Mä 2 2 Mä 1	≥ 1:10	
AS 3	E	1)	Pkw/Pkw Lkw/R	≤ 200	≤ 30		50	Lkw/ Lfw	3,00 kurz	≥ 1:10	+	-	4 3 (2) (1)	-	-	-	3 Mä 2 2 Mä 1	≥ 1:10	
		1)	Pkw/Pkw (Lkw/Lkw)	≤ 150	≤ 30		50	Pkw/ Pkw	3,00 kurz vert.	-	-	-	4 3 (2) (4)	-	-	-	3 Mä 2 2 Mä 1	-	
AS 4	A	1	Pkw/R (Lkw/Pkw) (Lkw/Lfw)	≤ 60	≤ 30		≤ 50	-	-	-	-	-	4 3 (2) (1)	-	-	-	Lfw 1		
AW 1	A	1	Lkw/Pkw Lfw/Lfw	?	≤ 30		≤ 50	-	-	-	-	-	2 (1)	-	-	-	Lfw 1		
			Lkw Pkw/R	?	≤ 30		≤ 50	-	-	-	-	-	2 (1)	-	-	-	Lfw 1		

Anmerkungen:
1) Teilumbau
2) Vollumbau
3) Aus Gründen des Lärmschutzes sollen deutlich geringere Verkehrsstärken angestrebt werden (vgl. 4.1.4)
4) bis 30 Wohnungen
5) bis 10 Wohnungen
6) Bei Schräg- und Senkrechtparkstreifen mit Lade-, Manövrier- oder Sicherheitsstreifen (vgl. 5.2.1.2)
7) Tiefe des Parkstreifens: 4,50 (4,00) m bei 100 gon, 4,75 (4,45) m bei 70 gon, 4,50 (4,20) m bei 50 gon, 2,00 (1,75) m bei 0 gon. Diese Maße erfordern bei Schräg- und Senkrechtaufstellung 0,75 (0,55) m Breitenzuschlag je Gehweg
8) Fahrgasse 5,50 m breit bei großem Anteil an Lastkraft- und Lieferwagen (vgl. 5.2.1.1)
9) Der Gehstreifen ist nur zum Ausweichen befahrbar
10) Tiefe des Parkstreifens: 5,00 (4,55) m bei 100 gon, 5,25 (4,90) m bei 70 gon, 4,90 (4,55) m bei 50 gon, 2,00 (1,75) m bei 0 gon. Bei Schräg- und Senkrechtaufstellung sind Rangiervorgänge beim Ein- und Ausparken erforderlich
11) Gehstreifen nur bei dicht angebauten Gebäuden mit Hauseingängen erforderlich
12) Parkstreifen nur in Ausnahmefällen
13) Ausweichstelle am Wegende erforderlich

Abkürzungen:
HSS = Hauptsammelstraße
SS = Sammelstraße
AS = Anliegerstraße
AW = Anliegerweg
V = maßgebende Verbindungsfunktion
E = maßgebende Erschließungsfunktion
A = maßgebende Aufenthaltsfunktion
F = Fußgänger
Kfz = Kraftfahrzeug
R = Radfahrer
G = Grünstreifen

P = Parkstreifen/Parkbucht
FBT = Fahrbahnteiler
FU = Fort mit LSA
FGO = Leistung benutzt keine Gegenfahrspuren
Lz 0 = Leistung benutzt keine Gegenfahrspuren
3 Mä 2 = bedingte Mitfahrung benutzt 2 Gegenfahrspuren
+ = ja
- = nein
1 = Mischungsprinzip
2 = Trennungsprinzip mit Geschwindigkeitsdämpfung
3 = Trennungsprinzip ohne Geschwindigkeitsdämpfung

11: Entwurfselemente in stadtkernnahen Altbaugebieten [4]

Beispiel 14

Städtebauliche Struktur und besondere Nutzungsansprüche

- 1 bis 2 geschossige offene Bebauung.
- Wohnen, landwirtschaftliche Betriebe, Dienstleistungen (Einzelhandel, Post, Kirche).
- Vielfältige Nutzungsansprüche an Straßenraum (Aufenthalt, Spiel, Lagerung, Parken u. a.).

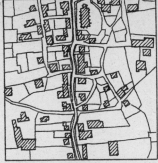

Dörfliche Gebiete

Sammelstraße

SS 2

Erläuterungen

- Entwurfsprinzip: Trennungsprinzip mit Geschwindigkeitsdämpfung.
- Angepaßte Linienführung und Betonung durch Einzelbäume zur Wahrung des derzeitigen Straßenraumcharakters.
- Schmalfahrbahn (Asphalt) und beidseitige Mehrzweckstreifen als breite Muldenrinnen (Pflaster wie Hofflächen u. a. Seitenflächen).
- Multifunktionale Seitenräume.

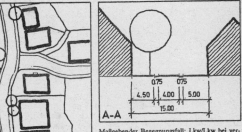

A-A

Maßgebender Begegnungsfall: Lkw/Lkw bei verminderter Geschwindigkeit unter Benutzung eines Mehrzweckstreifens.

Detail
Fahrbahn und Seitenräume; Übergang öffentlich-privat; Bäume.

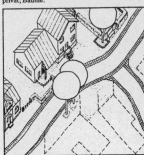

Möglicher Anwendungsbereich
Verkehrsstärke: 300 – 500 Kfz/Spitzenstunde
angestrebte Höchstgeschwindigkeit: 30 bis 40 km/h

5 10 20 40 METER

B-B

Entwurfselemente

– Fahrbahn und Mehrzweckstreifen	5.2.1.1
– Gehwege	5.2.1.3
– Muldenrinne	5.2.1.11.1
– Begrünung	5.2.1.15

Bewertung der Nutzungsqualität

– Fußgängerlängsverkehr	gut
– Fußgängerquerverkehr	gut
– Aufenthalt	gut
– Kinderspiel	gut
– Radverkehr	gut
– Fließender Kfz-Verkehr	gut
– Ruhender Kfz-Verkehr	(gut)
– Öffentlicher Personennahverkehr	–
– Begrünung	gut
– Ver- und Entsorgung	gut

Anmerkung
Die Wahl des Mehrzweckstreifens war möglich, da die Sammelstraße nur untergeordnete Verkehrsbedeutung aufweist; die Linienführung ergab sich aus dem Verlauf der alten Fahrbahn.

12: Gestaltungsbeispiele für eine dörfliche Ortsdurchfahrt mit der Funktion einer Sammelstraße [4]

(Spalten 8 bis 15) und die Knotenpunktelemente (Spalten 16 bis 20) dienen.

Bei Wohngebieten in Orts- oder Stadtrandlage sind die in der Übersicht enthaltenen Empfehlungen für die Planung neuer Baugebiete, für den Umbau von Straßen und Wegen in bestehenden Baugebieten der 50er und 60er Jahre sowie für die erstmalige Herstellung der Straßen und Wege auf der Grundlage älterer Bebauungspläne gleichsam anwendbar. Entsprechend zahlreich sind die für diese Aufgaben anwendbaren Straßen- und Wegetypen.

Für dörfliche Gebiete enthält die tabellarische Übersicht der EAE 85 auch Ortsdurchfahrten im Zuge von Verbindungen ohne regionale Bedeutung. Hier zeigt sich gleichzeitig auch der Übergang zu den noch ausstehenden Entwurfsempfehlungen für Hauptverkehrsstraßen.

6. Ausgewählte Entwurfs- und Gestaltungsbeispiele

Die Entwurfs- und Gestaltungsbeispiele der EAE 85, die aus realen städtebaulichen Situationen abgeleitet worden sind, sollen die Anwendung der Entwurfselemente für spezielle örtliche Gegebenheiten in verschiedenen Gebietstypen verdeutlichen. Durch die erkennbare Individualität der Lösungen soll gezeigt werden, daß sich die dargestellten Anwendungsfälle nicht schematisch auf andere örtliche Gegebenheiten übertragen lassen.

Bild 12 zeigt als Gestaltungsbeispiel eine dörfliche Ortsdurchfahrt mit der Funktion einer Sammelstraße, für die aufgrund der Netzfunktion, der städtebaulichen Struktur und der Nutzungsansprüche einer Schmalfahrbahn mit beidseitigen Mehrzweckstreifen in Form von Muldenrinnen empfohlen wird.

Schrifttum

1 Forschungsgesellschaft für Straßen- und Verkehrswesen: Richtlinien für die Anlage von Straßen. Teil: Erschließung (RAS-E). Entwurf 1981

2 Angerer, F.; Lang, H.; v. Winning, H. H.: Empfehlungen für die Anlage von Erschließungsstraßen – EAE 82 –; Bundesminister für Raumordnung, Bauwesen und Städtebau, 1982

3 Baier, R.; Schnüll, R.: Integrierte Fassung von RAS-E-81 und EAE-82 Forschungsbericht im Auftrage des Bundesministers für Raumordnung, Bauwesen und Städtebau und der Forschungsgesellschaft für Straßen- und Verkehrswesen, Aachen/Hannover 1984

4 Forschungsgesellschaft für Straßen- und Verkehrswesen: Empfehlungen für die Anlage von Erschließungsstraßen (EAE 85). Ausgabe 1985

5 Baier, R.; Peter, Chr.; Schäfer, K. H.: Straßen in Stadt und Dorf – Planen und Entwerfen mit den neuen Empfehlungen für die Anlage von Erschließungsstraßen EAE 85; Heft 03.113 der Schriftenreihe „Städtebauliche Forschung" des Bundesministers für Raumordnung, Bauwesen und Städtebau, Bonn 1985

6 Haller, W.; Schnüll, R.: Städtebauliche Integration von innerörtlichen Hauptverkehrsstraßen – Problemanalyse und Dokumentation; Heft 03.107 der Schriftenreihe „Städtebauliche Forschung" des Bundesministers für Raumordnung, Bauwesen und Städtebau, Bonn 1984

7 Baier, R.; Heinz, H.; Moritz, A.; Schäfer, K. H.: Haupt(verkehrs)straßen und Verkehrsberuhigung; Heft 6 der „Bausteine für die Planungspraxis in Nordrhein-Westfalen", herausgegeben vom Institut für Landes- und Stadtentwicklungsforschung (ILS), Düsseldorf 1984

8 Mörner, J. v.; Müller, P.; Topp, H.: Entwurf und Gestaltung innerörtlicher Straßen – Dokumentation und Bewertung praktischer Beispiele, Heft 425 der Schriftenreihe „Forschung Straßenbau und Straßenverkehrstechnik", herausgegeben vom Bundesminister für Verkehr, Bonn 1985 (Kurzfassung in: Straße und Autobahn 35 [1984], Heft 11, 12 und 36 [1985], Heft 2)

9 Albers, A.; Haller, W.; Schnüll, R.: Städtebauliche Integration von inner örtlichen Hauptverkehrsstraßen – Maßnahmenuntersuchung und Empfehlungen; Forschungsarbeit für den Bundesminister für Raumordnung, Bauwesen und Städtebau, Institut für Verkehrswirtschaft, Straßenwesen und Städtebau, Universität Hannover, (laufend)

10 Alrutz, D.; Haller, W.; Schnüll, R.: Analyse von Um- und Ausbaumaßnahmen an klassifizierten Straßen in Dörfern und kleinen Städten; Forschungsauftrag für den Bundesminister für Verkehr, Institut für Verkehrswirtschaft, Straßenwesen und Städtebau, Universität Hannover (in Bearbeitung)

11 Baier, R.: Empfehlungen für die Anlage von innerörtlichen Hauptverkehrsstraßen (EA-HV); Forschungsauftrag des Bundesministers für Raumordnung, Bauwesen und Städtebau, Büro für Stadt- und Verkehrsplanung, Aachen (in Bearbeitung)

12 Schnüll, R.: Straßenbau- und verkehrstechnische Maßnahmen zur Einbindung von Hauptverkehrsstraßen in das innerörtliche Umfeld: Forschungsauftrag des Bundesministers für Verkehr (in Bearbeitung)

13 Albers, A.; Kortenhaus, Th.; Schnüll, R.: Schrägparken an Hauptverkehrsstraßen. Gutachten für die Baubehörde der Freien und Hansestadt Hamburg, Hannover April 1985 (unveröffentlichtes Manuskript)

2. Ökologie des Dorfes . Ganzheitliche Ansätze

Prof. Dr. Dirk A l t h a u s , Architekt, Hannover

Das Dorf und seine Gemarkung bilden innerhalb der umgebenden Natur und des umgebenden Gesellschafts-Umweltsystems ein kleines Ganzes, vernetzt mit anderen Bestandteilen aus Natur und Gesellschaft zu größeren Ganzheiten. Es ist in seiner Struktur einem natürlichen Ökosystem vergleichbar und sollte in seiner Entwicklung Wege einschlagen, die bei natürlichen Systemen die Regel sind (nach Wilhelm Kühnelt: Grundriß der Ökologie, 1970 Stuttgart):

* Die Entwicklung tendiert zur Steigerung der Vielfalt und zur Bereicherung des Ökosystems.

* Im Lauf der Sukzession nimmt die Biomasse ständig zu; die Zahl der Ernährungsstufen und Nahrungsketten sind größer, ohne daß die Urproduktion gefährdet wird.

* Die Lebensgemeinschaft strebt einen Zustand minimalen Energieverbrauchs bei maximaler Produktion von Biomasse an und erreicht darin eine hohe Effizienz.

* Arten mit langsamer Generationsfolge werden dominant und heben die Stabilität des Systems.

* Das biochemische Gefüge des Ökosystems wird zunehmend stabiler, die Nahrungsketten vernetzen und schließen sich immer weiter.

Demnach gibt es offensichtlich nichts Ökonomischeres, als den Naturhaushalt. Gewinnmaximierung ist die Regel, und zwar eine auf das Ökosystem bezogene, also - auf unser menschliches Kultursystem übertragen - eine "volkswirtschaftliche" Gewinnmaximierung der jeweiligen Lebensgemeinschaft.

Für eine Förderung der Dorfentwicklung hätten die von Kühnelt aufgestellten Prinzipien der natürlichen Ökosysteme erhebliche Konsequenzen:

- Das Dorf und seine Gemarkung sind unbedingt als Ganzes zu sehen.

- Eine intensive Bestandsaufnahme aller Standortfaktoren ist erforderlich.

- Der Landwirtschaft als der für die Gemarkung verantwortliche Bereich kommt eine besondere Bedeutung zu.

- Szenarien eines optimalen Zusammenspiels aller Faktoren sind Planeraufgabe. Architekten und Landespfleger, Landwirte und Techniker müssen gemeinsam planen.

- Die Bürger des Dorfes und ihr soziales Gefüge sind wesentlicher Teil der Planung. Nichts geht ohne den Willen und das Selbstverständnis der Bürger, die letztlich diese Kreislaufwirtschaft in Gang halten.

- Die Erfolge sind entsprechend langsam zu sehen und es wird Umwege geben. Der Entwicklungsplan ist ein Stufenplan, der dynamisch angepaßt werden muß. Regulativ sind die Natur und das soziale Gefüge des Dorfes.

- Der heute im Vordergrund stehende Aspekt der äußeren Gestaltung tritt neben anderen Punkten beiseite, ohne allerdings seine Bedeutung zu verlieren.

Mit den folgenden wenigen Schlaglichtern soll dargestellt werden, wie erheblich das natürliche Potential eines Standortes ist:
Ein 300 Einwohner-Dorf mit 6,5 km^2 Gemarkung im Hannoverschen erhält z.B. jährlich 6,08 Mrd KWh Einstrahlungsenergie von der Sonne, soviel wie die Jahresproduktion eines 700 MW Kraftwerks im 24 Std-Betrieb ohne Abschaltzeiten. Auf die ca. 3 ha große Dachaufsichtsfläche des Dorfes entfallen davon ca. 28 Mio KWh/a. Die gleiche Dachfläche empfängt über 21 000 m^3/a Regenwasser, nicht gerechnet die mindestens so große Fläche der versiegelten Böden (Höfe, Wege). Auf die Gemarkung fallen ca. 4,6 Mio m^3 Regenwasser jährlich.
Das Stroh von 350 ha Getreideanbau kann 6,4 Mio KWh Brennenergie oder etwa 4,3 Mio KWh Biogas liefern. Aus Gülle von 1200 Schweinen und 600 Rindern können 2,5 Mio KWh Biogas erzeugt werden, bevor sie wieder auf die Felder kommt. Der Energieverbrauch der 85 Haushalte liegt dagegen bei ca. 5,6 Mio KWh/a und könnte insbesondere durch bauliche

Maßnahmen ohne Komfortverlust auf ca. 2,5 Mio KWh gemindert werden.
Die chemiefreie Landwirtschaft schreibt schwarze Zahlen und beschäftigt bei gleichwertiger Technisierung mehr Menschen auf dem Lande.

Die wesentlichen Merkmale einer zukunftsorientierten Dorfentwicklungsplanung bestehen in der optimalen und vielseitigen Nutzung der
Standortressourcen (Klima, Boden, Wasser), in der Speicherung von
Energie und Materie zum Saisonausgleich (Tag-Nacht, kalt-warm,
feucht-trocken, Sommer-Winter), in der angemessenen Verwendung der
vorhandenen Ressourcen (maximale Effizienz) und in der saisonbe-
dingten Veränderbarkeit baulicher und technischer Anlagen, wie es
auch in der Natur die Regel ist.

Zu diesem Thema können wir vieles aus der Geschichte lernen. In der
von Wilhelm Abel (die drei Epochen der deutschen Agrargeschichte,
Hannover, 1962) dargestellten Epoche der Einplanwirtschaft war die
Einheit von Ort und Ökonomie vorhanden. Mit wachsender Arbeitsteilig-
keit und veränderten Machtstrukturen entstanden großräumigere Zusammenhänge. Erst mit der Nutzung der über Jahrmillionen eingelagerten
Sonnenenergie in Form von Kohle, Öl und Gas schwand der enge Bezug zu
den lokalen Ressourcen (z.B. Wind- und Wassermühlen-sterben).

Heute gilt es, mit den guten Aspekten der Einplanwirtschaft auf dem
heutigen Stand von Technik und Kultur ein Netz von eigenständigen und
für die Gesamtheit leistungsfähigen Einheiten von Dorf und Gemarkung
aufzubauen, begründet auf dem örtlichen Potential an Energie und
Materie.

Diese Art Dorfentwicklung ist eine Herausforderung an die Kreativität, die Phantasie und das Ingenieurdenken von Planern, Landwirten
und Technikern. Für die Bürger des Dorfes beginnt eine Besinnung auf
die ursprüngliche Wirtschaftseinheit von Dorf und Gemarkung und ein
Prozeß, der in vielen Punkten zu neuen Gemeinschaften führen kann wie
z.B. zu eigener Energieversorgung, gemeinsamem Wasserhaushalt, Gegen-
seitigkeit im Umlauf landwirtschaftlicher Produkte und Nebenprodukte.

Zwar steht das Instrument der heutigen Dorferneuerung durch seine Abgrenzung von Dorf und Gemarkung der hier aufgezeigten Richtung im

Wege; nichtsdestotrotz kann eine solche Dorferneuerung Anlaß zur weiteren und weitergehenden Zukunftsplanung des Dorfes sein. Die Initiative dazu muß von den Bürgern des Dorfes ausgehen, die auch letztlich entscheiden, welche Maßnahmen in welchem Zeitraum durchführbar sind. Das schrittweise Herantasten an ein gestecktes Ziel wird die Regel sein, der große Coup die Ausnahme. Dazu braucht es Pionierarbeit und Mut aber auch Geduld und Beharrlichkeit.

LITERATUR:

Ökologie des Dorfes
Wiesbaden Berlin 1982

Die Ökologie des Dorfes
in: DBZ 10/1983

Dorfentwicklung ist Bürgerinitiative
in: der Gemeinderat 1/1985

Ökologie im Dorf - Ökologie des Dorfes
in: Leben im Dorf, Loccumer Landwirtschaftstagung , 2/1985

UNSERE DÖRFER WERDEN ERNEUERT ...	GEDANKEN VORAB ... ZUR ÖKOLOGIE DES DORFES	Loccum 6.-8.Juni 86

Alt.

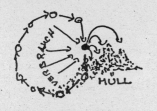

FESTSTELLUNG

Wir beanspruchen im Naturhaushalt
o unangemessen viele Ressourcen

und wir produzieren

o unangemessen viele Abfälle

... dabei wirtschaften wir als biologische Art
linear in der natürlichen Nahrungskette.
Unsere Rolle darin bewirkt Veränderungen
im Naturhaushalt ...

THESE

o Eröffnen wir neben dem Naturhaushalt
eigene, neue Kreisprozesse!

o Bauen wir uns eine eigene Ökologie mit
geschlossenen "Nahrungsketten", ohne Abfall.

o Müll ist Mangel an Phantasie

des Hauses
der Stadt
der Industrie
der Landwirtschaft

ÖKOLOGIE → DES DORFES:

Ein Teilbeitrag zur Ökologie der Menschen
am Beispiel der ursprünglichen Siedlungsform

MODELL

DORF + GEMARKUNG = ÖKOSYSTEM

Schließen von Kreisprozessen
Einrichten von Kreisprozessen

DORFENTWICKLUNG

Ökosystem Dorf + Gemarkung

Energiehaushalt: Einsparung - örtliche Energiebilanz - neue Technologien, natürliche Ressourcen, regenerative Energie. Energiespeicherung ...

Wasserhaushalt: Einsparung von Trinkwasser, Regenwasser nutzen. Sammelspeicher, Teiche, dezentrale Versorgung, dezentrale Klärung, Grauwassernutzung, Pflanzenklärung, Grundwasserschutz (angemessene Düngung), Bewässerungsspeicher ...

Materialhaushalt: Organisches Kompostieren, konsequente Materialtrennung. Statt Müll - Recycling. Materialauswahl. Erfindung von Kreisläufen. Angemessene Materialien, gesunde Materialien...

Lufthaushalt: Alle Materialien + Gase vermeiden. Luft ist keine Deponie + kein Transportsystem

Lusthaushalt: Wie schaffen es die Menschen, derart offensichtliche Modelle als Grundansatz des Lebens zu sehen?

3. **Das Verhältnis von Bürger und Dorfplaner in der Dorferneuerung**

Dipl.Ing. Engelbert R o l l i , Planungsinstitut für ländliche Siedlung, Stuttgart

Sie haben von mir die Stichworte zu meinem Vortrag
erhalten. Als Befürworter der Bürgerbeteiligung bin
ich aber der Meinung, daß ich auf die bisherigen Beiträge der Tagung reagieren sollte.
Ich möchte das deshalb tun, weil ich der Meinung bin,
daß meine Kurzaufschrift den Prozeß der Bürgerbeteiligung in der Dorfentwicklung genügend beschreibt. Ich
glaube auch, daß ich auf die Wiederholung der Stichworte deshalb verzichten kann, weil ich festgestellt habe,
daß hier in diesem nördlichen Bundesland über Bürgerbeteiligung und Arbeitskreise ganz selbstverständlich
gesprochen wird, und ich gehört habe, daß Bürgerbeteiligung zumindest in Niedersachsen zur Pflichtübung geworden ist, während wir im Süden immer noch mit ein
paar anderen Büros alleine auf weiter Flur stehen.
Ich möchte viel lieber ein paar Fragen aufgreifen, die
gestern im Plenum gefallen sind. Damit will ich zeigen,
daß die Bürgerbeteiligung ein viel tieferes Verständnis
braucht, auch viel notwendiger ist als das, was üblicherweise unter dem Begriff verstanden wird.
Gestern kam die Frage von einem Kollegen: "Wie soll es
weitergehen mit den schwachen Dörfern? Sollen wir geplanten Rückbau betreiben? Lohnt es sich überhaupt, die
Dorferneuerung in solchen Fällen durchzuführen? Lohnt
es sich zu investieren?" Das ist für mich eine der
wichtigsten Fragen, die man auch mit den Bürgern behandeln muß.
Es ist die Frage nach den Zielen! Dieses Thema hatte
ich vorher schon in unserem Arbeitskreis-Treffen zum
Thema Estorf angesprochen. Ich bin der Meinung, daß
wir zusammen mit den Bürgern die Dorfentwicklung, und
das möchte ich jetzt ganz pointiert und absichtlich
spitz formulieren, im Grunde genommen fast ablehnen

müssen. Weil wir nämlich als Alibi mißbraucht werden. Als Alibi für eine Politik, die seit Jahren schon
dem Dorf keine Chance gibt!
Die Wirtschaftspolitik, die Landwirtschaftspolitik,
die Verkehrspolitik, die Ernährungspolitik, die In-
formationspolitik läßt dem Dorf keine Chance und ich
finde es besonders tragisch, daß wir dem Landwirt-
schaftsministerium, in dem wir in Baden-Württemberg
angesiedelt sind, mit unseren Bemühungen im Grunde
genommen im eigenen Haus gegen die offizielle Politik kämpfen müssen.
Ich bin der Meinung, daß wenn die offizielle Politik
nicht bald tragfähige Strategien für den ländlichen
Raum entwirft und schöne Absichtserklärungen nicht
nur äußert, sondern auch verwirklicht, wir keine Chance
haben, die anstehenden Probleme der Dorfentwicklung
wirklich zu lösen.
Das hat sich heute morgen auch gezeigt an der Frage:
"Wie soll man leerstehende Gebäude nutzen?" Es wird
ja sehr häufig gesagt, der Strukturwandel in der Landwirtschaft sei über uns gekommen als unabwendbares
Übel und sei heute ein "Sachzwang". Ich bin der Meinung, wir haben uns dieses Übel selbst geschaffen! Es
geht doch um die "Soll"-Frage nach dem, was in Zukunft
sein soll. Und diese Sollfrage können wir nicht aus
irgendwelchen Bestandsanalysen oder historischen Betrachtungen ableiten, sondern wir müssen uns schon
die Mühe machen, die Werte, die Ziele, die wir verfolgen wollen, uns selbst zu geben!
Das gilt auch für das, was uns gerade der Herr Althaus
vorgetragen hat. Viele könnten es schon ganz gut und
fast alle wissen, wie es sein müßte. Wir alle müssen
nur erst noch wollen! Und da ist für mich die Verbindung in der Dorfentwicklung, wenn wir mit den Bürgern arbeiten. Für mich ist das Ziel in der Dorfentwicklung, den Bürgern den Mut zu geben - sie wissen es

nämlich, wenn man entsprechend Geduld hat, sie anzu-
hören - den Mut zu geben ihre Wünsche, ihr Wollen und
ihre Existenz, Kraft und Vitalität auch durchzusetzen.
Das war die erste Frage, die mich gestern bewegt hat.
Die zweite Frage, und jetzt komme ich schon mehr in
die Auseinandersetzung in der Dorfentwicklung, war:
"Was kann man denn dagegen tun, daß wir Dinge schon
besser wissen und trotzdem noch immer die alten Lösungen verwirklicht werden, z.B. im Straßenbau?" Es
hat hier eine Dame in überzeugender Weise von dieser
Tatsache gesprochen.
Der Herr Schnüll hat uns ja gezeigt, wie man Straßen
bauen kann, wir wissen es also schon besser. Eigentlich müssen wir uns nur noch durchsetzen. Als Ermun-
terung an die Kommunalpolitiker, an die Dorfentwick-
lungsplaner und an die einfachen Bürger möchte ich hier
ein kleines Beispiel geben: Es gibt in der Nähe von
Stuttgart einen kleinen Ort, in dem eine neue Straße
gebaut wurde. Diese Straße wurde vor 5 Jahren fertig-
gestellt. Der Bürgermeister, der Gemeinderat, die Bürger hatten die Straße gewünscht, sie hatten die Straße
gefordert und die Straße wurde gebaut. Nachdem die
Straße fertig war, haben die Bürger festgestellt, daß
sie gefährlicher wurde, daß sie lauter wurde, daß sie
häßlich ist, daß sie zuviel Platz braucht und daß sie
damit die Lebensvorgänge im Dorf stört. Und der Bürgermeister, der den Experten geglaubt hatte, daß alles
besser werden würde, hat sich darauf geweigert, die
Straße abzunehmen und seine Kosten zu bezahlen. Und
er ist standhaft geblieben.
Heute sind wir soweit, daß diese Straße, die, wie gesagt, vor 5 Jahren erst gebaut wurde unter Verwendung
von Zuschüssen, heute im selben Amt wieder zurückge-
plant wird. Es werden da, wo vor 5 Jahren Begradi-
gungen gemacht wurden, wieder Kurven eingebaut. Es
wird da, wo eine Kuppe abgetragen wurde, heute ein

Hügel geplant und vorgesehen. Diese Straße wird zu-
rückgebaut und es wird nach außen so getan, als wäre
das immer noch die Baumaßnahme. Sie sehen, daß wir
große Chancen haben. Chancen deswegen, weil wir mit
den Bürgern, mit dem Bürgermeister und mit dem Planer,
sogar auch mit den Straßenbaubehörden zusammen etwas
tun, um bessere Ergebnisse zu erzeugen.
Die nächste Frage, die kam gestern von einem Bürgermeister. "Wie soll denn die Bautätigkeit im Dorf eigentlich gesteuert werden?" Obwohl ich weiter ausholen
müßte, möchte ich dazu kurz etwas sagen und ich rechne
damit, daß mich die Kollegen deswegen noch angehen
werden. Jeder Informatiker, Kybernetiker oder Produkt-
manager und Ingenieur weiß das. Nur wir Architekten
wollen heute immer noch die Entwicklung eines Dorfes
oder einer Stadt mit Instrumenten steuern, die sich
nicht an veränderte Situationen anpassen und die nicht
die notwendigen Lernschritte erlauben. Ich persönlich
bin der Meinung, daß unsere Bauleitplanung versagt, und
zwar deshalb, weil sie logische Fehler beinhaltet. Ein
Hinweis darauf: Es ist unmöglich, mit einem statisch
festgeschriebenen Instrument, das Rechtskraft besitzt,
dynamische Prozesse steuern zu wollen, einfach deswegen, weil die bessere Erkenntnis regelrecht "verhindert"
wird. Ich bin deshalb der Meinung, und deswegen wurde
auch die Dorfentwicklung ganz bewußt immer wieder aus
der Rechtsverbindlichkeit herausgenommen, daß wir neue
Wege finden müssen. Daß wir Wege finden müssen, auf
denen wir mit dem Bürger zusammen in einem Aushandlungsprozeß, in einem Prozeß, der natürlich vorbereitet ist
und bei dem der Bürger das Bewußtsein hat, daß es auf
ihn ankommt, was er in seinem Dorf tut, daß wir mit
einem solchen Aushandlungsprozeß zu den Lösungen kommen, die wir brauchen. Und dann ist auch vollkommen
richtig gesagt worden, daß es Druck von außen auf das
Dorf gibt, wo Interessenten in das Dorf einbrechen und

entsprechendé Bauvorhaben durchziehen und Boden-
spekulationen betreiben wollen. Auch das kenne ich,
besonders aus Feriengebieten. Und in solchen Bereichen müssen wir uns heute mit Krücken helfen, die
aber auch wieder in Absprache mit den Bürgern und in
einem Bewußtsein, daß es nur Krücken sein können,
durchaus benutzt werden können. Daß wir z.B. durch
Vorgriff, durch eine Ausübung von Vorkaufsrecht oder
durch Aufstellungsbeschlüsse von Bebauungsplänen schnell
und gezielt und klein, genau auf die Grundstücke abgestimmt, die verkauft und bebaut werden sollen, diesen
Kräften von außen die Riegel vorschieben.
Jetzt vielleicht doch noch ein paar Worte zu meinen
Stichworten, die Ihnen vorliegen.
Ich behaupte, daß viele objektive erkennbare Probleme
sehr subjektive Wurzeln im Dorf hätten und ich glaube,
daß die Tagung seit gestern um diese Dinge kreist. Wir
Planer und Berater im Dorf können ja gar nicht anders
arbeiten, als mit dem Bürger zusammen. Als Berater des
Dorfes sollten wir uns nicht in der Erzeugung von Ballast,
Statistik, Untersuchungen ergehen, sondern wir sollten
versuchen, im Dorf vor Ort mit dem Bürger an den Problemen direkt zu arbeiten und über diese Gespräche das
Dorf verstehen zu lernen. Erst dann werden wir unterscheiden können zwischen planerisch wichtigen und un-
wichtigen Informationen, die wir für unsere Arbeit benötigen. Wir werden dann auch die Vorschläge auf den
Tisch bringen können, die sich in die spezielle Situation des Dorfes so einfügen, daß sie auch realisierbar sind.
Dann vielleich ein Punkt, der auch immer wieder kommt.
Dörfer haben oft alt eingefahrene Freund- und Feindschaften, die viele ernste Probleme erzeugen, so daß
ein unabhängiger Moderator als Vermittler Wunder wirken
kann. Das kennen Sie alles und wenn Sie das kombinieren
mit dem Punkt von vorher, dann könnte z.B. ein Planer,

der einen schiefen Zaun im Dorf sieht, annehmen,
daß es genügen würde, wenn man diesen Zaun wieder
aufrichtet. Dagegen wird sich im Gespräch mit den
Betroffenen sehr schnell herausstellen, daß, sobald
der Zaun aufgestellt ist, er vom bösen Nachbarn
wieder umgefahren wird.
Das Problem liegt also ganz anders und wir müssen
uns darüber im Klaren sein, daß auch diese Feindschaften ein lebenswichtiger Teil der Dorfdynamik
sind. Wir sollten deshalb nicht versuchen, sie aus
der Welt zu schaffen, sondern versuchen, die Ener-
gien, die in einer solchen Feindschaft entwickelt
und auch verbraucht werden, in andere positive
Richtungen zu lenken. Das muß dann deshalb noch lange
nicht gleich Freundschaft werden - Wett-Streit könnte
aber mehr bringen.
Dann vielleicht noch ein Punkt, der mit dem zusammen-
hängt, was ich so als Eingang gesagt habe. Die Probleme, mit denen Dörfer heute zu kämpfen haben, sind
häufig solche, die von außen in das Dorf gebracht
werden und die eigentlich im Dorf auch gar nicht lös-
bar sind, wie dies das Problem "Landwirtschaft" zeigt.
Wir müssen also sehr wohl uns den Rückhalt bei den
Bürgern und in den Gemeinden sichern und mit den Betroffenen zusammen versuchen, unsere politischen
Richtungsgeber anders zu beeinflussen.
Eine Bemerkung noch zu dem Punkt, daß die Planungen,
die in enger Zusammenarbeit mit dem Bürger entstanden
sind, durchweg positive Ergebnisse zeitigen.
Ich bin der Meinung, daß wir kaum eine vernünftige und
gemeinschaftlich orientierte Handlungsweise des Dorf-
bürgers erwarten können, wenn wir ihm keine Verantwor-
rung geben!
Ich glaube auch, daß die Verantwortung und auch die
Übernahme von Risiko, die dadurch entsteht, daß man
eben auch an dem Risiko teilhat, einen Plan mit zu

erstellen, daß dies die Grundlage dafür ist, daß der
Mensch, der betroffen ist, sich wirklich auch einsetzen
kann.

Ohne Verantwortung und ohne Risiko wird der Einsatz
nur halb sein können und deswegen muß das Risiko auch
breit gestreut werden. Es muß auch deswegen breit gestreut werden (die Verantwortung und das Risiko), weil
diese Streuung Vertrauen schafft, Zusammenarbeit schafft
und ganz besonders eine wohltuende Wirkung auf die Fach-
behörden und Fachleute hat, weil sie sich entkrampfen
können.

Sie müssen die Verantwortung nicht mehr alleine tragen
und das befreit, besonders weil solche "Fach-Verant-
wortung" die Beamten ja meist vital nicht betrifft -
aber bedroht, weswegen sie sich gerne absichern.

Ich bin der Oberzeugung, daß dann erst unübliche und
bessere Lösungen zustande kommen können.

Es gibt dann noch den Teil der Schwierigkeiten zwischen
Planern und Bürgern im Umgang miteinander. Da möchte
ich mich eigentlich beschränken auf die Kommunalpolitiker. Die Kommunalpolitiker haben zwei Mechanismen, mit
denen Sie sich aus ihrer Entscheidungsverantwortung
stehlen. Der erste Mechanismus ist der "Sachzwang",
der läßt sich erfinden und gut darstellen. Und die
zweite Erfindung ist der "Einkauf der Experten", denn
der Experte muß ja wissen, wie es sein soll, d.h. sie
stehlen sich aus der Entscheidungsverantwortung der
Zielfindung, der Darstellung ihrer Wertvorstellungen
und Weltanschauungen!

Der Experte wird immer so eingekauft, daß er das vertritt, was man selber eigentlich will, nur sich nicht
traut, es auch zu sagen.

Unser Landwirtschaftsminister, der die Dorfentwicklung
in Baden-Württemberg so groß gemacht hat, hat dazu,
als er angegriffen wurde, einmal gesagt:
Gutachten kann man kaufen, ich bestelle den nächsten
Experten!

Es sollte damals eine Sondermülldeponie durchgesetzt
werden, wogegen sich viele Bürger gewehrt hatten. Zur
Meinungsmache und zum Ausgleich wurde die Gemeinde mit
Geldern aus der Dorfentwicklung beglückt. Die Äußerung
des Ministers bezog sich auf ein Gutachten, das davor
warnte, daß in der Deponie Dioxin anfallen und in das
Grundwasser gelangen könnte.
Dann noch ein Punkt, der die Bürger angeht und ein
Punkt, der nicht zu unterschätzen ist: Daß nämlich
die Bürger vom Planer auch das Expertenverhalten verlangen und nicht das Beraterverhalten.
Das Expertenverhalten, wo einer so tun muß, als ob er
wirklich wüßte, wie es richtig ist für die Betroffenen.
Das wird von Bürgern oft gefordert, weil sie erstens
bequem sind, häufig bequem sind,und weil sie zweitens
sich auch nicht im Klaren darüber sind, daß es nur von
ihren Vorstellungen und nur von ihrem Einsatz und nur
von ihrem Engagement abhängt - und das wurde gestern
hier im Raum gesagt - nur davon abhängt, was aus dem
Dorf wird und ob es zukünftig eine Chance hat.

Dipl.-Ing. Engelbert R o l l i , Stuttgart

THESEN ZUM REFERAT

1. Die Notwendigkeit zur Zusammenarbeit von Bürgern und Planern in der Dorferneuerung

a) Der Planer wird von der Kommune beauftragt, das Dorf für die Bedürfnisse seiner Bürger neu zu ordnen → er hat sich also an den Vorstellungen der Auftraggeber zu orientieren.

b) Der Planer kann ohne die Bürger seine Aufgabe nicht erfüllen, da er nicht wissen kann, wie ein Ort bschaffen ist und welche Probleme es zu lösen gilt. Er braucht den Bürger als Informanten.

c) Viele "objektiv" erkennbare Probleme haben sehr "subjektive" Wurzeln im Dorf. Ohne ein Wissen über die sozialen Mechanismen und ohne die Mithilfe der Bürger sind die meisten Probleme nicht planerisch zu lösen.

d) Ohne die Einsicht und den guten Willen der Bürger ist im Dorf nichts zu bewegen: Planungen sind deshalb oft umsonst und sie wandern in die Schublade.

e) Der Bürger im Dorf ist nicht der anonyme, besitzlose Mensch der Stadt, sondern er hat seine Stellung. Deshalb muß Planung mit diesem Bürger gemacht werden und sie darf nicht anonym sein. Im Dorf muß "privates Interesse" abgestimmt werden in der Planung. Anonymes öffentliches Interesse gibt es kaum.

f) Der Bürger im Dorf kennt zwar seine Probleme, aber er ist "betriebslind" und kann Hilfe von außen sehr gut gebrauchen, wenn es um neue Ideen geht. Der Planer als "Ideenlieferant" ist sehr wertvoll.

g) Dörfer haben oft alt eingefahrene Freund- und Feindschaften, die viele "ernste" Probleme erzeugen, so daß ein unabhängiger "Moderator" und Vermittler Wunder wirken kann.

h) Die Probleme, mit denen Dörfer heute zu kämpfen haben, sind sehr häufig solche, die von außen in das Dorf gebracht werden (Verkehr, Arbeitsplätze, Bildung etc.).
Planer, die diese Zusammenhänge kennen und die sie auf die spezielle Situation übertragen können, sind dabei für das Dorf eine große Hilfe.

i) Der Dorfplaner kann als Advokat der Bürger helfen, daß sich ein Dorf besser gegen Fehlplanungen von "außen" wehren kann.

j) Der Dorfplaner kann den Bürgern eines Dorfes viele Zusammen- hänge und einfache Lösungen im Dorf aufzeigen, die aus Gewohnheit übersehen werden.

k) Planungen, die in enger Zusammenarbeit mit dem Bürger entstan- den sind, haben durchweg positive Ergebnisse:
- sie sind realistisch, weil die Betroffenen mitgeplant haben.

- sie sind leicht durchzuführen, weil die Betroffenen bereits in der Planung zugestimmt haben.

- sie sind oft billiger, als andere Lösungen, weil die Bürger sich engagieren und günstige Lösungen aus "Einsicht" ermöglichen.

- je mehr die Bürger an der Entwicklung von Lösungen betei- ligt werden,desto eher sind sie bereit, das Anspruchsdenken an die Kommune und teure Lösungen (weil es der Nachbar auch hat) zugunsten von "vernünftigen" Vorschlägen aufzugeben.

- gemeinsame Planungsarbeit hat einen sehr hohen sozialen In- tegrationserfolg (Neu - Altbürger etc.)

2. Die Schwierigkeiten der Planer und Bürger im Umgang miteinander.

a) "Experten"haben die Tendenz, sich durch entsprechende Mechanismen gegenüber Laien abgrenzen zu wollen. Der Bürger des Dorfes akzeptiert das recht selten, weil er als "Besitzer" eine starke Stellung hat.

b) Planer, die es gewohnt sind, Städtebau zu machen, tendieren dazu, die "Scheinargumente" des "öffentlichen Interesses" auf das Dorf übertragen zu wollen. Ergebnis siehe a).

c) Planer sind es nicht gewohnt, ihr Instrumentarium auf spezielle Situationen umzustellen. Sie tendieren zur "Routinebehandlung", die dann üblicherweise entsprechende Fehler erzeugt, weil das Dorf als betrachtende Einheit zu klein ist (Statistik, Volkswirtschaft, Prognosen etc.)

d) Planer sind es nicht gewohnt, auf Klienten zu hören. Sie haben Schwierigkeiten, ihr "Experten-Image" zugunsten einer Berater-Rolle aufzugeben. Diese Berater-Einstellung befähigt den Pla - ner aber erst, Planung für die Bürger machen zu können.

e) Planen heißt nicht, daß einer alles besser weiß (für die anderen), sondern daß er es versteht, die "Kräfte" des Dorfes so zu mobilisieren, daß konsensfähige Entwicklungen daraus resultieren.

f) Bürger, und besonders Kommunalpolitiker, versuchen, sich durch Einkauf von "Experten" ihrer Entscheidungsverantwortung teilweise zu entledigen, weil der Experte ja weiß, wie es sein muß (sonst ist er keiner).

g) Bürger erwarten vom Planer das Expertenverhalten, weil es für sie bequem ist. Sie sind sich nicht klar darüber, daß ihre Vorstellungen, ihr Verhalten und ihr Engagement für die Dorferneuerung die wichtigsten Faktoren für den Erfolg sind.

h) Planerische Konzeptionsarbeit ist bisher im Dorf nicht üblich gewesen. Deshalb wehren sich viele Bürger gegen diese "neue

Mode, die nur Kosten bringt, Verständnis für den Nutzen von Planung muß erst entwickelt werden.

i) Bürger erwarten für ihr Geld schnellen Erfolg. Planungsarbeit mit Bürgerbeteiligung geht zu Anfang sehr schleppend, da die Verständigungs- und Verständnisprobleme erst überwunden werden müssen. In dieser Phase wird der Berater-Planer häufig als "schwacher Experte" angesehen und sogar regelrecht angefeindet.

j) Die gewählten Gemeindevertreter wehren sich häufig gegen eine aktive "Arbeitsgruppe Dorferneuerung". Sie argwöhnen, daß hier ein störendes Gegengewicht zur politischen Arbeit entsteht.

k) Im Dorf wurde bisher nach dem Feuerwehrprinzip (löschen, wo es brennt) und deshalb immer partiell gearbeitet. Integrale Dorferneuerung deckt Zusammenhänge (soziale und politische) und Schwächen vergangener Gemeinderatsarbeit auf. Dagegen wehren sich verständlicherweise die politischen Kräfte. Der informierte Bürger wird so zur "Gefahr".

3. Hinweise für eine Zusammenarbeit zwischen Bürger und Planer

a) Bürgerbeteiligung muß von den politischen Vertretern voll unterstützt werden.

b) Die "Arbeitsgruppe Dorferneuerung" muß im Gemeindeleben fest verankert werden. Sie darf nicht nach politischem Proporz gebildet werden. Notwendig ist eine breite Streuung verschiedener Interessengruppen.

c) Die Zusammenarbeit mit den Bürgern im Arbeitskreis muß gleich zu Beginn der Planung durchgeführt werden. Problemdefinition, Zielvorgaben, alternative Lösungsmöglichkeiten etc., alle diese Planungsschritte und Stadien müssen mit dem Bürger geleistet werden.

d) Während der Arbeit müssen ausgiebige Diskussionen geführt werden, die den Bürger in die Natur von planerischen Problemen
einführen, damit das notwendige Verständnis für die Für und
Wider und für den Kompromiß entstehen kann.

e) Im Zweifelsfall soll immer die offene Argumentation (am Beispiel vor Ort) den Verwaltungsverfügungen oder Plänen vorge-
zogen werden.

f) Architekten und Handwerker sind in die gemeinsame Anstrengung
in hohem Maße verantwortlich mit einzubinden. Insbesondere
sollten Gestaltungsansprüche möglichst hoch angesetzt werden,
damit sich im Laufe der Zeit ein entsprechendes Niveau ein-
spielt.

g) Der beauftragte Planer muß zu einer ausführlichen Zusammenarbeit mit dem Bürger von der Gemeinde verpflichtet und
entsprechend unterstützt werden.

h) Für die Planung mit dem Bürger gibt es drei Grundbedingungen:
1. Es muß für die Anfangsphase (ca. 1 - 1,5 Jahre) genügend
Zeit vorgesehen werden zur Klärung der auftretenden
Probleme.

2. Während dieser Zeit muß an unterschiedlichen Beispielen
(Privathaus, Baugesuche, Gestaltung im öffentlichen Raum)
aufgezeigt werden, _wie_ man planerisch vorgehen soll und wie
der Aushandlungsprozeß organisiert wird.

3. Der Arbeitskreis und der Planer muß für den Bürger _immer_
leicht zugänglich sein.

i) Der Bürgermeister oder Gemeindedirektor und der Rat der Gemeinde muß den gesamten Planungsablauf immer unterstützen und
aktiv fördern.

4. Landwirtschaft in der Dorfplanung

Wilhelm S c h w e d e s , Landwirtschaftsdirektor, Landwirtschaftskammer Hannover

Es ist zunächst festzustellen, daß die Förderungsrichtlinien für die Maßnahmen zur Dorferneuerung den landwirtschaftlichen Bereich derartiger Vorhaben besonders in den Vordergrund stellen. Die Gemeinschaftsaufgabe "Verbesserung der Agrarstruktur und des Küstenschutzes" hält in erster Linie solche Maßnahmen für förderungsfähig, die geeignet sind, land- und forstwirtschaftliche Bausubstanz an die Erfordernisse zeitgemäßen Wohnens und Arbeitens anzupassen. Darüber hinaus können aus diesem Programm nur Gemeinden oder Ortsteile mit landwirtschaftlicher Siedlungsstruktur gefördert werden. Noch stärker stellen die niedersächsischen Richtlinien zur Dorferneuerung den landwirtschaftlichen Aspekt in den Vordergrund. Danach ist die Förderung der Dorferneuerung vorrangig auf die umfassende Verbesserung der Agrarstruktur, vor allem der Produktions- und Arbeitsbedingungen in der Land- und Forstwirtschaft sowie der Lebensverhältnisse der bäuerlichen Familie gerichtet. Die Dorferneuerung soll insbesondere auch auf die räumlich-funktionalen und umweltbezogenen Entwicklungsperspektiven der land- und forstwirtschaftlichen Betriebe eingehen.

Dieser immer wieder hervorgehobene Hinweis auf die landwirtschaftlichen Belange bildet letztendlich auch die Begründung bzw. Berechtigung dafür, daß die Maßnahmen zur Dorferneuerung aus dem Agrarhaushalt finanziert werden. Vor diesem Hintergrund ergibt sich oftmals die Frage, wo denn bei einigen bereits durchgeführten Dorferneuerungsverfahren der landwirtschaftliche Bezug dieser Maßnahme geblieben ist? Vielfach wurden lediglich die sonstigen Möglichkeiten, die die Richtlinien zur Dorferneuerung bieten, in Anspruch genommen und die akuten landwirtschaftlichen Sachfragen außen vor gelassen.

Es sei an dieser Stelle ausdrücklich betont, daß an der Notwendigkeit der Durchführung von Dorferneuerungsmaßnahmen   grundsätzlich

kein Zweifel besteht; die Maßnahmen und Hilfen aus diesem Programm
erfreuen sich bei der ländlichen Bevölkerung und auch in der Landwirtschaft großer Beliebtheit. Erwägungen, diese Maßnahme einem
anderen Haushalt und einer anderen Zuständigkeit zuzuordnen, finden
aber ihre Begründung u.a. auch darin, daß die echte agrarstrukturelle Komponente der Dorferneuerung vielfach vernachlässigt wird.

Unabhängig von der Frage, nach welchen Förderungsrichtlinien finanziert wird, ergibt sich die Frage: Welche Erwartungen stellt die
Landwirtschaft an die Dorferneuerung grundsätzlich?

Hier ist zunächst festzustellen, daß Maßnahmen zur Dorferneuerung
zumeist im sogenannten "Innenbereich" gemäß § 34 BBauG stattfinden,
d.h. in einem Bereich, der üblicherweise bauleitplanerisch noch
nicht erfaßt ist oder allenfalls im Flächennutzungsplan als Misch-
bzw. Dorfgebiet ausgewiesen wurde. Die Dorferneuerungsplanung bildet somit entweder dieGrundlage oder den Ersatz für einen entsprechenden Bebauungsplan mit entsprechenden Festsetzungen und
Nutzungsvorschriften. Dieses bedeutet, daß im besonderen Maße die
Belange der Landwirtschaft zukunftsorientiert zu berücksichtigen
sind, indem die Produktions- und Arbeitsbedingungen sowie die Entwicklungsmöglichkeiten im Rahmen moderner und wirtschaftlicher Pro-
duktionsverfahren auch unter Berücksichtigung unvermeidlicher
Emissionen ermittelt und planerisch dargestellt werden. Dieses
setzt eine fachgerechte Ermittlung und Beurteilung der Situation
der landwirtschaftlichen Betriebe dieses Bereiches voraus. Dieses
könnte beispielsweise anhand eines von der Landwirtschaftskammer
Weser-Ems entwickelten Planungsschemas erfolgen.

Die Mindestforderung der Landwirtschaft an die Dorferneuerung geht
zunächst dahin, daß keine außerlandwirtschaftliche Wohnbebauung im
Nahbereich der vorhandenen landwirtschaftlichen Betriebe stattfinden sollte. Die sogenannte "Lückenbebauung" muß im Interesse der
Entwicklungsmöglichkeit der weiterhin bestehenden landwirtschaftlichen Betriebe unterbleiben. Die Möglichkeiten zur Verminderung der
von den Betrieben ausgehenden Geruchs- und Geräuschemissionen sollten in der Dorferneuerungsplanung unbedingt Berücksichtigung

finden. Für das dörfliche Zusammenleben in den von landwirtschaftlichen Betrieben geprägten Ortschaften ist die Lösung dieser Problematik von besonderer Vordringlichkeit, zumal die nichtlandwirtschaftliche Bevölkerung vielfach einseitige Vorstellungen von
"Landluft" besitzt. Die finanziellen Hilfen aus der Dorferneuerung
sollten sinnvoll mit den sonstigen einzelbetrieblichen Förderungsmöglichkeiten gebündelt werden.

Aus der Sicht der derzeitigen agrar- und marktpolitischen Rahmenbedingungen muß ferner deutlich gesehen werden, daß eine Vielzahl der
landwirtschaftlichen Betriebe, insbesondere von Vollerwerbsbetrieben, sich in einer verzweifelten Situatiion befindet. Dieses hat
auch Auswirkungen auf die konkrete Dorfplanung. Gewünschte einzelbetriebliche Maßnahmen an der vorhandenen landwirtschaftlichen Bausubstanz können zwar das äußerliche Aussehen der Betriebe verbessern, nicht aber die wirtschaftliche Lage. Auch das ist mit eine
Begründung dafür,warum die praktische Landwirtschaft die im Rahmen
der Dorferneuerung gegebenen Förderungsmöglichkeiten so wenig in
Anspruch nimmt. Es ist nicht das fehlende Interesse der Landwirte
an der "Erneuerung" ihres Dorfes, sondern die Tatsache, daß bei
einer Beihilfengewährung von beispielsweise 30% rund 70% der Kosten
aufzubringen bzw. zu erwirtschaften sind für Maßnahmen, die oftmals
betriebswirtschaftlich gesehen "unrentierlich" bezeichnet werden
müssen. Diese Eigenmittel fehlen überwiegend bei denjenigen Dorfbewohnern, die ausschließlich von der landwirtschaftlichen Tätigkeit
leben, d.h. bei den sog. Vollerwerbsbetrieben. Deshalb stehen bei
vielen Dorferneuerungsverfahren die gemeindlichen Planungen zumeist
an erster Stelle. Manchen Gemeindeverwaltungen und Planern kommt
diese Zurückhaltung der Landwirte auch nicht ungelegen, sie vermeiden damit, sich mit einer komplizierten und unbequemen Materie,
der sie fachlich vielfach nicht gewachsen sind, auseinandersetzen
zu müssen. Oder aber es werden Dorferneuerungsplanungen eingeleitet
für Ortsteile, aus denen sich die Landwirtschaft bereits total zu-
rückgezogen hat, wo also nur noch ehemalige landwirtschaftliche
Bausubstanz erhalten werden soll.Landwirtschaftliche Berufsvertre-
tungen, Organisationen und Institute haben sich in vielfältiger
Weise mit der Dorferneuerung beschäftigt. Es besteht Einigkeit

darüber, daß die Landwirtschaft in der Dorferneuerung bzw. in der Dorfplanung stärker berücksichtigt werden muß, insbesondere dann, wenn der Anspruch bestehen bleibt, die Dorferneuerung als eine Maß--nahme zur Verbesserung der Agrarstruktur ansehen zu können. Ein fachgerechtes landwirtschaftliches Entwicklungskonzept, welches auch die Situation aller landwirtschaftlichen Betriebe aufzeigt, muß unbedingt die Voraussetzung für die Einleitung einer Dorferneuerung sein. Die landwirtschaftlichen Belange sind frühzeitig in die Planung mit einzubeziehen. Ebenso ist eine rechtzeitige Aufklärung und fachliche Beratung der Landwirte unerläßlich. Dieses kann nicht in einer allgemeinen "Bürgerbeteiligung" erfolgen, denn dazu ist der landwirtschaftliche Problembereich zu speziell. Landwirte wohnen und arbeiten in den Dörfern und bewohnen zumeist eine Bausubstanz, die zwar schön und erhaltenswewrt aber ansonsten nur aufwendig modernen Wirtschaftsweisen angepaßt werden kann. Dadurch unterscheiden sich die Landwirte zumeist von den übrigen Dorfbewohnern, die in den Dörfern zwar nach ihren Vorstellungen vom schönen und gesunden Dorfleben wohnen wollen, dort aber nicht ihr Einkommen erwirtschaften bzw. erarbeiten müssen.

Wilhelm S c h w e d e s , Landwirtschaftsdirektor, Landwirtschaftskammer Hannover

THESEN UND PLANUNGSSCHEMA LANDWIRTSCHAFT IN DER DORFERNEUERUNG

Die Berücksichtigung landwirtschaftlicher Belange in der Dorfplanung setzt eine fachgerechte Ermittlung und Beurteilung aller im
Planungsgebiet gelegenen landwirtschaftlichen Betriebe voraus. Die
im nachstehenden Planungsschema dargestellten Bereiche wären dabei
zu berücksichtigen.

Da es sich bei den landwirtschaftlichen Betrieben überwiegend um
sog. bäuerliche Familienbetriebe handelt, ist die private Situation
(Arbeitskräfte, Altersaufbau der Familie, Hofnachfolge u.a.) und
finanzielle Lage der Landwirte ausschlaggebend dafür, inwieweit
derzeit die Möglichkeiten der Dorferneuerung in Anspruch genommen
werden können.

DieErhaltung der Entwicklungsmöglichkeiten auch für die fernere Zukunft ist jedoch grundsätzlich dadurch zu sichern, daß keine außerlandwirtschaftliche Bebauung in unmittelbarer Nähe der Hofstellen
erfolgt und die hofnahen Flächen nicht durch Auflagen und Festsetzungen (Ortsgestaltungssatzungen, Bebauungspläne etc.) für
diese Betriebe wertlos werden.

Die baulichen Maßnahmen in und an der landwirtschaftlichen Bausubstanz dürfen nicht nur aus der Sicht der Gestaltung und Erhaltung
gesehen werden. Hier müssen neuzeitige Entwicklung im Bereich der
Stallhaltungen auch unter Berücksichtigung einer notwendigen
Emissionsminderung und der Arbeitserleichterung möglich bleiben.

Auch die innerörtliche Verkehrsplanung hat die Eigenart und die Dimensionen des landwirtschaftlichen Verkehrs zu beachten.

Eine frühzeitige und spezielle Aufklärung und Beratung der Landwirte mit ihren Familienangehörigen über die Möglichkeiten der
Dorferneuerung ist erforderlich und kann nicht nur im Rahmen einer
allgemeinen "Bürgerbeteiligung" erfolgen.

Dorferneuerung: Planungsschema – Landwirtscha

| Bestandsaufnahme | | Grunddaten |

Flächennutzung
|
landw. Bevölkerung
|
landw. Erwerbstätige

| landw. Struktur |

Anzahl landw. Betriebe
|
Betriebsgrößen – Flächenausstattung
|
Besitz – Eigentum – Pacht
|
Erwerbsstruktur – Haupt-Erwerb
Neben-Erwerb
|
Betriebssysteme – Bodennutzung
Viehhaltung
|
Arbeitskräfte – Arbeitsplätze
|
Hofnachfolge
|
Hofstellen
|
Gebäude – Betriebs-   Bereich   Nutzung
Wohn-   Zustand
|
Verkehrslage – innen
außen

Bewertung / Beurteilung

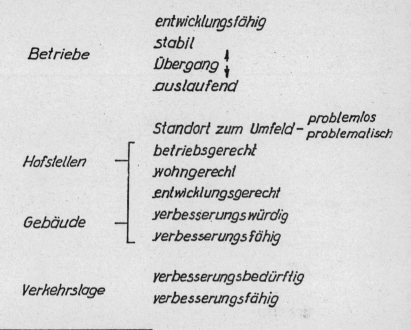

Betriebe
- entwicklungsfähig
- stabil
- Übergang ↕
- auslaufend

Hofstellen
- Standort zum Umfeld — problemlos / problematisch
- betriebsgerecht
- wohngerecht
- entwicklungsgerecht

Gebäude
- verbesserungswürdig
- verbesserungsfähig

Verkehrslage
- verbesserungsbedürftig
- verbesserungsfähig

Folgerungen / Vorschläge

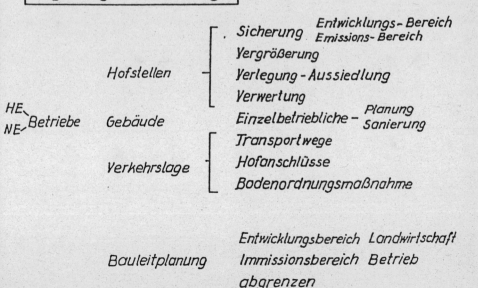

HE / NE — Betriebe

Hofstellen
- Sicherung — Entwicklungs-Bereich / Emissions-Bereich
- Vergrößerung
- Verlegung - Aussiedlung
- Verwertung

Gebäude
- Einzelbetriebliche — Planung / Sanierung

Verkehrslage
- Transportwege
- Hofanschlüsse
- Bodenordnungsmaßnahme

Bauleitplanung
- Entwicklungsbereich Landwirtschaft
- Immissionsbereich Betrieb
- abgrenzen

Dr. Arno H e r m s , Institut für Landwirtschaftliche Bauforschung,
Bundesforschungsanstalt für Landwirtschaft Braunschweig-Völkenrode
(FAL)

DIE LANDWIRTSCHAFTLICHEN HOFSTELLEN IN DER GEMEINDE-PLANUNG UND DER GEMEINDEENTWICKLUNG *)

Landwirtschaftliche Planung wird häufig als Planung zur einzelbetrieblichen Entwicklung, zur laufenden Wirtschaftsführung sowie zur be-
triebswirtschaftlichen Anpassung an veränderte Markt- und Preis-Kosten-
Relationen verstanden. Mit der Raumbezogenheit der Landwirtschaft ist diese
jedoch auch ein wesentlicher Faktor der Raum- und Siedlungsstruktur sowie beim Naturschutz und der Landschaftsgestaltung. Doch die Landwirtschaft
ist nicht nur von Einfluß auf diese Bereiche, sie selbst befindet sich auch
in erheblicher Abhängigkeit von zahlreichen raumbeeinflussenden Maßnahmen,
besonders von der Ortsentwicklung.

Das gesamte Hofstellen-, Gebäude- und übrige Anlagekapital von landwirtschaftlichen Betrieben kann in Frage gestellt sein, wenn dies bei der Ortsentwicklung nicht berücksichtigt und Wohnbebauung an falschen Stellen zuge-
lassen oder gar gefördert wird. Die Entwertung landwirtschaftlicher Hofstellen ist dann nicht sofort perfekt, sie entwickelt sich oft allmählich, bis
die Landwirtschaft eines Tages wegen zu vieler Schwierigkeiten und Kostenbelastungen aufgegeben wird.

Bei Flächennutzungs- oder Bebauungsplanungen der Gemeinden, mit denen entscheidende Weichen zur Ortsentwicklung gestellt sind, wird dies nur zu
leicht übersehen. Wenn mit den Bauausführungen begonnen ist, kommen Ver-
suche für die Landwirtschaft, Grundsätzliches zu retten, im allgemeinen zu
spät.

Sind landwirtschaftliche Flächen von den Hofstellen aus nur durch Wohngebiete zu erreichen oder werden Wohnhäuser unmittelbar neben Hofstellen errichtet,
kommt es bei den landwirtschaftlichen Betrieben zunächst zu Arbeitserschwer-
nissen und der Notwendigkeit zusätzlicher Rücksichtnahmen. Später ergeben

----

*)
Diesen Beitrag hat uns Herr Herms mit Blick auf die Landwirtschaftsthematik nach
der Tagung übersandt und für die Veröffentlichung in diesem Protokoll zur Verfügung gestellt (D.Red.).

sich weitere Einschränkungen bei notwendigen technischen und betriebswirtschaft-
lichen Anpassungsmaßnahmen, die Einkommenseinbußen bewirken und weitere zusätzliche Arbeitsaufwendungen erforderlich machen. Das Mißverhältnis zwischen Aufwand und Ertrag wird laufend größer, bis der Betrieb aufgegeben wird, auch wenn
es in der Nähe keine befriedigenden Einkommensalternativen gibt.

Hier mag nun eingewendet werden, daß sich dies durchaus mit den Zielen in der
Agrarpolitik zum Abbau von Überschüssen im Einklang befindet. Nur zu leicht
die volle Breite der Problematik übersehen, die sich hieraus ergibt.
Durch dörfliche Fehlentwicklungen werden nicht nur Betriebe behindert, die
ohnehin bereits vom Standort und der Betriebsstruktur in Frage gestellt sind.
Auch raumstrukturell bisher völlig intakte Betriebe werden entwertet. Dies
trägt dazu bei, Arbeitsplätze und Marktanteile unnötigerweise an andere EG-
Partner abzugeben. Die Schlußfolgerungen hieraus sollten sein, auf die Dorfentwicklung im Sinne der Sicherung der Funktions- und Anpassungsfähigkeit landwirtschaftlicher Betriebe Einfluß zu nehmen.

Dies setzt voraus

1. von landwirtschaftlicher Seite den Gemeinden die zur Gemeindeplanung erforderlichen Unterlagen und Auskünfte über Produktionsgrundlagen sowie die Be-
   wirtschaftungs- und Entwicklungserfordernisse der landwirtschaftlichen Betriebe zur Verfügung zu stellen

2. die Materialien, Aussagen und Zielsetzungen der Landwirtschaft in Inhalt und
   Aufbereitung mit den methodischen und zeitlichen Planungsabläufen der Gemeinden abzustimmen

3. sich um die Sicherung und Verbesserung der Funktionsfähigkeit landwirtschaftlicher Hofstellen von landwirtschaftlicher Seite im Zusammenwirken mit den
   Gemeinden auch im praktischen Ablauf der Dorfentwicklung zu bemühen.

Fragen aus der Sicht der Dorf- und Gemeindeplanung an die Landwirtschaft:

1. Welche landwirtschaftlichen Betriebe werden in absehbarer Zeit als hauptberuflich bewirtschaftete Betriebe weitergeführt und welche als nebenberuflich bewirtschaftete Betriebe?

2. Bei welchen hauptberuflich geführten Betrieben sind Erweiterungen der
   Hofstelle erforderlich und wie ist dies möglicherweise zu erreichen?

3. Auf welche Betriebsstandorte ist hinsichtlich notwendiger Abstände bei der
   weiteren Wohnbebauung im oder am Ort Rücksicht zu nehmen?

4. Wie können die landwirtschaftlichen Transporte zwischen Hof und Wirtschaftsflächen so gelenkt werden, daß möglichst wenig gegenseitige Behinderungen
   mit dem Durchgangsverkehr und dem innerörtlichen Verkehr entstehen?

5. Welche landwirtschaftlichen Nutzflächen sollten von ihrer Bodenqualität
   (Ertragsfähigkeit) her möglichst von einer Überbauung freigehalten werden?

HILFSMITTEL zur Beantwortung dieser Fragen sind:

a) eine Nutzflächenbilanz

b) eine Tragfähigkeitsberechnung

c) Ermittlungen über die Absichten der bäuerlichen Familien, die Beurteilung
   von Betriebsstandort, Hofstellen- und Gebäudesituationen sowie der Flächenausstattung. Darstellung der Hofstandorte in Ortslagenkarten mit der Kennzeichnung der Hofstellengrößen und möglicher Probleme.

d) ein flächenbezogenes Verkehrskonzept mit Kennzeichnung der landwirtschaftlichen Transportwege

e) ein räumliches Umweltschutzkonzept für die landwirtschaftlichen Hofstandorte auf einer Ortslagenkarte mit der Darstellung kritischer Situationen
   und möglicher Abhilfen

f) vereinfachte Darstellung der Bodengüten in einer Karte auf Gemarkungsebene
   (M 1 : 10 000)

zu a)   NUTZFLÄCHENBILANZ, nach dem Belegenheitsprinzip (auf Gemarkungsebene)

        Hierzu ist festzustellen, mit welchen Änderungen in der Flächennutzung
        langfristig zu rechnen ist, z.B. durch Straßen- und Wegebau, Neubau-
        gebiete, Sonderflächen für Naturschutz und Landschaftsgestaltung, durch
        Aufforstung sowie durch natürliche Sukzession. Indem diese Flächen von

der derzeitigen landwirtschaftlich genutzten Fläche (LF) abgesetzt
werden, ergibt sich die langfristig für die Landwirtschaft verfüg-
bare LF.

Flächen, die von der derzeitigen LF abzusetzen sind, sollten möglichst kartiert werden, für kommunale Zwecke im Maßstab 1 : 10 000
und für regionalplanerische Zwecke im Maßstab 1 : 25 000. Parzellen-
scharfe Eintragungen sind dabei nicht erforderlich.

zu b)   TRAGFÄHIGKEITSBERECHNUNG

Aus einer Tragfähigkeitsberechnung ergibt sich, wieviele landwirtschaftliche Betriebe bei Unterstellung einer bestimmten Durchschnitts-
größe in dem jeweiligen Ort längerfristig von der Fläche her Bestand
haben können.

Hierzu wird von der langfristig verbleibenden LF ausgegangen. Nach Ab-
zug der Fläche, die wahrscheinlich weiterhin nebenberuflich bewirtschaftet wird, ergibt sich die voraussichtlich langfristig der haupt-
beruflichen Bewirtschaftung verbleibende Fläche.

Wieviel Fläche ein hauptberuflich bewirtschafteter Betrieb benötigt,
ist von zahlreichen Faktoren abhängig. Das Ansetzen der in dem jewei-
liegen Raum erforderlichen Betriebsgrößen sollte in Abstimmung mit
der Landwirtschaftsverwaltung und den Landwirtschaftskammern geschehen.

Soweit es im Ort einen oder auch mehrere Betriebe gibt, die bereits
über mehr als die erforderliche Fläche verfügen, wird diese zweckmäßigerweise gesondert zu berücksichtigen und bei der Berechnung nur dem betreffenden Betrieb zuzurechnen sein. Es ist kaum anzunehmen, daß diese Betriebe in Zukunft Flächen abgeben.

Da die Bewirtschaftung von Flächen z.T. auch über Gemarkungsgrenzen
hinweg erfolgt, können bei der Ermittlung der von der Fläche her
tragfähigen Betriebe unter Berücksichtigung der flächenmäßigen
und betrieblichen Situation in den Nachbarorten Korrekturen erforderlich sein. Wirtschaftsbeziehungen über Gemarkungsgrenzen hinweg
können sinnvoll und auch bei Pachtverhältnissen z.T. recht stabil sein.

In manchen Dörfern werden derzeit noch mehr hauptberuflich geführte Betriebe existieren, als von der langfristig verfügbaren LF tragfähig
erscheinen. Hier wird es zwangsläufig einen weiteren Differenzierungs-

prozeß geben. Die landwirtschaftliche Fachberatung sollte hierbei recht-
zeitig einen klärenden Einfluß ausüben, damit betriebliche Fehlinvesti-
tionen vermieden werden.

Die sich abzeichnenden betrieblichen Differenzierungen können bis zur end-
gültigen Klärung bei der dörflichen Entwicklungsplanung vorsorglich in alternativer Form Berücksichtigung finden.

zu c) BEURTEILUNG DER EINZELNEN LANDWIRTSCHAFTLICHEN BETRIEBE UND IHRER HOFSTELLE
hinsichtlich der wahrscheinlichen weiteren Betriebsentwicklung sowie der
Eignung der jeweiligen Hofstelle.

Da die Organisation und Bewirtschaftung nebenberuflich geführter Betriebe den betrieblichen Gegebenheiten und der hierfür verfügbaren Arbeitszeit angepaßt werden kann, ohne ausschließlich von den Einkommen aus
der Landwirtschaft abhängig zu sein, kommt es hier in erster Linie
auf die Beurteilung der hauptberuflich geführten Betriebe an. Selbstverständlich sind bei Konzeptionen zur weiteren Ortsentwicklung auch
die weiterhin bestehenden nebenberuflich geführten Betriebe zu berücksichtigen. Bei den hauptberuflich geführten Betrieben jedoch kann
die Ortsentwicklung mit ihren Auswirkungen auf die Wirtschaftlichkeit
der Betriebe in nicht wenigen Fällen deren langfristiger Bestand entscheidend beeinflussen.

Welches sind nun die Faktoren, die bei der Beurteilung hauptberuflich
geführter Betriebe im Hinblick auf deren fachgerechte Berücksichtigung
bei der weiteren Ortsentwicklung von Bedeutung sind?

1. Die Absicht der bäuerlichen Familie, den Betrieb langfristig weiter-
   zuführen sowie die Möglichkeit entsprechend der Familienstruktur
   hierzu (Nachfolge für den Betriebsleiter)

2. Die Flächenausstattung des Betriebes und die Möglichkeiten einer
   (falls erforderlich) Flächenaufstockung

3. Die Größe der zur Hofstelle gehörenden zusammenhängenden Flächen und
   deren Form

4. Die Größe sowie der Bau- und Funktionszustand der Gebäude unter
   Berücksichtigung der Nutzungsform des Betriebes

5. Die Lage des Betriebes im Ort und unter Berücksichtigung künftig
wahrscheinlicher bzw. sich bereits abzeichnender Ortsentwicklung

6. Die Lage der Hofstelle zu den Wirtschaftsflächen

Für schnelle Informationen und planerisches Arbeiten ist es erforderlich, die einzelnen Hofstellen auf einer Ortslagenkarte (M. 1 : 2 500
oder annähernd) zu kennzeichnen, indem die Flächen umrandet und mit geeigneten Symbolen versehen werden. In der praxisorientierten planerischen Tätigkeit hat sich die folgende Gruppierung bewährt.

Symbol	Bestand bzw. erforderliche Maßnahmen
●	Hofraum- und Gebäudeverhältnisse ausreichend (am derzeitigen Standort anpassungsfähig)
◑	Bauliche Maßnahmen erforderlich, die vom Standort sowie vom Flächenbedarf her an der Hofstelle möglich sind (der Standort eignet sich zum Ausbau des Betriebes).
⊗	Am derzeitigen Standort ist für einen Ausbau des Betriebes nicht genügend Fläche verfügbar und/oder der Standort ist durch seine Lage für einen Ausbau des Betriebes ungeeignet. (Wenn der Betrieb langfristig weitergeführt werden soll, muß der Betriebsstandort verlegt werden.)
○	Der z. Z. noch hauptberuflich geführte Betrieb läuft als solcher in absehbarer Zeit aus.

Auf die Gruppen I und II als entwicklungsfähige Betriebe ist bei der
weiteren Ortsentwicklung besondere Rücksicht zu nehmen.

Ausgehend von diesen Ermittlungen sind in Verbindung mit deren Darstellung in einer Ortslagenkarte die Vorzüge der Betriebsstandorte
und Hofstellen aber auch deren Problematiken sowie notwendige und
mögliche Nutzungsverbesserungen in kurzer, übersichtlicher Form zu
beschreiben. Bei der weiteren Ortsentwicklung, auch der Innerorts-
entwicklung, sollten derartige Feststellungen Berücksichtigung finden.

zu d)   FLÄCHENBEZOGENES VERKEHRSKONZEPT MIT KENNZEICHNUNG DER LANDWIRTSCHAFT-
         LICHEN TRANSPORTWEGE

Der Durchgangsverkehr wie auch der innerörtliche Verkehr haben eine
Schlüsselfunktion bei der weiteren Ortsentwicklung. Maßgeblich für
ein Verkehrskonzept sind:

1. Das derzeit vorhandene Verkehrsnetz

2. Evtl. notwendiger Ausbau, Erweiterungen oder die Verlegung von Orts-
   durchfahrstraßen und Ortsverbindungsstraßen

3. Geplante Verkehrstrassen von regionaler Bedeutung, soweit sie die Gemarkung durchschneiden oder mit Abfahrten in der Nähe den Verkehrs-
   fluß durch den Ort erhöhen

4. Die Erschließung der Feldmark durch Wirtschaftswege

5. Die Anschlußmöglichkeiten von den Hofstellen an die betreffenden Wirtschaftswege und dabei die Möglichkeit rückwärtiger Hofausfahrten.

Die Flächenbezogenheit der Landbewirtschaftung bringt es mit sich,
daß zwischen Hof und Wirtschaftsflächen im Jahresablauf zahlreiche
Transporte zu erledigen sind, mit Acker- und Pflegegeräten, mit Ern-
temaschinen und Erntegütern, wie auch mit Stalldung und Gülle. Zu bestimmten Jahreszeiten häufen sich diese Transporte.

Wegen der in der Landwirtschaft vom allgemeinen Verkehr abweichenden
Fahrzeuge, Transportgüter, Maschinen und Geräte mit z.T. überbreiten
sowie großenteils deutlich niedrigeren Fahrgeschwindigkeiten ist es
angebracht, die landwirtschaftlichen Transporte soweit wie möglich
aus dem allgemeinen Verkehr herauszuhalten. Auch sollten reine Wohngebiete von landwirtschaftlichen Fahrzeugen so wenig wie möglich
durchfahren werden müssen.

Von besonderer Bedeutung ist, die landwirtschaftlichen Transporte
soweit wie möglich von schnell befahrene Durchfahrstraßen herunter
zu bekommen.

Soweit rückwärtige Hofausfahrten bestehen, sollten diese gesichert und alle möglichen Gelegenheiten genutzt werden, derartige Ausfahrten anzulegen. Voll wirksam werden rückwärtige Hofausfahrten oft erst, wenn über Ortsrandwege die Möglichkeit geschaffen ist, von dort an jeden Feldwirtschaftsweg heranzukommen, ohne öffentliche Straßen zu benutzen.

zu e) RÄUMLICHES UMWELTSCHUTZKONZEPT FÜR LANDWIRTSCHAFTLICHE HOFSTANDORTE

Wegen Staub-, Lärm- aber vor allem wegen Geruchsemissionen bekommen Inhaber landwirtschaftlicher Betriebe leicht Probleme mit Nachbarn im näheren und manchmal sogar im weiteren Umkreis. Aus diesem Grunde ist es erforderlich, notwendige Immissionsschutzabstände gegenüber Viehställen, Gärfuttersilos und Güllegruben zu sichern und wo erforderlich und möglich, durch Erwerb oder Nutzungsänderung die Bildung von Immissionsschutzzonen zu ermöglichen. Dies ist beim Einfügen von Wohnhäusern in sog. "Baulücken" in Innerortsbereichen ebenso zu berücksichtigen wie beim Ausweisen von Neubaugebieten. Nicht jede Freifläche in Dörfern ist von der Funktion her als Baulücke zu betrachten.

Gleiches trifft zu für die Umwandlung landwirtschaftlicher Wirtschaftsgebäude ausgelaufener Betriebe zu Wohngebäuden. Von baulichen Verdichtungen und Funktionsänderungen bei Gebäuden und Anlagen sollten zunächst die künftigen räumlichen Funktionsansprüche Besücksichtigung finden.

zu f) VEREINFACHTE DARSTELLUNG DER BODENGÜTEN (LANDWIRTSCHAFTLICHER ERTRAGS-FÄHIGKEIT) AUF EINER KARTE IM MAßSTAB 1:10 000 (BODENGÜTENKARTE)

Eine Bodengütenkarte soll den Gemeindevertretern Entscheidungshilfen bei Nutzungsänderungen von Flächen und hier insbesondere beim Ausweisen von Baugebieten vermitteln. Auch für den Ankauf und das Ausweisen von Flächen mit ökologisch besonderen Bedeutungen können hieraus Orientierungen abgeleitet werden.

Eine Gliederung der Flächen in 3 Nutzwertgruppen und das Kennzeichnen von Besonderheiten ist für Flächennutzungs- und siedlungsstrukturelle Dispositionen ausreichend. Eine ausgezeichnete Grundlage hierfür sind die Acker- und Grünlandzahlen der Reichsbodenschätzung (1934-1942) mit der ein einheitlicher steuerlicher Bewertungsrahmen geschaffen worden ist.

Diese Unterlagen befinden sich bei den Finanzämtern und werden
Planern im allgemeinen zur Einsichtnahme zur Verfügung gestellt,
auch um daraus vereinfachte Bodengütenkarten anzufertigen. Nur
dürfen die Acker- und Grünlandzahlen nicht mit parzellenscharfen
Abgrenzungen übernommen werden und das ist schließlich nicht erfor-
lich.

Derart vereinfachte Bodengütenkarten lassen sich auch in Zusammenarbeit mit der Landwirtschaftsverwaltung unter Mitwirkung orts-
kundiger Landwirte anfertigen, da es hierbei auf sehr in's Einzelne
gehende Abstufungen und die daraus resultierende Kleinflächigkeit nicht
ankommt.

Für die einzelnen Gruppen, die nicht an bestimmte Acker- und Grünlandzahlen gebunden sind, da sie die auf die Gemarkung bezogenen Relationen zum Ausdruck bringen sollen, werden nachstehende Charak-
teristika gegeben:

BODENNUTZUNGSWERTGRUPPE 1

Dies sind die landwirtschaftlich besonders wertvolle Flächen, die zu
landwirtschaftlichen Vorrangflächen erklärt und der landwirtschaftlichen
Nutzung möglichst großflächig erhalten bleiben sollen.

Wo es angebracht erscheint, kann eine Unterscheidung dieser Flächen
vorgenommen werden nach

- Flächen, die sich besonders für den Anbau von Intensivkulturen eignen, wie z.B. für Obstanlagen, Rebkulturen oder den feldmäßigen Anbau von Feingemüse und anderen Gartengewächsen und nach

- Flächen, die sich vor allem für großflächige Landbewirtschaftung
  eignen .

Derartige Flächen sollten nur für eine Überbauung in Betracht gezogen
werden, wenn dies aus siedlungsstrukturellen Gründen unerläßlich erscheint.

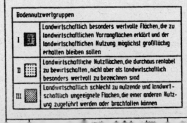

BODENNUTZWERTGRUPPE 2:

Hierzu zählen landwirtschaftliche Nutzflächen, die durchaus rentabel
zu bewirtschaften, nicht aber als besonders wertvoll zu bezeichnen
sind. Auch diese Flächen sollten - vor allem wo sie für eine mechani-
sche Bewirtschaftung groß genug sind - nicht unnötig überbaut oder
zerschnitten werden.

BODENNUTZWERTGRUPPE 3:

In dieser Nutzwertgruppe sind die landwirtschaftlich schlecht zu nutzenden und die landwirtschaftlich ungeeigneten Flächen zusammengefaßt. Es
sind dies die sog. Grenzertrags- oder submarginalen Flächen, die an-
grenzend an bessere Böden ohne wesentlichen Nutzen z.T. weiterbewirt-
schaftet werden und am ehesten für eine andere Nutzung in Frage kommen
(evtl. Aufforschung, Bebauung, natürliche Sukzession oder besonderes
Biotop. Bei einer zukunftsorientierten Nutzflächenbilanz und Tragfähigkeitsberechnung sind die Flächen der Gruppe 3 von den landwirtschaftlich zu nutzenden Flächen abzusetzen.

Eine Bodengütenkarte, die den landwirtschaftlichen wie den siedlungsstrukturellen Ansprüchen einer Rahmenplanung für die Entwicklung ent-
sprechen soll, muß hinsichtlich der Informationsinhalte klar und übersichtlich sein. In einer zu starken Differenzierung kommt oft das Wesentliche nicht in der benötigten Form zum Ausdruck und das ist in jedem Falle der Schutz guter Böden und eines räumlichen Verbundes der
landwirtschaftlich genutzen Flächen.

Die Maßstäbe für die Abgrenzung der drei Bodennutzwertgruppen können
in den einzelnen Gemarkungen voneinander abweichen. In Dörfern, die
nach der Reichsbodenschätzung über keine besseren als mittlere Bodenqualitäten verfügen, sind diese für den Bestand der Landwirtschaft
aber auch für das Erhalten von Freiflächen aus landschaftserhalten-
der und städtebaulicher Sicht ebenso wertvoll wie in anderen Gemarkungen wesentlich bessere Böden. Die Zweckmäßigkeit der Abgrenzung,
vor allem zwischen den Bodennutzwertgruppen I und II ergibt sich somit
auch aus den Bodenqualitäten der Gemarkungsfläche insgesamt.

DAS ABSTIMMEN DER LANDWIRTSCHAFTLICHEN INFORMATIONSMATERIALIEN UND ENTWICK-
LUNGSVORSCHLÄGE NACH INHALT UND FORM MIT DEN PLANUNGEN UND VERWALTUNGSAB-
LÄUFEN DER GEMEINDEN

Mit den Planungsunterlagen und den daraus resultierenden Vorschlägen der
Landwirtschaft sollen im Sinne der Sicherung von Funktions- und Anpassungsfähigkeit landwirtschaftlicher Hofstellen Einflüsse auf die Dorfentwicklung
ausgeübt werden. Dementsprechend sind die landwirtschaftlichen Materialien
so aufzubereiten und die Vorschläge so auszuarbeiten, daß diese auch von landwirtschaftlichen Laien problemlos in die Dorfentwicklungskonzeption, die Flächennutzungsplanung und die Bebauungspläne für Neubaugebiete wie für alte
Ortslagen einbezogen werden können. Die landwirtschaftliche Konzeption ist
keine integrierende Planung. Sie muß aber integrationsfähig sein.

Der landwirtschaftliche Beitrag soll die Grundlagen und Informationen her-
ausarbeiten, die zur Beurteilung von Bestand und Entwicklungsfähigkeit der
Landwirtschaft im Rahmen der Dorfentwicklung insgesamt wichtig sind. Mit der
Kenntnis landwirtschaftlicher Erfordernisse hat das aus dem Blickwinkel der
Ortsentwicklung insgesamt und des praktischen wie verwaltungsmäßigen Ablaufs
in den Gemeinden zu geschehen. Landwirte haben hierbei oft Schwierigkeiten, da
sie gewohnt sind, die Landwirtschaft einzelbetrieblich und produktionstech-
nisch zu beurteilen.

Hieraus erklärt sich im wesentlichen der geringe Antrieb der Landwirte zu
einer gemeinschaftlichen dörflichen Entwicklungsplanung. Hinzu kommt oft
mehr oder weniger unterschwellig der Gedanke, vielleicht doch noch diese
oder jene Fläche als Bauplatz verkaufen zu können.

Bei einem Zusammenwirken der Landwirte eines Dorfes an einer Planung für
ihren Ort entsteht nur zu leicht die Meinung, jeder Landwirt möchte die
Ortsentwicklung, vor allem was die Flächennutzung betrifft, in seinem
Sinne beeinflussen. Die Landwirtschaft kommt daher ohne einen unparteiischen
Bearbeiter ihrer Konzeption nicht aus. Selbst die bäuerliche Berufsvertre-
tung und die landwirtschaftlichen Beratungskräfte, die über viel in diesem
Sinne nutzbares Einzelwissen verfügen, werden nur zu leicht in dem einen
oder anderen Falle der Parteinahme bezichtigt. Hierzu genügt bereits, wenn
ein Landwirt feststellt, daß er durch die Entwicklungskonzeption
nicht die Flächen als Bauland ausgewiesen bekommt, von denen er insgeheim
gehofft hat, sie eines Tages doch noch als Bauland veräußern zu können.

So kommt es, daß die Landwirtschaft, die von der Flächenbezogenheit ihres Wirtschaftens großes Interesse an der Sicherung ihrer Investitionen über eine geregelte Ortsentwicklung haben müßte , oft am wenigsten dazu beiträgt. Nicht selten gehen in dieser Hinsicht von den Landwirten aus den genannten Gründen sogar hemmende Wirkungen aus.

Da die Aussicht Ackerland als Baufläche zu veräußern in den letzten Jahren nicht nur in stadtfernen Lagen geringer geworden ist, mögen sich die unterschiedlichen Interessen in den Dörfern an einer Entwicklungsplanung heute weniger schroff gegenüberstehen.

Die landwirtschaftlichen Vorschläge zur Dorfentwicklung sollten bereits zu Beginn einer Flächennutzungsplanung bzw. deren Überarbeitung, die großenteils in 5-jährigen Abständen erfolgt, von vornherein mit einfließen. Wo Flächen für eine Wohnbebauung ausgewiesen werden, betrifft dies

- die Beanspruchung von Flächen an sich
- mögliche Transporterschwernisse zwischen Hof und Wirtschaftsflächen
- mögliche Immissionen und dadurch Produktionsbeschränkungen und zusätzliche Arbeits- und Kostenbelastungen bei Landwirten.

Es ist eine verbreitete, irrige Ansicht mit oft schwerwiegenden Folgen für die Landwirtschaft, die Flächennutzungsplanung habe noch keine Auswirkungen auf die landwirtschaftlichen Betriebe, diese ergäben sich erst bei Bebauungsplanungen.

Selbst wenn die Flächennutzungsplanung (auch als vorbereitende Bauleitplanung bezeichnet) noch keine rechtsverbindliche Planung ist und jederzeit ohne Rechtsansprüche in der Folge von den Gemeinden korrigiert werden kann, sind dies doch bereits die räumlichen Grundlagen für eine mögliche Bebauung und damit für Änderungen im Gefüge des gesamten Ortes.

Es ist daher von entscheidender Bedeutung für die Sicherung der Funktionsfähigkeit landwirtschaftlicher Hofstellen, von Anbeginn der Flächennutzungsplanung auf diese von landwirtschaftlicher Seite Einfluß zu nehmen. Bei der sog. Anhörung der Träger öffentlicher Belange nach dem Fertigstellen von Flächennutzungsplanentwürfen sind grundsätzliche Änderungen - wie die Erfahrungen aus praktischen Abläufen lehren - kaum noch mit erforderlichen Mehrheiten in den Gemeindegremien durchzusetzen.

Oft spielen Argumente der Verfügbarkeit von Flächen eine entscheidende Rolle.
Diese sind aber keineswegs überzeugend, da von kommunaler Seite eine langfristige und auf eine gerodnete Dorfentwicklung ausgerichtete Bodenpolitik
betrieben werden kann.

Wenn die Gemeinden sich bei den sich bietenden Gelegenheiten Austauschflächen
beschaffen, so sind sie in der Lage, die für das Dorfgefüge geeignetsten Flächen für die angestrebten Ziele vorzusehen und nicht nur dort bauen zu lassen,
wo gerade Flächen hierfür angeboten werden. Für eine funktionsgerechte Dorfentwicklung ist dies oft eine der wesentlichsten Voraussetzungen.

Indem in dieser Hinsicht nicht selten der Weg des geringsten Widerstandes be-
schritten wurde oder sich jeweils bestimmte Personengruppen mit handfesten
persönlichen Interessen durchsetzen, hat dies mit entsprechenden Fehlentwicklungen in den betreffenden Dörfern auch bleibende Zeichen hinterlassen. Diese
Dörfer nahmen meist funktionell wie von der Gestaltung her Schaden, da weder
das Wohnen, die Landwirtschaft, das dörfliche Gewerbe noch die öffentlichen
Einrichtungen mit ihren besonderen Raum- und Funktionsansprüchen in jedem Falle
ausreichend Berücksichtigung fanden. Das Sündenregister in dieser Hinsicht ist
oft groß, kann jedoch nicht an dieser Stelle aufgeführt werden.

Auch bei Bebauungsplanungen sind Einflußnahmen der Landwirtschaft bereits im
Grundansatz erforderlich. Abgesehen von den Entfernungen und der Lage der Wohnbebauung zu landwirtschaftlichen Hofstellen kann es für die Landwirtschaft
nicht gleichgültig sein,

- wie die Straßenführung in einem Neubaugebiet verläuft

- wie breit die Straßen sind und ob sich dort genügend Park- und
  Wagenabstellplätze befinden, wenn landwirtschaftliche Transporte
  dort hindurch müssen

- ob erforderlichenfalls genügend breite Immissionsschutzstreifen
  und entsprechende Anpflanzungen vorgesehen sind

- Ortsumgehungswege auch um Neubaugebieten herum vorgesehen werden.

Bebauungspläne sind nun nicht nur für Neubaugebiete erforderlich. In neuerer
Zeit werden Bebauungspläne vermehrt auch für alte Ortsbereiche begonnen, in
denen lenkender Einfluß auf Funktionsänderungen und Umgestaltungen ausgeübt
werden soll. Hierbei genügt es oft, wenn in Form von Negativplanungen in der
Entwicklung dasjenige ausgeschlossen wird, was von der Funktion wie von der

Gestaltung her nicht entstehen sollte. Ganz besonders betrifft dies zahl-
reiche Innerortsbereiche, in denen hinsichtlich veränderter Ansprüche an
Versorgungseinrichtungen und öffentlich Anlagen ein Handlungsbedarf besteht.
In Betracht kommen hierbei Erweiterungen und Funktionsverbesserungen bei
Schulen, Kindergärten, Sport- und Erholungsanlagen, Veranstaltungsgelände,
Natur- und Landschaftsschutz und nicht zuletzt auch für die Sicherung land-
wirtschaftlicher Hofstellen mit allem, was dazugehört.

Zusammenfassend ist zu sagen, daß die Planungsunterlagen und Entwicklungs-
vorschläge der Landwirtschaft nach Inhalt, Form und Maßstab dem Planungsbe-
darf der Gemeinden angepaßt werden müssen. Dies bezieht sich auf

- dörfliche und kommunale Entwicklungskonzeptionen

- Rahmenkonzepte der verschiedenen Art und Intensität

- Dorfentwicklungsplanungen

- Flächennutzungsplanungen

- Bebauungspläne

Im Anschluß an die Erarbeitung eines landwirtschaftlichen Beitrages zu Dorfentwicklung - wie dieser auch sonst noch genannt werden mag - ist, wie in
anderen Plan- und Entwicklungsbereiche auch, eine laufende Bestandspflege erforderlich. Erhebungsunterlagen, vor allem über die Entwicklung der einzelnen
Betriebe und Hofstellensituationen, sind nach Bedarf zu aktualisieren.

Auch kann sich die Zweckmäßigkeit der landwirtschaftlichen Entwicklungsvor-
schläge zur Dorfentwicklung ändern, wenn die Dorfentwicklung einen anderen
als ursprünglich angenommenen Verlauf genommen hat.

Liniare Fortschreibungen bei den Gemeinden stimmen oft nicht mehr. In nicht
wenigen Fällen muß künftig mit Rückläufigkeiten bei dörflicher Bevölkerung
und dörflicher Wirtschaftskraft gerechnet werden.

SICHERUNG LANDWIRTSCHAFTLICHER HOFSTELLEN IM RAHMEN DER LAUFENDEN KOMMUNALEN
ENTSCHEIDUNGEN ZUR DORFENTWICKLUNG

Von landwirtschaftlicher Seite darf das Bemühen um die Sicherung landwirtschaftlicher Hofstellen mit der Erarbeitung von Planungsgrundlagen und Vor-

schlägen zur Ortsentwicklung nicht als abgeschlossen betrachtet werden. Nachdem die Vorschläge der Landwirtschaft in die Konzeptionen und Planungen der Gemeinden einbezogen wurden – was ohne Kompromisse und bodenordnende Zielsetzungen oftmals nicht möglich ist – kommt es darauf an, die laufenden Maßnahmen der Gemeinden zur Ortsentwicklung im Sinne von Sicherheit und Verbesserungen für die landwirtschaftlichen Hofstandorte zu begleiten.

Zahlreiche Nutzungsänderungen von Grundstücken und Gebäuden durch veränderte wirtschaftliche Rahmenbedingungen und persönliche wirtschaftliche Entscheidungen wie auch durch Besitzveränderungen (Erbschaften, Verkauf, Verpachtungen) ergeben sich im Verlauf der Zeit unvorhergesehen.

Wenn Einflußnahmen seitens der Gemeinden in derartigen Situationen in Richtung auf strukturverbessernde Maßnahmen möglich sein sollen, so muß dies meist umgehend geschehen. Ein Rahmenkonzept für die angestrebte dörfliche bzw. gemeindliche Entwicklung sollte dafür in derartigen Fällen bereits vorliegen, da entsprechende Arbeiten einen Zeitraum von ca. 2 Jahren in Anspruch nehmen.

Konzeptionen zur Dorfentwicklung müssen anpassungsfähig sein. Das heißt, es dürfen nicht alle Einzelheiten wie in einem Bebauungsplan für ein Neubaugebiet festgelegt sein. Dörfer benötigen für ihre Entwicklung, den innerörtlichen Strukturwandel mit seinen zahlreichen Anpassungsprozessen, Rahmenkonzeptionen, die nur das Wesentliche aufeinander abstimmen, darüber hinaus jedoch keine starren Bindungen enthalten. Nur so wird es möglich, einzelne Veränderungen, die zu unterschiedlichen Zeiten eintreten, für Regelungen entsprechend den Rahmenzielsetzungen auch dem Gesamtgefüge der Dörfer nutzbar zu machen. Dies ist ein besonderes Bedürfnis und ein Charakteristikum der Dörfer, die in ihren Nutzungsformen weniger spezialisiert sind als Städte.

Wenn in den alten Ortslagen von Dörfern Bebauungspläne als Hilfsmittel des Strukturwandels und der funktionellen wie räumlichen Anpassung an veränderte Ansprüche wenig Anwendung finden, so ist dies im wesentlichen auf das starre Schema und die Rechtsverbindlichkeit von Bebauungsplänen zurückzuführen. Aus den Bebauungsplänen ergeben sich jeweils Forderungen der Betroffenen gegenüber den Gemeinden, wenn sich in der Zweckmäßigkeit der Bebauungspläne nachträglich etwas ändert.

SCHLUßFOLGERUNGEN

Die landwirtschaftlichen Planungsunterlagen und Vorschläge für die Dorf- und Gemeindeentwicklung sollten wegen der Flächenbezogenheit landwirtschaftlicher Erzeugung jeweils zu Beginn einer gemeindlichen Planung oder Planüberarbeitung in diese einfließen.

Im abgeschlossenen Entwurfsstadium gemeindlicher Planungen (auch der Flächennutzungsplanung) kommen Vorschläge oder Einwände der Landwirtschaft in der Regel bereits zu spät.

Die Landwirte eines Ortes sind wegen ihrer Konkurrenz um Flächen, Standortvorteile und Bauplatzverkäufe meist nicht in der Lage, Planern die nötigen Planungsunterlagen und Vorschläge für die Ortsentwicklung aus überbetrieblicher landwirtschaftlicher Sicht zur Verfügung zu stellen. Daher wird dies zweckmäßigerweise über die Landwirtschaftskammern bzw. die entsprechenden Dienststellen erfolgen. Auch Landgesellschaften und Planergruppen, in denen sich Landwirte befinden, sind dazu in der Lage.

Die landwirtschaftlichen Planungsunterlagen sowie die Vorschläge der Landwirte zur Ortsentwicklung müssen aus der Sicht der Gemeinden für Planungen und Entscheidungen der Gemeinden aufbereitet sein. Statistische und betriebswirtschaftliche Zahlen zur einzelbetrieblichen Entwicklung alleine nützen hier wenig.

Wo die Landwirte die für eine geordnete Ortsentwicklung benötigten Materialien und Vorschläge nicht zur Verfügung stellen können, werden von der Landwirtschaft für die Zukunft Entwicklungs- und Anpassungsmöglichkeiten von erheblicher Bedeutung vertan. Der mögliche Nutzen aus Planungen für eine geordnete Ortsentwicklung ist für die Landwirtschaft wie für den jeweiligen Ort insgesamt großenteils nicht sofort verfügbar, dafür aber umso langfristiger wirksam.

KURZFASSUNG

Die Landwirtschaft muß bemüht sein, die Erfordernisse der Sicherung der
Funktions- und Anpassungsfähigkeit ihrer Hofstellen mit den entsprechenden
Planungsunterlagen und Entwicklungsvorschlägen möglichst frühzeitig in die
Dorf- und Kommunalplanung einzubringen. Darüber hinaus gilt es, die laufenden funktionellen wie die besitz- und eigentumsmäßigen Veränderungen im Sinne
von Strukturverbesserungen zu nutzen. Auch dies sind wichtige Ansatzpunkte
für die Landwirtschaft, den Funktionswert ihrer Hofstellen zu sichern bzw.
aufzuwerten und gleichzeitig zur Verbesserung des dörflichen Gesamtgefüge
beizutragen.

In diesem Beitrag werden Möglichkeiten aufgezeigt, die Landwirtschaft in der
Gemeindeplanung, der Gemeindeentwicklung sowie bei angestrebtem dörflichem
Strukturwandel fachgerecht zu berücksichtigen sowie zur Verbesserung dörf-
licher Gesamtstruktur zu nutzen.

5. Das Dorf und seine Identität

Dr. Wiklef H o o p s , Deutsches Institut für Fernstudien an der Universität Tübingen

Meine sehr verehrten Damen und Herren,

mein Thema lautet zwar "Das Dorf und seine Identität". Erlauben Sie mir dennoch zunächst einige Bemerkungen zu meiner eigenen Identität, soweit sie das Dorf betrifft.

Privat bin ich seit vier Jahren Dorfbewohner. Als typischer Neu-bürger wohne ich in einem Neubauviertel am Ortsrand von Wurmlingen - in "der Siedlung" bzw. 'auf'm Hypothekenhügel', wie man im Dorf sagt. Wir Neubürger sind hier ganz unter uns - nur ein oder zwei eingesessenen Wurmlingern ist die "Infiltration" in diese städti-sche Exklave gelungen. Sie sind gelegentlich Fremde in"unserer" Siedlung, so wie die Siedlung ein Fremdkörper im alten Dorf ist. Die Kommunikation zwischen dem alten Dorf und der Siedlung be-schränkt sich auf den geschäftlichen Bereich. Insgesamt gibt es zwar keine akuten Probleme, aber richtig wohl fühlen sich beide Seiten angesichts dieser Spaltung des Dorfes auch nicht.

Inzwischen habe ich auch beruflich mit dem Dorf zu tun, seitdem vor einem Jahr das Deutsche Institut für Fernstudien an der Universität Tübingen - Ihnen vielleicht durch die "Funkkollegs" bekannt - ein Weiterbildungsprojekt zum Thema "Dorfentwicklung" in Angriff genom-men hat. Nach den bisherigen Planungen sollen im Rahmen dieses Projekts folgende Materialien entwickelt werden:
- Eine vier- bis sechsteilige Fernsehserie
- Abrufbare Videokassetten
- Eine Diaserie und
- schriftliches Studienmaterial.

Den Themenplan des Projektes haben Sie mit den Tagungsunterlagen erhalten; aufgrund von mündlichen und schriftlichen Befragungen soll er in der nächsten Zeit revidiert werden.

Wer ein Weiterbildungs-Angebot zum Problem "Dorfentwicklung" erarbeiten will, sollte sich ebenso wie der, der Dörfer erneuern oder entwickeln will, zunächst einmal über den Gegenstand seiner Bemühungen im klaren sein - eine ebenso selbstverständliche wie schwierig zu erfüllende Forderung, wie ich im folgenden kurz zeigen möchte.

DAS DORF ALS OBJEKT

Betrachtet man die Sprache genauer, in der über die Dörfer und ihre Probleme gesprochen wird, fällt vor allem zweierlei auf:

1. Über die Dörfer wird vorwiegend im Singular gesprochen. Besorgt wird z.B. gefragt "Wohin mit dem Dorf?"[1], den Dörfern wird aufmunternd zugerufen "Dorf bleibt Dorf"[2], es ist von dem "dörflichen Eigensinn"[3] die Rede, es gibt "Dorf- (nicht Dörfer-)entwicklung" und in einem kürzlich erschienenen Buch wird über "Das Dorf. Über die Modernisierung einer Idylle"[4] nachgedacht. Wäre es eigentlich nicht langsam Zeit, diesen "städtischen Singular" durch einen "dörflichen Plural" zu ersetzen?

2. Die Dörfer stehen sprachlich häufig in Objektposition - so in der bereits zitierten Frage "Wohin mit dem Dorf?" - oder sie sind Subjekte von Passivsätzen wie in dem mit feiner Ironie gewählten Titel dieser Tagung: "Unsere Dörfer werden 'erneuert'", der auch hätte lauten können: "Wir erneuern unsere Dörfer". Sprachlich interessant ist schließlich auch der schon angesprochene Terminus "Dorfentwicklung". Man spricht normalerweise von der Entwicklung eines Kindes und sagt, das Kind hat sich gut oder schlecht entwickelt. In jedem Falle ist das Kind Ausgangspunkt seiner Entwicklung. Dörfer dagegen müssen entwickelt werden - offenbar weil sie sich selbst unbefriedigend entwickelt haben. Wäre es nicht an der Zeit, das "städtische Passiv" durch ein "dörfliches Aktiv" zu ersetzen?

Die zitierten Formulierungen weisen eindeutig in eine Richtung:

Dörfer sind als eine Klasse von weitgehend gleichartigen, gegenstandsähnlichen Gebilden anzusehen, als eine Sache, mit der zudem irgendetwas nicht ganz in Ordnung ist.

Um mehr über die Sache "Dorf" zu erfahren, wollen wir uns im folgenden kurz den beiden gesellschaftlichen Instanzen zuwenden, die sich gegenwärtig am intensivsten um die Dörfer kümmern - Wissenschaft und Politik.

Seitens der Wissenschaft beschäftigen sich sehr unterschiedliche Wissenschaften mit den Dörfern. Daher entsteht kein zusammenhängendes Bild, sondern ein Mosaik verschiedenster, schwer integrierbarer Perspektiven: Das Dorf z.B. aus ökologischer, aus geographischer, aus ökonomischer, als soziologischer oder aus agronomischer Sicht.

Im politisch-administrativen Bereich begegnen wir dem Dilemma der Wissenschaft in abgewandelter Form: Hier besteht das Mosaik aus einer Vielzahl, z.T. konkurrierender administrativer Perspektiven und Zuständigkeiten. Zur Auswahl steht etwa das Dorf aus der Sicht des Innen- oder des Landwirtschaftsministeriums, des Straßenbauamtes, der Landschaftsschutzbehörde usw. Was passiert, wenn eine dieser Perspektiven die Oberhand gewinnt, haben viele Dörfer leidvoll am eigenen Leib erfahren müssen.

Die Politiker haben aus ihren Fehlern gelernt und versuchen seit einigen Jahren, ganzheitlich und integrativ vorzugehen: Das Dorf soll gleichzeitig als Wohn-, Arbeits- und Sozialraum und unter Wahrung seiner Individualität erfaßt werden. Auf dem Papier geht das sehr leicht, wie Sie dem Diagramm in den Tagungsunterlagen entnehmen können. Die Praxis sieht etwas anders aus.

Basis solcher ganzheitlichen Dorfentwicklungs-Programme ist meist ein "Leitbild für das Dorf" (für welches Dorf?), das durch die Programme realisiert werden soll. Das kommunalwissenschaftliche

Institut der Konrad-Adenauer-Stiftung propagiert in seinen Publi-
kationen z.B. ein Leitbild [5], dem folgende Bauelemente zugrundeliegen:

- Naturnähe und Landschaftsbezug
- Kleinräumigkeit und Überschaubarkeit
- Nutzungsmischung und Mehrfachnutzung
- Eigenart und Unverwechselbarkeit
- Autonomie und Selbsthilfe und
- Örtliche Gemeinschaft.

Solche Leitbilder sind keine Zustandsbeschreibungen, sondern Zu-
kunftsprojektionen. Sie sagen weniger über die Dörfer als über
die Wunschträume ihrer Erfinder aus. Ganz gleich, wie man sie inhaltlich beurteilt - sie bleiben in jedem Fall pauschale, von außen gesetzte Zielvorgaben.Die Dörfer sind nicht gefragt worden,
wie sie sich ihre Zukunft vorstellen - allerdings, wahrscheinlich
hätten sie am allerwenigsten eine Antwort gewußt.

Für die <u>politische Praxis</u> werden die Leitbilder in Programme um-
gesetzt, juristisch und aministrativ vercodet und finanziell
ausgestattet.

Die <u>konkrete Praxis</u> der Dorfentwicklung schließlich ist
beherrscht von schwer verständlichen Antragsformularen, einmal
Wust von Vorschriften und von dem planerischen Raster der Dorf-
entwicklungspläne, das die zu bewahrende Individualität des Dorfes und die angestrebte Ganzheitlichkeit auf die Kategorien 'Verkehr', 'Ortsgestaltung' und 'Nutzung' reduziert. In den Tagungsunterlagen sind die Inhaltsverzeichnisse zweier Dorfentwicklungs-
pläne wiedergegeben. Sie stimmen sogar im Umfang weitgehend überein. Die Punkte Ortsbeschreibung und historischer Rückblick werden im einen Falle zusammen auf einer knappen Seite abgehandelt,
im zweiten Fall hat das Historische im Inhaltsverzeichnis überhaupt keinen Niederschlag gefunden. Stattdessen wird der, dem
noch die Leitbildlyrik in den Ohren klingelt, über die "Aufgaben
und Ziele der Dorfentwicklungsplanung" folgendermaßen belehrt[6]:
"Bei der Dorfentwicklungsplanung handelt es sich um ein verhält-

nismäßig neues Instrument zur Ordnung, Lenkung und Gestaltung
der dörflichen Entwicklung."

Eine sprachliche Analyse dieser Äußerung erübrigt sich - die vor-
herrschende Perspektive des Dorfes als Objekt ist deutlich genug.

Wissenschaftliche Kategorien und politisch-administrative Programme und Handlungsschemata, die die Dörfer notwendig nur generalisierend von außen, als Objekte, erfassen können, sind sicherlich legitim und notwendig. Nur sind solche systematischen
Perspektiven nicht ausreichend, um ein Dorf als historisch gewachsene Lebenswelt in seiner Individualität und ganzheitlich, so
der Anspruch der Programme, zu erfassen. Der wissenschaftlichen
oder politischen Außenperspektive auf das Dorf als Objekt muß
deshalb die Innenperspektive des Dorfes als Subjekt entgegenge-
setzt werden.

DAS DORF ALS SUBJEKT

In der Diskussion über die Dörfer ist häufig die Rede von der
"Individualität" oder "Identität" des Dorfes, die es zu wahren
gelte. Ich meine, man sollte zwischen diesen beiden Begriffen
sorgfältiger unterscheiden:
"Individualität", als Summe aller Merkmale einer Sache oder Per-
son, ist ein objektiver deskriptiver und damit statischer
Begriff, der einen bestimmten Zustand fixiert. "Identität"
dagegen ist ein dynamischer, subjektbezogener Begriff, der Vergangenheit, Gegenwart und Zukunft erfaßt. "Identität" ist vor
allem auch eine selektive, wertende Kategorie: Zu meiner Identität gehört nur das, was mir an mir und meinem Leben im positi-
ven und im negativen Sinne wichtig ist. Zur Identität, zum
Selbstbild, zur Selbstdefinition gehört schließlich auch die Definition und Interpretation des eigenen Bezugs zur Umwelt. Nicht
umsonst sagt man: 'damit kann ich mich identifizieren und damit
nicht'.

Individualität hat man zwangsläufig, eine Identität dagegen
nicht!. Eine eigene Identität kann fehlen, sie kann gestört oder

widersprüchlich, fragmentiert, sein. In diesem Sinne, so meine These, ist die Identität der meisten Dörfer gestört und fragmentiert. Der Mehrzahl von ihnen fehlen ein klares Selbstbild - und damit auch die Möglichkeit zur kritischen Distanz zum eigenen Dorf und seiner Vergangenheit - und klare Vorstellungen von der eigenen Zukunft.

Die Gründe hierfür sind hinlänglich bekannt. Wichtig erscheinen mir vor allem zwei Punkte:

1. Der Strukturwandel hat zu einem Bruch mit der kollektiven - vorwiegend agrarischen - Vergangenheit der Dörfer geführt, sowohl im materiellen baulichen wie im soziokulturellen Bereich. Die Dörfer sind sozusagen arbeitslos geworden.

2. Der Stadt-Land-Gegensatz ist nicht mehr ein Gegensatz zwischen zwei geographisch getrennten Regionen, sondern reicht, vor allem durch die Medien, das Schulwesen und die zahlreichen, meist städtischen, Neubürger, tief in das Dorf, zum Teil (z.B. bei den Berufs- und Schulpendlern) bis in einzelne Personen hinein und manifestiert sich ebenfalls als bisher nicht befriedigend versöhnter Bruch. Die Dörfer sind gleichsam schizophren geworden.

Identität kann man nicht von außen stiften, die Dörfer müssen ihre Identität selbst finden - jedes Dorf muß dabei seinen eigenen Weg gehen, auch wenn viele Dörfer sich, abstrakt gesehen, in einer vergleichbaren Lage befinden. Es geht dabei, wie es Hermann Bausinger kürzlich formuliert, "um eine neu zu entwickelnde soziale und kulturelle Gestalt". Notwendig für diese Entwicklung ist eine Rückbesinnung, vor allem aber, ich zitiere aus einem Gutachten von Utz Jeggle für unser Projekt, eine "Neubesinnung auf den Ort, räumlich und zeitlich gesehen, seinen Stand im sozialen Umfeld, die innere Struktur und ihre Möglichkeiten und Grenzen. Nur wer die eigenen Grenzen erfahrungsfähig macht, kann sie eventuell auch überwinden." [7] Diese Rück- und Neubesinnung, so wäre zu ergänzen, muß vor allem in ein Konzept von der eigenen Zukunft als ihrem eigentlichen Ziel münden.

DER WEG ZUR DORFIDENTITÄT

Wie könnte ein solcher Prozeß der Identitätsfindungen aussehen und welche Hilfen könnten von außen gegeben werden?

Idealtypisch könnte der Weg von den eigenen Ursprüngen (Wo kommen wir her? Was waren wir früher?) über eine Analyse der Gegenwart (Was sind wir?) zum Entwurf einer Zukunftsprojektion (Was wollen wir sein?) führen. Damit ist den ersten beiden Schritten zugleich auch als Ziel die zukünftige bauliche, kulturelle und soziale Gestalt des Dorfes vorgegeben.

Zur Erarbeitung der Vergangenheit sind schon in vielen Dörfern in Form von Dorfchroniken oder "Spurensicherungen" wertvolle Vorarbeiten geleistet worden. Wichtig erscheint mir dabei vor allem zweierlei:

1. Es genügt nicht, nur die Vergangenheit des eigenen Dorfes zu erforschen. Berücksichtigt werden sollte auch die kollektive agrarische bzw. bäuerliche Vergangenheit der Dörfer, die das Denken, die Normen und die Verhaltensweisen der Dorfbewohner entscheidend geprägt hat und z.T. wohl auch heute noch unterschwellig bestimmt. Ilien, Jeggle und andere haben in ihren Forschungsarbeiten [8] diese Sachverhalte sehr plastisch dargestellt.

2. Die Vergangenheit sollte nicht nur erarbeitet, sondern vor allem kritisch verarbeitet werden. Nicht alles, was früher war, ist deshalb gut. Verarbeitung der Vergangenheit heißt vor allem kritische Distanz und Bewertung im Sinne der beiden Fragen:

   - Was war gut und was wollen und können wir davon bewahren bzw. wiedererwecken? und
   - Was war schlecht und wie können wir aus den Fehlern der Vergangenheit lernen?

Betrachtung der Vergangenheit also nicht um ihrer selbst willen, sondern im Hinblick auf die Gegenwart und die Zukunft.

Die Analyse der Gegenwart sollte, ebensowenig wie die Erarbeitung der Vergangenheit, auf Vollständigkeit zielen, sondern
interessegeleitet vorgehen. Ausgangspunkte können dabei akute
Probleme, Defizite oder Konflikte sein, die vielleicht, und
hier sollte sich der vorhergehende Schritt als fruchtbar erweisen, weit in die Vergangenheit zurückreichen. Ein Anlaß für
eine solche Analyse kann auch die Frage sein, ob und wie man am
Dorfentwicklungsprogramm teilnehmen will.

Die Analyse der Gegenwart muß auch das weitere Umfeld, also
auch regionale und überregionale Bezüge berücksichtigen. Das
ist sicher auch ansatzweise nicht ohne zusätzliche Informationen oder Expertenhilfe zu leisten. In den Tagungsunterlagen
finden Sie ein Beispiel, wie man mit Hilfe des lokalen Mittei-
lungsblattes auf kurzem Raum wichtige Informationen über die
Lage eines Dorfes vermitteln kann. Umfassende, z.T.auch di-
daktisch aufgearbeitete Informationen über die gegenwärtige
Situation der Dörfer finden sich in dem vom Sozialinstitut
Katholisches Landvolk herausgegebenen Band "Veränderungen von
Werten und Normen im ländlichen Raum" [9].

Auf der Verarbeitung der Vergangenheit und der Analyse der Gegenwart ergibt sich eigentlich von selbst eine Zielvorstellung
für die Planung der Zukunft, Vorstellungen davon, was man ändern, verbessern, ausbauen oder neu schaffen möchte. Eine wesentliche Hilfe von außen könnten hier unterschiedliche Modelle
sein - nicht als zu imitierende Vorbilder - sondern als
Spektrum von Möglichkeiten, das hilft, die eigenen Vorstellungen zu konkretisieren.

Hier ist natürlich der Einwand naheliegend: Was helfen die
schönsten Pläne, wenn man sie nicht realisieren kann! Ich bin
da auch nicht besonders optimistisch.Ganz sicher bin ich aber,
daß ein Dorf, das nicht zu irgendeiner Form von Identität findet, in noch größerem Maße Objekt äußerer Einflüsse und Interessen wird, noch stärker entwickelt wird, statt sich selbst zu
entwickeln.

Nun zur entscheidenden Frage, nämlich wie soll das vor sich gehen? Ich habe die drei gerade dargestellten Schritte als idealtypisches Modell bezeichnet, das so in der Praxis sicher nicht voll realisierbar ist, aber doch in Teilen und mit Abstrichen. Dem skizzierten Modell ziemlich nahe kommt das "Dorfseminar Lindenholzhausen" [10], über das Sie einen Bericht in Ihren Tagungsunterlagen haben.

Jedes Dorf hat eine Vergangenheit und meist mehr Probleme als ihm lieb sind. Es gibt inzwischen eine umfangreiche Literatur zu verschiedensten Problemen des Dorfes - die allerdings für solche Zwecke übersichtlich erschlossen werden müßte - und in der Regel auch, innerhalb oder außerhalb des Dorfes, genügend Experten, die man zu Rate ziehen kann.

Was jedoch meist fehlt, ist die notwendige Initiative, jemand, der solche Lernprozesse in Gang setzt und auch in Gang hält. Diese Initiative kann von Einzelpersonen, Gruppen oder Institutionen (Kirche, Ortschaftsrat, Landfrauenverband, Landjugend) ausgehen.

Erlauben Sie mir noch drei kurze Schlußbemerkungen:

1. Das von mir propagierte Ideal der dörflichen Identität ist natürlich auch eine sentimentalische städtische Projektion. Immerhin, das Dorf hat noch eine kleine Chance zur Gewinnung von Identität, die die Stadt schon lange nicht mehr hat.

2. Ich halte es für entscheidend, daß die Dörfer sich selbst artikulieren und nicht mehr weiter wie der Froschkönig auf den erlösenden Kuß einer Prinzessin - wer sollte sie sein? - warten.

3. Ich hoffe schließlich, daß das von mir anfangs kurz skizzierte Fernstudienprojekt "Dorfentwicklung" einen kleinen Beitrag zu dem Selbstfindungsprozeß der Dörfer leisten wird und erhoffe mir von Ihnen zahlreiche Anregungen.

ANMERKUNGEN

1. Heinar Henckel, "Wohin mit dem Dorf?Versuch einer Standortbestim-
mung", in: Carl-Hans Hauptmeyer u.a., Annäherungen an das Dorf.
Geschichte, Veränderungen und Zukunft.Hannover:Fackelträger-Verlag
1983.

2. Ludwig Heck/J. Alexander Schmidt, Dorf bleibt Dorf. Leitbild, Ent-
wicklungsprogramm, Gestaltungsempfehlungen. = Arbeitshilfen und
Programme für die praktische Kommunalpolitik, hg. Konrad-Adenauer-
Stiftung e.V., Institut für Kommunalwissenschaften. Recklinghau-
sen: Kommunal-Verlag ^{2} 1985

3. Vgl. Utz Jeggle, "Betrachtungen zur Dorfentwicklung", in: Eckart
Frahm u.a., Dorfentwicklung. Grundlagen für ein Projekt der wissenschaftlichen Weiterbildung = Hauptbereich Funkkolleg/Zeitungs-
kolleg, Materialien Bd. 4. Tübingen: DIFF, 1985, S. 35-60

4. Beate Brüggemann/Rainer Riehle, Das Dorf. Über die Modernisierung
einer Idylle. Frankfurt 1986

5. Heck/Schmidt, Dorf bleibt Dorf, a.a.O., Kap. 2

6. Stadt Rottenburg am Neckar, Dorfentwicklungsplanung Wurmlingen,
o.O., o.J., S. 3

7. Jeggle, a.a.O., S. 47

8. Vgl. etwa Utz Jeggle, Kiebingen - eine Heimatgeschichte Tübingen
1977; Albert Ilien/Utz Jeggle, Leben auf dem Dorf. Zur Sozialge-
schichte des Dorfes und zur Sozialpsychologie seiner Bewohner. Op-
laden 1978; Brüggemann/Riehle, Das Dorf, a.a.O.

9. Veränderungen von Normen und Werten im ländlichen Raum. Handrei-
chungen von Lehr- und Lernmaterialien für die ländliche Erwachsenenbildung, hg. Sozialinstitut Katholisches Landvolk e.V., Stuttgart. Stuttgart: Ulmer 1983.

10. "Dorfseminar Lindenholzhausen: 'Unser Dorf - gestern und heute'", in: Erwachsenenbildung 30/1984, S. 99f.

WURMLINGER NACHRICHTEN

Herausgegeben im Auftrag der Gemeindeverwaltung durch Primoverlag Geiger, 7240 Horb a. N.
Verantwortlich für den gesamten Inhalt, ausgenommen Anzeigenteil: Ortsvorsteher Werner Feitzl
Druck: Primoverlag Geiger Schillerstraße 35 7240 Horb a. N. Tel 07451/7046, Postfach 1512

23. Jahrgang	Freitag, den 23. Mai 1986	Nummer 21

Wissenswertes über unser Heimatdorf
Entwicklung und Strukturwandel (Teil 2)

Strukturwandel in der Landwirtschaft 1949 - 1984,
dargestellt an der Zahl der landwirtschaftlichen
Betriebe und der bewirtschafteten Fläche

Wurmlingen

unter 10 ha	182	38	95 %	36 %
10 - 20 ha	-	3	-	18 %
20 - 30 ha	1	1	5 %	9 %
über 30 ha	-	1	-	37 %
Summe	183	43	100 %	100 %

Durch die Realteilung waren früher Kleinbetriebe vorherrschend.

In Wurmlingen hat sich 1 Betrieb zum Haupterwerbsbetrieb entwickelt. Ausgesiedelt hat kein Betrieb. Viele Nebenerwerbsbetriebe haben die Landwirtschaft ganz aufgegeben und ihre Flächen verpachtet. Viele früheren Nebenerwerbsbetriebe haben jetzt nur noch 5 - 10 ar Fläche als Obstbaumwiese oder als kleinen Weinberg (eigene Wein-, Most- und Schnapserzeugung). Bei dieser Bewirtschaftung von Fläche kann nicht mehr von Nebenerwerb gesprochen werden, sondern es ist eine sogenannte Hobby-Landwirtschaft mit Erwerbscharakter, die der Freizeitgestaltung dient. Die Nebenerwerbsbetriebe mit Weinanbau in Wurmlingen schenken den Wein zum Teil in sogenannten "Besenwirtschaften" aus.

Da die noch vorhandenen Betriebe in Wurmlingen die Flächen nicht alle selbst bewirtschaften können, haben Haupterwerbsbetriebe aus den Nachbarorten inzwischen 300 ha in Wurmlingen gepachtet.

Definition:

Haupterwerbsbetrieb = lebt fast ausschließlich vom landwirtschaftlichen Betrieb

Nebenerwerbsbetrieb = mindestens 10 bis zu 30 % des Einkommens aus landwirtschaftlichem Erwerb

Hobby-Landwirtschaft = Freizeitgestaltung mit Erwerbscharakter.

Viehhaltung 1907 bis 1984 in Wurmlingen

1907	21	237	349	294	200
1950	11	148	292	293	130
1984	5	93	20	238	222

Entwicklung der Viehhaltung

Die gesamte Viehhaltung ist rückläufig, da in den kleinen Ställen der Arbeitsaufwand zu hoch ist. Eine Ausweitung der Ställe bzw. Neubau in den engen Ortslagen ist wirtschaftlich nicht möglich. Die 5 Pferde dienen der Freizeitgestaltung, die Mastschweine werden zum größten Teil meistens für den Eigenbedarf geschlachtet und 1 hauptberuflicher Schäfer bewirtschaftet und pflegt mit seiner Schafherde vornehmlich den Kapellenberg.

Anbauverhältnisse

Aufteilung des Ackerlandes nach Kulturarten

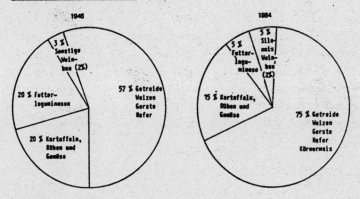

Entwicklung des Anbauverhältnisses

In Wurmlingen hat die Getreidefläche stark zugenommen (wenig Arbeit, gute Preise). Der Kartoffelanbau für Futterzwecke, z.B. an Schweine, ist ganz aufgegeben worden. Auch der Anbau von Speisekartoffeln ist stark rückläufig. Der Hopfenanbau, der in dieser Gegend noch vor 15 Jahren rentabel war, wurde ganz aufgegeben. Die Ausdehnung der Hopfenfläche erfolgte vor allem in Bayern.

Der Körnermaisanbau wurde seit 10 Jahren mit frühreifen Sorten ausgedehnt. Der Anbau von Wein wird nur im Nebenerwerb und von Hobbylandwirten betrieben.

Die Bedeutung der Flurstruktur

Eine Flurbereinigung bedeutet für die Landwirte wesentliche Erleichterungen in der Feldbewirtschaftung. Ein gut ausgebautes Wegenetz, geordnete Wasserverhältnisse und größere Bewirtschaftungseinheiten führen zu geringeren Kosten, höheren Erträgen und Zeitersparnis.

Z.B. in Wolfenhausen wurde die Flurbereinigung bereits 1966 durchgeführt.

In Wurmlingen herrscht noch die Flurstruktur ähnlich wie in Wolfenhausen vor der Flurbereinigung vor. Durch Verpachtung von vielen kleinen Eigentumsparzellen in einem Gewann ist es aber auch hier möglich gewesen, daß ein Haupterwerbsbetrieb ein größeres Stück bewirtschaften kann. Die Bewirtschaftungseinheiten sind somit in Wurmlingen zum Teil größer geworden als z.B. in Wolfenhausen nach der Flurbereinigung.

Die Betriebe, die verpachtet haben, legen hier auch keinen großen Wert auf eine Zusammenlegung ihrer Eigentumsflächen, da sie danach im Verpachten und im Verkauf wesentlich eingeengt wären. Das Wege- und Gewässernetz ist in Wurmlingen weitgehend ohne Flurbereinigung in Ordnung gebracht worden.

ADOLF FUHRER / WURMLINGEN	BETRIEBSSPIEGEL		
	1961 als HE begonnen	1975 HE	1985 HE
Familie			
Arbeitskräfte			
Fläche / ha :			
Eigen	0,17	4	14
Pacht	1,00	30	66
Ges Fläche	1,17	34	80
Wiese ha	-	7	14
Acker ha	1,17	27	66
Wenberg ha	-	-	0,05
Kühe		1	-
Mastbullen		12	80
Mastschweine		30	30
Hühner		80	150
Maschinen :			
in DM =	2 000,-	200 000,-	400 000,-

WOLFGANG SIESS / WURMLINGEN	BETRIEBSSPIEGEL		
	1950	1960	1970	1985
Familie				
Arbeitskräfte				
Fläche / ha :				
Eigen	5,0	1,0	0,10	0,43
Pacht	1,0	1,0	-	0,07
Ges Fläche	6,0	2,0	0,10	0,50
Wiese ha	3,0	-	-	-
Acker ha	3,0	2,0	-	-
Wenberg ha	0,25	-	-	0,50
Besenwirtschl	-	-	-	1
Bienenvölker	60	-	-	-
Zug-Kühe	3	-	-	-
Jungvieh	4	-	-	-
Zuchtsauen	2	-	-	-
Mastschweine	4	-	-	-
Hühner	30	-	-	-
Gänse		-	-	-
Maschinen :				
in DM =	1000,-	3 000,-	6 000,-	40 000,-

Achtung !

Wegen des Feiertages Fronleichnam ist nächste Woche der Redaktionsschluß einen Tag früher.

Der Verlag

Amtliche Bekanntmachungen

Lagebericht vom Umweltministerium Baden-Württemberg über Reaktorunfall in der UDSSR

Luft/Boden

Die Werte der künstlichen Radioaktivität der Luft sind nach wie vor sehr niedrig. Sie weist, wie auch sonst üblich, abhängig von der jeweiligen Wetterlage, leichte Schwankungen auf. In den Lageberichten vom 08. und 14. Mai 1986 wurden landesweit und flächendeckend Meßwerte über die Bodenkontamination und die Dosisleistung dargestellt. Ein Vergleich zeigt, daß die Strahlenbelastungen im ganzen Land deutlich zurückgegangen sind. Eine weitere Messung an denselben Meßpunkten wurde am 20. und 21. Mai 1986 durchgeführt. Diese Werte lagen bei Redaktionsschluß noch nicht vor.

Wasser

Die bis heute vorliegenden Meßergebnisse machen nach wie vor keinerlei Einschränkungen für den Gebrauch von Trinkwasser erforderlich. Zur Gesundheitsvorsorge führt die Landesregierung dennoch als auf weiteres die bereits bekanntgegebenen repräsentativen Wasserproben durch.

Fleisch

Mit Erlaß vom 15. Mai 1986 hat die Landesregierung angeordnet, daß im Rahmen der Schlachttier- und Fleischuntersuchung bei Weidetieren, die zur Schlachtung angeliefert werden, Proben zur Untersuchung auf die radioaktive Belastung des Fleisches zu entnehmen sind. Bis zum Vorliegen der Untersuchungsergebnisse werden die Tierkörper beschlagnahmt. Damit wird sichergestellt, daß auch weiterhin nur Fleisch von Schlachttieren aus Stallhaltungen in den Verkehr gelangt. In den Verkehr kommende Fleisch ist für den Verzehr unbedenklich. In dieser Haltung wird die Landesregierung ebenfalls von der Strahlenschutzkommission bestätigt.

Gemüseanbau

Die bisherige Empfehlung, Freilandsalat und Gemüse, das zur Ernte heransteht unterzupflügen, muß auch weiterhin aufrechterhalten bleiben. Möglicherweise kann Salat demnächst freigegeben werden. Da einzelne Meßergebnisse bei Salat über dem Grenzwert lagen, konnte sich die Landesregierung aus Fürsorge für die Bevölkerung am Donnerstag (15. Mai 1986) noch nicht zu einer Freigabe entschließen. Aus gegebenem Anlaß weist die Landesregierung in diesem Zusammenhang noch einmal ausdrücklich darauf hin, daß sich die Empfehlung, unterzupflügen, stets auf das jeweils zur Ernte heranstehende Erzeugnis bezieht.

Das Dorf

-Wohn-, Arbeits- und Sozialraum-

Realität

zweigeteiltes Dorf

alter Ortskern
häufig desolat
durch überstürzten
Strukturwandel

Neubaugebiet
vielfach isoliert
durch massiven
Siedlungsdruck

Aufgabe der Dorfentwicklung -

Überwindung der Zweiteilung zu einem Gesamtorganismus

statt Konservierung
Reaktivierung durch
Wandel zur lebendi-
gen Mitte

Integration durch
Verflechtung mit
dem alten Ortskern
und Einbindung in
die Landschaft

dazu ein schlüssiges Leitbild,
Mitwirkungsbereitschaft und
Hilfen des Landes

Dorfseminar Lindenholzhausen
„Unser Dorf – gestern und heute"

0. Zur Entstehungsgeschichte des Seminars

Ende der 70er Jahre hatte sich im Bischöflichen Ordinariat Limburg das Dezernat Grundseelsorge ausführlich mit Fragen der Landpastoral beschäftigt und dabei Untersuchungen zur religiösen und auch dörflichen Situation auf dem Land gemacht. Das Rahmenthema war „Laßt die Kirche im Dorf". Verschiedene örtliche und regionale Veranstaltungen folgten einer Untersuchung in drei Westerwaldgemeinden. Dazu kam eine Befragung von Pfarrern und hauptamtlichen Mitarbeitern und Pfarrgemeinderatsvorsitzenden über die Situation im Dorf. Ein weiterer Schritt stand unter dem Titel „Laßt Land und Leute leben" (Anm. Beide Untersuchungsschritte sind im Ergebnis mitgeteilt in Arbeitsheften de Bruin/Dr. Heinz, Bischöfliches Ordinariat Limburg, Dezernat Grundseelsorge). In diesem zweiten Schritt ging es auch um die Fragen von Lebensqualität auf dem Dorf und dörflichen Lebensstil, weiterhin welchen Beitrag die Kirche dazu leisten könne. Es entstand ein Fernsehfilm und in einem anderen Dorf ein Videofilm in der Zusammenarbeit mit verschiedenen dörflichen Gruppen und der Erwachsenenbildung. Im Bereich der Bildungsarbeit wurde überlegt, ob nicht ein Modelltyp eines „Dorfseminares" entwickelt werden könnte. Dies sollte möglichst in Zusammenarbeit mit einem Bildungsausschuß auf einem Dorf geschehen. Dafür bot sich das Dorf Lindenholzhausen, jetzt Stadtteil von Limburg, an, ein Stadtteil mit 3000 Einwohnern, davon 2600 Katholiken, mit einem regen Vereinsleben und kirchlichem Leben. Seitens des Ausschusses Erwachsenenbildung wurde sehr schnell Bereitschaft zur Mitarbeit erklärt.

1. Eine Dorfausstellung zur Geschichte des Dorfes Lindenholzhausen

Der Schulleiter der Grund- und Hauptschule in Lindenholzhausen, Rektor Schopf, führte mit den Schülern des 9. Schuljahres eine historische Dorfuntersuchung durch, die der Öffentlichkeit in einer Fülle von Exponaten, Graphiken und gelungenen Darstellungen vorgestellt wurde. Unterstützt wurde die Vorbereitung dieser Ausstellung finanziell von dem Magistrat der Stadt Limburg.

Auch das übrige Kollegium und viele andere arbeiteten an der Vorbereitung dieser Ausstellung mit. Es war überraschend, was alles zutage kam, mit welchem Eifer die Schülerinnen und Schüler arbeiteten und welche Qualität das Dargebotene hatte. Auch die örtlichen Vereine waren eingeladen, aus ihrer Geschichte in den Räumen der Schule gleichzeitig eine Ausstellung durchzuführen. Die Ausstellung der Ortsgeschichte wurde auf Anregung des Sachausschusses für Bildung und Öffentlichkeitsarbeit auch begleitet durch eine kirchliche Ausstellung in den Räumen des Pfarrzentrums, gegenüber der Schule gelegen. Dort wurden kirchliche Ausstellungsgegenstände von der Zeit der Romanik ab vorgestellt. Alle Ausstellungen waren sehr gut besucht.

2. Die Vorbereitung des Dorfseminares

Von dieser Ausstellung her bot es sich fast notwendigerweise an, mit dem Initiator und Hauptverantwortlichen, Rektor Schopf, die weiteren Überlegungen durchzuführen um auch deutlich zu machen, daß es bei dem Dorfseminar um ein Kooperationsprojekt gehen sollte.

Es erfolgten verschiedene Gespräche im Sachausschuß Bildung und Öffentlichkeitsarbeit des Pfarrgemeinderates in Anwesenheit von Rektor Schopf und Dr. Ernst Leuninger vom Dezernat Erwachsenenarbeit. Dabei wurden verschiedene Konzeptionen diskutiert. Von Anfang an waren 6 bis 8 Abende geplant, die im Winterhalbjahr stattfinden sollten. Ein erster Gedanke war, von historischen Daten auszugehen und beim jeweiligen Thema in die Neuzeit hineinzuführen. Mögliche Rahmenthemen wären dann gewesen: „Unser Dorf – Ein Zeichen für Lebensqualität", „Das Dorf als Lebensform" oder „Unser Dorf soll menschlich werden". Gewählt wurde das Thema „Unser Dorf – gestern und heute". Es drückte schon in etwa die neue Konzeption aus. Die Historiker vor allem bestanden darauf, daß der erste Teil historisch und der zweite gegenwartsbezogen dargestellt werden sollte. Dabei waren Verbindungen zwischen beiden Teilen vorgesehen. Der Pfarrgemeinderat beauftragte mit der weiteren Konzeption ein Leitungsteam, bestehend aus den Vorsitzenden des Sachausschusses, Mathilde Rompel, Rektor Günter Schopf und Ordi-

nariatsrat Dr. Ernst Leuniger. Im weiteren Verlauf wirkten auch mit: der Vorsitzende des Pfarrgemeinderates, Alois Wagner, und das Mitglied des Sachausschusses Jugend, Werner Löw.

Für den historischen Teil waren überwiegend Referenten aus dem Dorf selber zu gewinnen, einer aus der Nachbarschaft. Es konnte also auf ein Team von „Dorfhistorikern" zurückgegriffen werden, die schon über Jahre hin eigenständig in der Dorfgeschichte geforscht hatten.

So bildete sich für den historischen Teil folgende Themenreihe heraus: „Aus der politischen Geschichte unserer Heimat – Lindenholzhausen" unter Berücksichtigung der Kreisgeschichte und verbunden mit einer großen Bild- und Dokumentenausstellung (Vorbereitung und Referent: Dr. Norbert Zabel). Daran schloß sich ein Vortrag über „Landwirtschaft und handwerkliche Betriebe im Wandel der Zeiten" an (Josef Jung). Die Verbindung zwischen „Dorf und Kirche in der Geschichte" stellt Dr. Egon Eichhorn her und über die „Geschichte der Schule" referierte Rektor Günter Schopf.

Der zweite Teil des Seminars fand im Frühjahr statt und begann mit einem Vortrag über Thema: „Gehen Dorf und Land in unserer Industriegesellschaft unter?" (Dr. Ernst Leuninger). Daran schloß sich ein Vortrag von Dr. Hermann Josef Heinz an mit dem Thema „Laßt die Kirche im Dorf", Aufgaben der Kirche im Dorf. Ein weiterer Abend war einem „Gespräch mit dem Ortsausschuß des Stadtteiles Lindenholzhausen" vorbehalten, der vierte Abend schloß mit einem Podiumsgespräch unter Leitung des Stadtverordnetenvorstehers Dr. E. Hofmann und dem 1. Beigeordneten Dr. van Riesen und unter Beteiligung von Fraktionsmitgliedern aus dem Stadtteil Lindenholzhausen.

3. Der Verlauf des historischen Teiles

Der historische Teil verlief unter großer Beteiligung (zwischen 50 bis 90 Personen). Methodisch wurde er vor allem mit Vorträgen gestaltet, begleitet von einer Ausstellung mit geschichtlichen Leitfaden, Dias oder Tageslichtschreiber. Dabei wurde von den Referenten nicht einfachhin vorliegendes Material verwandt, sondern auch neuere Forschungen eingebracht. Für die beteiligten Dorfbewohner war dies sehr interessant, da sie auch ihre eigenen Erfahrungen in das Gespräch mit einbringen konnten.

Der historische Teil zeichnet eine Geschichte der kleinen Leute, sicher auf dem Hintergrund der großen Geschichte und ermutigte die Teilnehmer, auch Fragen an unsere Zeit zu stellen, z. B. angesichts der Tatsache, daß früher nur die Kinder reicher Leute studieren konnten, wurde bei der Diskussion des Schüler-Bafög gefragt, ob sich diese Dinge nicht in unserer Zeit wiederholten. Deutlich zeigte sich auch in dem Gespräch, wo das Dorf als Stadtteil eine eigene Identität hat. Es hat zwar immer in Beziehung mit der Stadt Limburg gestanden, aber auch immer die Eigenständigkeit und eigene Entwicklung betont. So blieb denn die Frage, was dörfliche Identität in einem Stadtteil heute bedeutet?

4. Die Beteiligung einer Jugendgruppe

Von Anfang an war es vorgesehen, auch Jugendliche bei dem Seminar zu beteiligen. So hatte eine ganze Reihe Jugendlicher an dem historischen Teil teilgenommen und Interesse gezeigt, bei der Vorbereitung des zweiten Teiles mitzuwirken. Es wurde ein Fragebogen entworfen, der sich mit der beruflichen Situation der Befragten, Arbeitszeit und Wegezeit, der Zugehörigkeit zu Vereinen, die Verhältnisse im Dorf, Leben und Entwicklung der Situation, der Kontaktpflege und den Wünschen an das Dorf und an die Kommunalpolitiker beschäftigte. Der Fragebogen richtete sich an Jugendliche, die Menschen der mittleren und älteren Generation. Etwa 60 Fragebogen konnten ausgewertet werden und waren mit Grundlage des zweiten Teiles.

Dabei zeigte sich z. B., daß sich die Arbeitszeit in den letzten 30 Jahren um etwa zwei Stunden verringert hat, daß sich dafür aber die Fahrtzeit entscheidend steigerte. Im Schnitt fallen bei den heutigen 30- bis 50jährigen 40 bis 50 Minuten Fahrtzeit an, die Arbeitszeitverkürzung ist bis zur Hälfte in der Fahrtzeitsteigerung aufgegangen. Den meisten, bis auf drei Jugendliche, gefällt es in dem Dorf. Kritisiert wird aber vor allem von den befragten Jugendlichen, daß im Dorf zu wenig los sei. Überraschend ist die Dichte des Vereinslebens, was positiv bewertet wird als die Modernisierung; dies wird auf der anderen Seite auch ebenso kritisch betrachtet. Einerseits akzeptiert man den eigenen Wohlstand, andererseits wird er auch selbstkritisch beobachtet. Die Kontakte der älteren Generation beziehen sich vor allem auf Nachbarschaft und Verwandtschaft, der mittleren Generation zusätzlich auf den Berufsbereich, während bei den Jüngeren eindeutig der Freundeskreis überwiegt. Ältere Menschen weisen fünf Stunden (häusliche) Arbeit pro Tag auf, jüngere zehn Stunden. Interes-

sant ist, daß Schüler für Arbeitszeit und Schularbeit einschließlich Schulstunden neun Stunden am Tag investieren.

Umfangreich sind auch die Wünsche an die Kommunalpolitiker. Genannt wird vor allem eine Neubohrung des versiegten Lubentiusbrunnens, der offensichtlich große Bedeutung für die Dorfidentität in allen Altersgruppen hat. Genannt werden weiterhin auch Wander- und Radwege und die Schaffung eines Raumes für Jugendfreizeit zu den vorhandenen Räumen.

Der Wunsch an das Dorfleben bestand in mehr Kontaktfreudigkeit und Nachbarschaftshilfe. Alte Traditionen sollten wieder aufleben. Sie sollen aber der dörflichen Identität und der Kommunikation dienen.

Gerade den Fragen an das Dorfleben und den Wünschen an die Kommunalpolitiker haben sich die Kommunalpolitiker des Ortsausschusses und der Stadt zugewandt.

5. Das Dorf heute

Im ersten Vortrag ging es um die Darstellung der Situation des Dorfes in der heutigen Gesellschaft überhaupt. Dabei wurde betont, daß in den letzten Jahrzehnten regionales Denken kleinere Einheiten von den größeren her gesehen habe, während heute die Bedeutung der kleineren Einheiten wieder deutlicher gesehen würde.

Auch im ländlichen Bereich müssen neue und neue Formen der Weitergabe des Glaubens entwickelt werden. Sie sind in der dörflichen Struktur nicht mehr einfachhin gesichert. Im Dorf sei das Gespräch über einen lebendigen Glauben nötig und im Kommunikationszusammenhang des Dorfes auch möglich.

Sehr erfreulich verlief der Abend mit dem Ortsausschuß Lindenholzhausen. Dort konnte eine Reihe von Fragen und Problemen, die die Teilnehmer des Seminares in ihrem Dorf bewegte, mit den Mitgliedern des Ortsausschusses geklärt werden und aus diesem zusammen mit den Mandatsträgern und dem Vorsteher der Stadtverordnetenversammlung in einer eigenen Veranstaltung diskutiert werden. Einige Fragen wurden geklärt; so ging es um eine Begegnungsstätte für die Jugendlichen, um die Frage der Friedhofserweiterung und Verwirklichung von Radfahrwegen, die Überlaufprobleme einer Schlammdeponie und vor allem um die Reaktivierung des Lubentiusbrunnens (die zwischenzeitlich in die Wege geleitet wurde).

An dem zweiten Teil dieses Semina-

res nahmen 30–40 Bürger aus Lindenholzhausen teil.

6. Gedanken zum Abschluß

Insgesamt kann das Seminar als eine gelungene Sache betrachtet werden, das sicher auch in anderen Dörfern durchgeführt werden kann, wobei in Lindenholzhausen eine vorhandene Gruppe von Dorfhistorikern die Arbeit erleichterte.

Günstig erwies sich auch die Zusammenarbeit mit der Schule, die durch ihre Ausstellung sehr viel Interesse für historische und Dorffragen geweckt hatte.

Auch die Kooperation mit der Jugend war erfreulich, hätte aber noch mehr intensiviert werden müssen.

Vielleicht wäre eine noch deutlichere Verbindung historischer Aussagen mit heutigen Problemen für den Ertrag der Seminarreihe günstig gewesen. Diese aber noch weiter durchzudenken, dafür reichte einfachhin die Zeit nicht aus.

Erfreulich auch die Kooperation mit dem Ortsausschuß und mit den Kommunalpolitikern bis hin zum Interesse der Vereine an diesen Veranstaltungen. Die Presse zeigte großes Interesse an Berichten über diese Veranstaltung.

Im Gesamtkontext der Veranstaltungen und Zusammenarbeit war sicher dieses Seminar eine Förderung der dörflichen Identität. Eigentlich sollte jetzt eine Arbeitsgruppe an die Zusammenfassung und Auswertung der Materialien gehen und sie gegebenenfalls für Interessierte innerhalb und außerhalb des Dorfes veröffentlichen.

Dies Seminar ist durchaus geeignet, auch historisches Arbeiten in einem Dorf zu fördern. Dann braucht e: sicher eine Vorlaufphase von nich* nur 6 Monaten, sondern von weit über einem Jahr, so wie dies ja auch im Bereich der Schule der Fall war.

Ernst Leuninger

Aus:

Erwachsenenbildung 30/

ANLAGE ZUM REFERAT

D I F F

Deutsches Institut für Fernstudien an der Universität Tübingen

Arbeitsbereich "Allgemeine wissenschaftliche Weiterbildung"

Informationen
zum Fernstudienprojekt

D O R F E N T W I C K L U N G

Stand: 15.01.1987

Intentionen

Überblick über Projektmaterialien

Themen und Autoren

Projektgruppe "Dorfentwicklung", Eckart Frahm und Dr. Wiklef
Hoops, Neckarhalde 55, 7400 Tübingen, Telefon 07071/43014/15

INTENTIONEN DES PROJEKTS

Das Projekt ist gedacht als eine umfassende und praktische Ori-
entierungshilfe für alle, die sich mit Problemen der Dorfentwicklung befassen:

* Das Projekt soll im Sinne einer ganzheitlichen, vernetzten
  Dorfentwicklung einen **umfassenden Überblick** über die Gesamt-
  problematik und ihre zentralen Felder vermitteln.

* Das Projekt soll **handlungsorientiertes Lernen** erlauben, aber
  keine - von zufälligen Moden abhängigen - Patentrezepte vermitteln, sondern verschiedene Handlungsmöglichkeiten im kom-
  plexen Feld der Dorfentwicklung aufzeigen und dabei deutlich
  machen, welche Konsequenzen und welche - zuvor oft unbedach-
  ten - Nebenwirkungen (aufgezeigt in entsprechenden Erfah-
  rungsberichten und Fallbeispielen) ein gewählter Weg hat bzw.
  haben kann.

* Das Projekt soll - ausgehend von der Erfahrung, wonach eine
  geschichtsbewußte Bevölkerung aktiver für die Zukunft plant
  als eine in Fragen der eigenen Geschichte nicht so engagierte
  Bevölkerung - der **"immateriellen"** Seite der Dorfentwicklung
  (Aneignung des dörflichen Eigensinns, Sozialplanung, Kultur-
  arbeit) und dem "Lernprozeß Dorfentwicklung" besondere Aufmerksamkeit schenken. Diese Aspekte kommen in der Praxis der
  Dorfentwicklung meist zu kurz.

PROJEKTMATERIALIEN

Das Fernstudienprojekt "Dorfentwicklung" des DIFF wird folgende
Materialien umfassen:

- schriftliches **Selbstlernmaterial** (7 Studieneinheiten à 100-
  150 Seiten)

- 5 halbstündige **Fernsehsendungen** (in Zusammenarbeit mit dem
  Südwestfunk und dem FWU in Grünwald, anschließend als Video-
  kassette verfügbar)

- 6 **Videofilme** (Dauer: 10-20 Minuten)

- eine **Diaserie** mit Begleitheft

THEMEN UND AUTOREN

(jeweils Arbeitstitel)

THEMENBLOCK I
"Grundlagen der Dorfentwicklung"

Studieneinheit 1: "Grundlagen der Dorfentwicklung"

Teil I: "Grundlagen der Dorfentwicklung I" (Prof. Dr. Carl-Hans Hauptmeyer)

Teil II: "Grundlagen der Dorfentwicklung II" (Dr. Wolfgang Kaschuba)

Teil III: "Siedlungsgenetische Bestandsaufnahmen" (Prof. Dr. Hermann Grees)

Teil IV: "Wieweit kann man durch eine bebaute Umwelt/durch Dorfgestaltungsmaßnahmen Ortsidentität stiften?" (Prof. Dr.-Ing. Elmar Zepf)

Teil V: "Staatliches Handeln in der Dorfentwicklung" (Dr.-Ing. Holger Magel)

THEMENBLOCK II
"Das Dorf als Lebensraum"

Studieneinheit 2: "Soziokulturelle Aspekte"

Teil I: "Soziokulturelle Situation" (Dr. Erika Haindl)

Teil II: Einzelne Problembereiche
"DORF-Kultur" (Detlef Lecke)
"Soziale Strukturen" (Dr. Erika Haindl)
"Jugend auf dem Dorf" (Detlef Lecke)
"Situation der Frauen" (Dr. Renate Buchenauer)

Teil III: "Kommunale Kulturpolitik" (Dr. Dieter Kramer)

Studieneinheit 3: "Ökonomische, ökologische und infrastrukturelle Aspekte"

Teil I: "Analyse der Situation" (Dr. Hans-Joachim Becker)

Teil II: "Landwirtschaft und Landschaftsökologie" (Dr. Hubert Weiger)

Teil III: "Ökologische Dorfentwicklung" (Dr. Josef Heringer)

Teil IV: "Infrastruktur und Arbeitsplätze" (Dr. Werner Braun/Prof. Dr. Erwin Zillenbiller)

THEMENBLOCK III
"Gestalt und Funktion"

Studieneinheit 4: "Das Gesicht des Dorfes"

Teil I: "Das Gesicht des Dorfes" (Dr. Wolfgang Riedel)

Teil II: "Der Straßenraum im Dorf" (Dr. Wolfgang Haller)

Teil III: "Identifikation der Bürger mit der Gestalt öffentlicher Räume im Dorf" (Prof. Dr. Peter Cornelius Mayer-Tasch)

Teil IV: "Erkennen des dörflichen Eigen-Sinns: Dorfentwicklung und Denkmalpflege (Dr. Manfred Mosel)

Studieneinheit 5: "Architektur des Dorfes"

"Architektur des Dorfes" (Dr. Ludwig Heck/Dipl.-Ing. J. Alexander Schmidt, M. Arch.)

THEMENBLOCK IV
"Handlungsansätze"

Studieneinheit 6: "Instrumente der Dorfentwicklung"

Teil I: "Rechtliche und planerische Instrumente" (Dr. Gerd Baldauf/Dipl.-Ing. Karlheinz Ettl)

Teil II: "Förderprogramme" (Dipl.-Ing. agr. Sigrid Rüttger)

Teil III: "Praxis der Dorfentwicklung: Erfahrungen und Bewertungen" (Literaturzusammenstellung durch Projektgruppe)

Studieneinheit 7: "Dorfentwicklung als Lernprozeß"

Teil I: "Theoretische Grundlagen" (Prof. Horst Rittel)

Teil II: Modelle der Bürgerbeteiligung
1. "Bürgerbeteiligung mit Arbeitskreis" (Dipl.-Ing. Engelbert Rolli, M.A.)
2. "Modell 'Dorfwerkstatt'" (Prof. Dr. Ing. Elmar Zepf)
3. "Aktion Ortsidee (Steiermark)" (Dipl.-Ing. Dieter Schoeller)

Teil III: "Selbstorganisation" (Dr. Renate Buchenauer)

Hinweise:
- Kleinere Änderungen sind noch möglich.
- Die Projektmaterialien werden im Frühjahr 1988 zur Verfügung stehen.

DIE ZUKUNFT DES DORFES

Einleitende Beiträge u.a. zu folgenden Fragen:

Welche Zukunftsvorstellungen existieren im Hinblick auf die Entwicklung unserer Dörfer?

Welche Maßnahmen sind erforderlich, um Dörfern die (individuelle) Zukunft zu sichern?

Welche Rolle könnte und sollte die Dorferneuerung in diesem Zusammenhang spielen?

Brauchen wir neben der Stadt- und Regionalpolitik auch eine "Dorfpolitik"?

Prof. Dr. Ing. Joachim G r u b e , Architekt, Nienburg/Weser

I.

Meine Damen und Herren, wenn anläßlich der aufgeworfenen Fragen nach der Zukunft des Dorfes der Ortsplaner stellvertretend für die anwesenden Kollegen, die sehr engagiert in diesen Tagen hier mitgearbeitet und Beiträge geliefert haben, seinen Standort preisgeben muß, so wird ihm das bei den gegebenen Randbedingungen seines Handelns nicht einfach gemacht. Eingebunden in einen Papierwald von Zuwendungsanträgen, Bestands- und Konzeptplänen in einen dichten Terminkalender von Behörden, Arbeitskreis- und Kommunalterminen sowie Hausbesuchen und das nicht erst seit 1984 weiß er wohl zuweilen selbst nicht mehr genau, ob ein übergeordnetes Leitbild sein Handeln bestimmt oder ob die aus der Reibung mit den genannten Gesprächspartnern erzeugte Energie ihn voran treibt. Von Homer wissen wir ja, daß der Zorn die Kräfte des Odysseus freigesetzt hat, und es ist die Frage, ob der Zorn immer ausreichend als Motivation für das Handeln ist. Laobe sagt: "Wohl, nur wer sich nicht streitet, ist gegen Schmähung gefeit". Jener verweist auf die Bedeutung des Weges, der für unsere Arbeit so wichtig ist, von dem er sagt: "Der Weg ist ewig ohne Tun, aber nichts, das dann ungetan bliebe." Sehr tröstlich dieser Hinweis, und er appelliert an wenig aktuelle Verhaltensweisen und kaum praktizierte persönliche Lebensziele. Es gibt dort ein weiteres Wort in diesem kleinen Büchlein des Laobe, dem "TAO-TE-KING" auf das man ab und zu zurückgreifen sollte: "Erzeugen, doch nicht besitzen; Tun, doch nicht darauf bauen; Leiten, doch nicht beherrschen - Betreibe das Lernen, so mehrst du dich täglich, betreibe den Weg, so minderst du dich täglich. Mindern und abermals mindern führt nicht zum Ohnetun."

Ist es nicht so, daß diese aus dem alten China kommende Forderung, die Dinge nicht zu weit zu treiben - auch im Planerischen - vom Reich der Mitte erfüllt wurden und es vor Katastrophen bewahrt und ihm verholfen hat, als einziges Staatswesen, als einzige Kultur der Antike zu überdauern? Das paßt nicht schlecht zum Fragenkomplex heute vormittag, dessen Schwerpunkt die Frage nach der Zukunft des Dorfes ist. Am Ende steht eine Botschaft, und diese Botschaft heißt Dauer. Mit diesem Begriff habe ich die Möglichkeit, auf unser Thema überzuleiten. Damit sind wir beim Dorf, diesem Hort des Bewahrens der Werte um jeden Preis, auch um der individuellen Stellung und Entwicklung der Bewohner. Erinnern wir uns doch, die Weitergabe von Pflichten und Rechten war im historischen Dorf an die Hofstelle gebunden, und nicht an den Besitzer, nicht an den Namen, da sie Generationen überdauerte, und es eben um die Sicherung der lebensnotwendigen Existenzvoraussetzungen bis hin zur Pflege des Wassers im dorfnahen Brunnen ging. Dorf in dieser Form war also auch gleichzeitig Metapher für Widerstand gegen lebensbedrohende Veränderungen und vielleicht darf man aktuelle Formen des Widerstandes gegen die drohende Zerstörung unseres Lebensraumes, dem das Dorf zugehört, hierauf zurückführen. Damit bin ich bei dem Ansatz, der vom Kollegen Althaus für biologische Abläufe gestern als notwendige Grundlage unseres Handelns vorgetragen wurde, bei der Systemtheorie und dem kybernetischen Dorfmodell. Unabhängig davon, daß Frederic Vester uns heute eine Basis für unser Handeln nicht nur in seinem Buch "Neuland des Denkens" liefert, waren unbewußt die hier entwickelten Gedanken schon länger die Grundlage der eigenen Arbeit.

Das Dorf, übertragen aus diesem systemtheoretischen Ansatz ist ein lebensnotwendiges, lebensfähiges System, ein geschlossener Kreislauf von Informationen und von energetischem und stofflichem Austausch, das fähig war und wieder befähigt werden muß zur Selbstregulation. In einer Skizze (siehe S. 197) habe ich versucht, den kybernetischen Regelkreis auf das "Dorf" zu übertragen. Die Begriffe, die im klassischen kybernetischen Modell gebraucht werden, von der Regelgröße, dem Meßfühler, den Störfaktoren, dem Regler, dem Steuermann und den Austauschgrößen lassen sich in der Tat, meine ich, auf unseren Aufgabenbereich gut übertragen. Die Regelgröße, das, was eben zu steuern bzw. zu beeinflussen ist, das ist das Dorf in seiner Gesamtheit von materiellen, ideellen, personellen Ressourcen. Dazu gehören u.a. die landwirtschaftlichen Betriebe, die Infrastrukturausstattung, die Grün-

oder Biofaktoren, die Bauten, die Behälter, die Vereinsaktivitäten.
Der Ortsplaner als <u>Regler</u> und als Steuermann greift über den Meßfühler
- seine Planung - ein. Er analysiert, er macht Gutachten, er mißt, er
macht Bestandserhebungen. Bei uns geht das so weit, daß wir einen Kollegen, der begnadet ist im Umgang mit der Wünschelrute, mit in das
Dorf nehmen. In einem Dorf führten seine Messungen zu konkreten Hilfen
für einzelne Bewohner über die Bestimmung von Wasserstellen und von
physiologischen und biologischen Störfaktoren in einzelnen Haushalten.
Der Ortsplan mißt Störfaktoren, die aufgelistet sind in dem Fragebogen, der den Teilnehmern dieses Seminars im Rahmen der vier Ortsbe-
gehungen ausgehändigt wurde (siehe S. 92). Er stellt umweltstörende
Einflüsse im industriellen und im landwirtschaftlichen Produktions-
bereich fest. Hierzu kann auch die zunehmende Beeinflussung der Was-
serqualität durch die modernen Formen der Flurbewirtschaftung ge-
hören.Abwanderung und Überalterung der Bevölkerung, Abholzung, Ideologien von Fachplanungen und ein fehlendes Orts- und Gemeinschaftsbe-
wußtsein sind weitere gewichtige Störfaktoren. Der Ortsplaner als Regler, der Steuermann, steht nicht außerhalb des Systems Dorf. Ihm zur
Seite steht die im Arbeitskreis ausgewählte Gruppe von Bürgern, deren
Bedeutung im Sinne der auch gestern von Herrn Rolli nochmals vorge-
tragenen Erfahrungen an den Alltag gestellt wird. Bürger, Behörden,
Fachplanungen, Ratsvertreter und der Ortsplaner als Regler, und Ko-
ordinator, sind Teil des Systems. Das heißt, daß alle Beteiligten
unabhängig von der Anzahl der Objekte, die sie zu betreuen haben, Teil
jedes zu betreuenden Systems sein müssen, so intensiv Teil sein müssen, daß sie gewissermaßen fähig sein müssen, sich mit in die dort im
Detail herrschenden Einzelprobleme mit der eigenen Befindlichkeit, mit
den eigenen Voreingenommenheiten und Vorbehalten hineinzudenken und
sich in diesem System Dorf sicher zu orientieren. Die Möglichkeiten
der Einflußnahme über Austauschgrößen oder Stellgrößen, die aus der
dörflichen Umwelt oder von dem außerhalb des Systems kommenden Angebot
entlohnt sind, bedürfen der laufenden Überprüfung auf ihre jeweilige
Eignung hin.

Investitionen, Fördermittel, Abfallbeseitigung, Aussiedlungsmaßnahmen
oder Ansiedlungshilfen, Erneuerungsplanung, Flurbereinigung, Denkmalpflege, Energieeinsparung, alternative Landbewirtschaftung und darüber
hinaus weitere Möglichkeiten stehen theoretisch zur Verfügung. Dieses
Modell des Kreislaufes als Grundlage unserer Arbeit und auch als
Grundlage der Zielformulierung und der Entwicklung von Zukunftsvor-

stellungen für unsere Dörfer, scheint mir eine Basis zu sein.

II.
Hieraus lassen sich auch Thesen ableiten.

1. These:

Erste These, daß eben das Dorf ein zur Selbstregulation in der Geschichte fähiges System war und zu dieser Befähigung wieder gebracht werden muß, sind nun zu ergänzen durch weitere Thesen.

2. These:

Die Dörfer, so lautet die zweite, sind der privilegierte Standort für die Urproduktion und zugleich für die Landschaftspflege inFlur, Wald und Teich mit einem über die Jahrhunderte entwickelten, an den Naturgegebenheiten, z.B. der Topografie orientierten Wegenetz. Wir haben die Wälder, Teiche und Wasserläufe als Bestandteil der Flur vielleicht im Rahmen unserer Gespräche etwas ausgeblendet.

3. These:

Dörfer sind eingebunden in ein für den Informations- und Warenaustausch optimiertes Erschließungsnetz, sind Bestandteil, Element eines gewachsenen dezentralen Systems mit Erfahrungen in der Befähigung zur Selbstversorgung und Selbstverwaltung.

4. These:

Dörfer sind damit auch aus volkswirtschaftlicher Sicht aufgrund der gebunden sozialen, kulturellen und technischen Ausstattung, Standards, unverzichtbarer Bestand des Siedlungsgefüges und nach dem erkennbaren Bedeutungsverlust der zentralen Ortetheorie geradezu die Modellform für das Wohnen und Arbeiten von morgen.

5. These:

Das "normale Dorf" ist nach seiner Größe, Dichte, Überschaubarkeit ein Grundsiedlungsmuster und Grundkommunikationsmuster für egalitäre Systeme. Sie sind die Basis fast aller aktuellen Bemühungen in Europa, die Stadt und den Stadtrand im Sinne einer neuen Ökotopolis zu der sehr interessanten Ausstellung, die durch dieBundesrepublik ging, ein-

mal studiert haben, werden Sie feststellen, wie häufig auf die Modellform des Dorfes zurückgegriffen wird, wenn die Zukunft für diesen Bereich definiert wird. Eine Begründung dieser Thesen vom Dorf als opti-
malem Modell für autarke, selbstverwaltete Systeme im zentralen Sied-
lungsnetz, hat uns auch Yona Friedmann mit seinem Bild der sich tei-
lenden Elefantenherde geliefert, die sich am Grenzwert der noch ver-
träglichen Dichte in 2 Gruppen teilt. Wenn darauf ganz kurz in einem
Exkurs eingegangen werden darf, sagt er, daß alle organisierten Le-
bensformen an begrenzende Dichtewerte gebunden sind und daß der Mensch
bezüglich der optimalen Größe der zugehörigen Gruppe, die er "Kritische Gruppe" nennt, gebunden ist an die maximale Anzahl von zur gleichen Zeit möglichen intensiven Kontakten unter den Personen und an die
begrenzte Anzahl weiterleitbarer Informationen. Er nennt Zahlen und
baut darauf ein sehr originelles Modell von der Verteilung von Zuständigkeiten im Rahmen eines solchen egalitären Systems auf. Nach
Aussage von Friedmann kann man normalerweise nicht mehr als etwa 4 - 6
intensive Kontakte gleichzeitig mit anderen Personen pflegen und auch
nicht mehr als etwa sechs Informationen zu einer bestimmten Zeit
entsprechend der Qualität der Eingabe weitergeben. Hieraus leitet er
mathematisch eine unterste Gruppe von 14 - 16 Personen ab, die im Rahmen einer Selbstverwaltung eine Untereinheit bilden kann. Vervierfacht bis versechsfacht ergibt sich eine nächste Größenordnung von
etwa 60 Personen für eine schon etwas höher organisierte
selbstverwaltete Einheit, die nochmals vervierfacht die Zahl ergibt,
die optimale Größe einer unteren Selbstverwaltungseinheit von 250 bis
260 Einwohnern. Das ist interessanterweise auch die durchschnittliche
Größe des historischen Dorfes gewesen, womit das Dorf auch als opti-
males Einwohnergrößenmodell und als autarke, selbstverwaltete Organisation bestätigt wird.

6. These:

Dörfer sind die Grundlage des gesamten kulturellen, sozialen Überbaus
in der Gesellschaft und sind selbst Keimzellen der handwerklichen,
künstlerischen und geistigen Kreativität, deren Quelle die vervielfäl-
tigten Formen der Naturerfahrung sind.

III.

Nach den zugegeben pauschalen und gezwungenermaßen gerafften Zukunftsvorstellungen für unsere Dörfer gehe ich jetzt auf die zweite
Frage nach den erforderlichen Maßnahmen ein. Dabei habe ich mich auch
bemüht, auf das zu reagieren, was uns in diesen drei Tagen gemeinsam
beschäftigt hat.

Welche Maßnahmen sind erforderlich, um Dörfern die individuelle Zukunft zu sichern? Die übergreifende Maßnahme im Sinne der vorgetrage-
nen Systemtheorie ist zweifellos die negative Rückkopplung in dem
Sinne, daß verhindert werden muß, daß blinde Trendverlängerung zu
weiteren störenden oder zerstörenden Einflüssen führen. Zu den erforderlichen Maßnahmen gehören öffentliche Förderung, alternative Ansätze in die Urproduktion, für die landwirtschaftliche Produktion.

In einer Podiumsdiskussion des Fernsehens mit Herrn Landwirtschaftsminister Kiechle blieb die Frage eines Nebenerwerbslandwirts aus
Bayern, warum denn nun nicht die Mittel, die in die Stillegung und in
den Rückbau der Landwirtschaft gesteckt werden sollen, in alternativen Ansätze einer biodynamischen Landbewirtschaftung investiert
würden, unbeantwortet.

- Zu den notwendigen Maßnahmen gehört ein preiswertes Angebot von
  Bauland und Objekten an junge Familien, die ihre Existenz im
  dörflichen Raum suchen.

- Notwendige Voraussetzung für ein verändertes Leitbild ist ein
  neues materielles Bewußtsein in der Gesellschaft, in dem
  Begriffe, wie Armut, Bescheidenheit, Verantwortung,
  Improvisation, Spontanietät wieder einen anderen, einen neuen
  Stellenwert bekommen. Notwendig ist die Förderung eines Informa-
  tionsstandes bei allen Beteiligten, ganz speziell bei Fachplanun-
  gen und Behörden bezüglich dessen, was in Zukunft bei veränderten
  Randbedingungen angemessen und machbar ist.

- Nodwendig ist die gründliche, umfassende Recherche der dörflichen
  Ressourcen als Basis für die Ableitung angemessener individueller
  Strategien mit dem Ziel, auch größenmäßig begrenzten Einzelsyste-
  men wieder einen gewissen Grad an Autarkie zuzubilligen.

- Notwendig ist eine neue Bewertung des Verkehrs als Dienstleistung bezüglich Dichte, Art und Umfang. Der überregionale Verkehr im ländlichen Raum, von einigen als Tabuthemen bezeichnet, ist sicherlich eines der Grundprobleme, die neben der Problematik der Urproduktion im dörflichen Bereich in Zukunft einer neuen Lösung bedürfen.

- Notwendig sind Ansiedlungshilfen auch für Kleinunternehmen, für umweltverträgliche, handwerkliche Betriebe im Dorf.

Das ist ein unvollständiger Katalog, aber er ist abgeleitet aus den vorher gemachten Aussagen.

IV.

Abschließend gehe ich auf die Rolle der Dorferneuerung in ihrer Bedeutung für die Umsetzung der formulierten Forderungen ein.

- Die Dorferneuerung löst das Kreislaufdenken im Sinne dieses systemtheoretischen Ansatzes aus über den ganzheitlichen Ansatz des Hinterfragens und des Planens. Es werden Zielvorstellungen nach neuen Kriterien überprüft. Das ist leichter gesagt als in der Wirklichkeit getan. Darf der Ortsplaner die übergreifenden Zielvorstellungen der Gemeinde soweit in Frage stellen, daß er Festsetzungen, die 8,10 Jahre zurückliegen, kritisiert, nachdem er gründlich recherchiert hat? Die Tatsache, daß er direkt oder indirekt mit seiner Tätigkeit politisch wirkt, kann ihm zum Vorwurf gemacht werden. Nun, meine ich, gibt es keine Möglichkeit, aus dieser Art von politischer Teilnahme im Rahmen der Dorferneuerung herauszukommen.

- DieDorferneuerung lenkt eben denBlick auf die dörflichen Ressourcen, sie betreibt Spurensicherung, bewegt sich auf geschichtlichen Feldern, ohne an diese in dem Sinne gebunden zu sein, wie vergleichsweise die Siedlungsgeographie oder auch die Denkmalpflege, die die Zukunft erfahrungsgemäß stärker aus der Vergangenheit definieren.In der Dorferneuerung ist es gerade anders. Es wird die Gegenwart aus der Zukunftsperspektive definiert.

Eine Zielvorstellung wird angepeilt und dann werden - von dieser Vorstellung ausgehend - die Felder, die dazwischen liegen und die Möglichkeiten, diese Felder im Sinne dieser langfristigen Zielvorstellung zu nutzen, überprüft.

- Die Dorferneuerung bewirkt neue Formen der Eigenverantwortung im Sinne der Stärkung innerörtlicher Aktivitäten durch Arbeitskreis- sitzungen, durch Bürgerversammlungen, durch alle Arten von Kommu- nikation bis hin zu den persönlichen Gesprächen.

- Die Dorferneuerung entwickelt Alternativen. Damit bietet sie auch im Sinne der entwickelten Vorstellung "machbare Utopien" und zeigt Wege und Möglichkeiten zur Veränderung auf. Y. Friedmann sagt, wenn Du etwas verändern willst, brauchst Du als Voraus- setzung folgendes:
  1.) Alternativen, 2.) Kriterien, die anerkannt sind, nach denen du diese Alternativen bewerten kannst, 3.) das Wollen der betrof- fenen Bürger, der betroffenen Gemeinschaft im Sinne dieser nun über ein Bewertungsverfahren herausgefilterten Alternative und 4.) die materiellen Voraussetzungen, um diese durchzusetzen.

- Die Dorferneuerung klärt Randbedingungen im Bereich der landwirt- schaftlichen Produktion, bereitet interdisziplinäres Handeln vor und vertritt Bürgerinteressen gegen Überfremdungsansprüche.

- Dorferneuerungspraxis kann so als eine einheitlich aufeinander abgestimmte Folge von Planungs- und Durchführungsmaßnahmen um- schrieben werden, deren Ziel die Sicherung, Erneuerung und Ent- wicklung räumlicher, siedlungsstruktureller, sozialer und wirt- schaftlicher Verhältnisse im ländlichen Raum ist.

- Dorferneuerung löst verhärtete Sozialstrukturen auf, schafft Freiräume, leistet Hinweise, Hilfestellungen und löst im Sinne der gewünschten Selbstregulation Innovationen aus, seien Sie ma- terieller oder ideller Natur. In diesem Sinne habe ich mich bis- her um Dorferneuerung bemüht und teilweise auch erfahren dürfen.

Brauchen wir nun neben der Stadt- und Regionalpolitik auch eine Dorf- politik? Ich glaube nein, wir brauchen eine regionale Politik, die

die Ressourcen der Dörfer nicht ausnutzt, sondern sie bestätigt, sie gewissermaßen im Sinne eines dezentralen Systems an die örtlichen Einheiten zurückgibt und die Bedeutung der "kleinen Zellen" im Sinne des vorher Gesagten wieder stützt.

Dieser Satz, daß "das Ganze mehr ist als die Summe der Teile", gilt nun besonders für die Aufgabenstellung der Dorferneuerung. Die Summe der vielen Einflußnahmen ist nicht das Ergebns sondern das Neue, was sich aus dieser Summe entwickelt. Allen Kollegen, für die hier stellvertretend das Wort ergriffen wurde, möge dieser Hinweis auch als kleiner Trost dienen bei den vielen Schwierigkeiten, denen wir in der Praxis begegnen. Ein anderes Wort, das man in diesem Sinne anschließen kann: "Es gibt kein Versagen, außer dem der Phantasie." Und für diese ist der Ortsplaner schon von seinem beruflichen Auftrag her zuständig.

LITERATURHINWEISE:

Y. Friedmann: "Machbare Utopien" Fischer alternativ 4018

F. Fester: "Neuland des Denkens", DTV-Taschenbuch

Lao-tse "Tao-te-King"/Reclam-Verlag, Stuttgart

J. Bargholz Hsg.) "Ökotopolis - Bauen mit der Natur" Verlag Kölner Volksblatt

J. Grube: "Praxis der Dorferneuerung" Neues Archiv für Niedersachsen, Göttingen

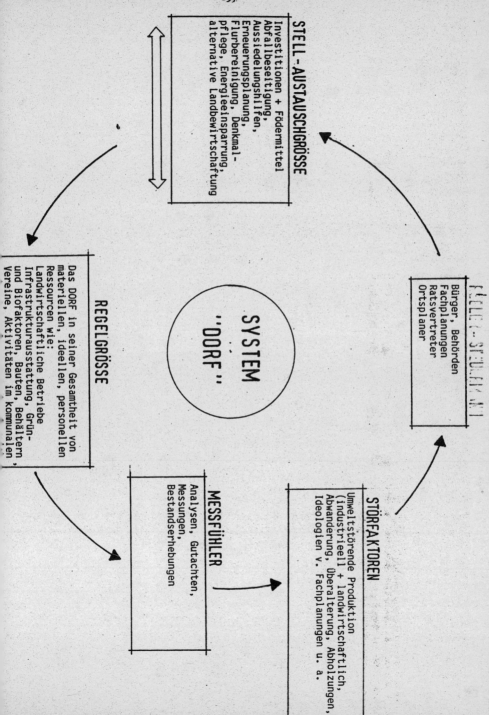

STELL-AUSTAUSCHGRÖSSE

Investitionen + Fördermittel
Abfallbeseitigung,
Aussiedelungshilfen,
Erneuerungsplanung,
Flurbereinigung, Denkmal-
pflege, Energieeinsparrung,
alternative Landbewirtschaftung

REGELGRÖSSE

Das DORF in seiner Gesamtheit von
materiellen, ideellen, personellen
Ressourcen wie:
Landwirtschaftliche Betriebe
Infrastrukturausstattung, Grün-
und Biofaktoren, Bauten, Behältern,
Vereine, Aktivitäten im kommunalen

SYSTEM
"DORF"

REGLER "STEUER.ANT"

Bürger, Behörden
Fachplanungen
Ratsvertreter
Ortsplaner

STÖRFAKTOREN

Umweltstörende Produktion
(industriell + landwirtschaftlich,
Abwanderung, Überalterung, Abholzungen,
Ideologien v. Fachplanungen u. a.

MESSFÜHLER

Analysen, Gutachten,
Messungen,
Bestandserhebungen

Bernhard W a c h t e r , Erster Beigeordneter, Deutscher Städte- und Gemeindebund

Meine sehr geehrten Damen und Herren!

Lassen Sie mich zunächst der Evangelischen Akademie Loccum
meinen - ehrlich gemeinten - Dank abstatten: einmal für
die Tatsache, daß ein derart inhaltsreiches Seminar zu dem
sicherlich reizvollen Thema "Dorferneuerung" auf die Beine
gestellt worden ist, zum anderen dafür, daß ich die
Gelegenheit erhalte, meinen Beitrag zur Frage nach der
- möglichen - "Zukunft des Dorfes" einzubringen.

A. Zum thematischen Rahmen:

Soeben sprach ich von dem "sicherlich reizvollen Thema
Dorferneuerung". Mit gleicher Berechtigung könnte man
von einem Reiz-Thema sprechen, denn es ist die Zeit, in
der Funktionäre, Politiker, Fachspezialisten, insbesondere
aber die Raumordner, Landes- und Regionalplaner erkennbar
ihre Schwierigkeiten haben - mit dem ländlichen Raum
allgemein und damit natürlich auch mit der "typisch"
ländlichen Siedlung, dem Dorf.

Selbstverständlich gibt es länderweise unterschiedliche
Ansätze für bestimmte Funktionszusammenhänge und Funktions-
zuweisungen von oben nach unten, das heißt von der Raumordnung über die Landesplanung und die Regionalplanung
auf die kleinsten räumlichen und politischen Einheiten,
die kommunalen Gebietskörperschaften. Für Nordrhein-
Westfalen gilt, daß das Land zur Zeit alles versucht,
um Siedlungsräume zu "ordnen", Freiräume verbindlich

festzuschreiben, strukturpolitische Akzente neu zu
setzen und die Verkehrsinfrastruktur umzukrempeln.
Das ist zwar nicht unser Thema, aber unser Thema ist
darin eingebettet. Da es seit der kommunalen Gebiets-
reform das Dorf als selbständige politische "Größe"
nicht mehr gibt, existiert es offenbar auch für die
außergemeindliche Planung nicht mehr. Dies könnte man
unter dem Aspekt der "Beachtlichkeit" auch der Dörfer
bedauern. Ich sehe dadurch allerdings eine größere
Chance für eine den traditionellen Grundmerkmalen des
Dorfes möglichst gerecht werdende, ortsgebundene Behand-
lung des Themas in planerischer, gestalterischer, bau-
lich-funktionaler und soziologischer Hinsicht. Damit will
ich keineswegs einen jahrzehntelang genährten, inzwischen
Gott sei Dank überwundenden Stadt-Land-, genauer gesagt:
Stadt-Dorf-Gegensatz neu aufleben lassen. Mir liegt
vielmehr daran, den eher quantitativ begründeten "Unterschied" zwischen Stadt und Dorf durch eine qualitativ
orientierte Betrachtungsweise zu ersetzen. Nur dann ist
nämlich der Kopf frei für "dorfgerechte" Gedankengänge
mit darauf ausgerichteten Verfahrensweisen, Instrumenten
und Strategien. Was für die bisher städtebaulich und
siedlungsstrukturell bevorzugt behandelten Verdichtungs-
räume gut oder zumindest tauglich erscheinen mag, eignet
sich nämlich noch längst nicht auch für ländliche Räume.
Was städtischer Denk- und Lebenshaltung entspringt und
entspricht, kann - übertragen auf ländliche Strukturen -
für das Dorf tödlich sein! Uns muß aber daran gelegen
sein, daß unsere Dörfer, soweit es sie als solche noch
gibt, als Dörfer überleben. Das geht nicht ohne "Über-
lebenstraining", dessen Einheiten so aufzubauen sind, daß
das anvisierte Ziel - die Erhaltung bzw. die Wiedergewinnung der Lebensfähigkeit und inneren Lebendigkeit des
Dorfes - erreichbar bleibt und möglichst auch erreicht wird.

B. Das Dorf als erhaltenswerter und entwicklungsbedürftiger,
   eigenständiger Siedlungs- und Lebensraum

Den mir innerhalb dieses Seminars zugedachten Beitrag
möchte ich unter folgenden vier Fragestellungen leisten:

1. Was war das Dorf früher (Historie)?

2. Was ist das Dorf heute (Befund)?

3. Was kann oder soll das Dorf (wieder) werden (Zukunftsorientierung)?

4. Wie bzw. durch wen ist dieses Ziel zu erreichen (Instrumente, Strategien, Förderung)?

Antworten sind weder aus einer bestimmten "Dorfphilosophie"
noch aus idealisierenden Überhöhungen zu erwarten. Es geht
ausschließlich um den Versuch einer Antwort auf die Frage,
woran diejenigen denken müssen, die dem Dorf auf historischer
Grundlage und Entwicklung unter Berücksichtigung der gegen-
wärtigen Situation eine Zukunftschance geben und auch eine
Zukunft sichern wollen.

I. Was war das Dorf früher?

   Die knappste Definition des Dorf-Begriffes ist die einer
   "ländlichen Siedlung, die aus mehr oder minder nahe
   beieinander liegenden bäuerlichen Gehöften besteht".
   Hinter dieser sicherlich unvollkommenen Definition
   verbergen sich Wesensmerkmale, die das historische
   Erscheinungsbild des Dorfes prägten, und dies in
   ehedem eindeutiger Unterscheidung von der Stadt. Ich
   fasse diese Grundzüge - verkürzt - unter dem Stichwort
   "Integrationsfaktoren" zusammen, was zwar vielleicht

nicht ganz treffend sein mag, es aber ermöglicht,
"Erosionserscheinungen" späterer Zeiten in bezug auf
das dörfliche Gemeinschaftsleben unter dem Begriff
"Desintegrationsfaktoren" zu erfassen.

Als "Integrationsfaktoren" der früheren Landgemeinde
sind zu nennen:

1. der die meisten Dorffamilien auszeichnende Landbesitz:
   Er band an den Ort, erhielt eine größere Mehrgeneratio-
   nenfamilie als Arbeitsgruppe, brachte gemeinsame
   Interessen und verwandtschaftliche Verbindung mit
   der engeren und weiteren Nachbarschaft;

2. die einheitliche, agrarische Bodennutzung:
   Sie ermöglichte Autarkie und damit wirtschaftliche
   Unabhängigkeit nach außen, beinhaltete gleichför-
   mige Lebensbedingungen innerhalb eines einheit-
   lichen Sozialgefüges und "garantierte" ein hohes
   Maß an Natur- und Bodenverbundenheit und damit auch
   Bodenständigkeit;

3. die überschaubare räumliche Ausdehnung und Abge-
   schlossenheit der Siedlung:
   Sie ermöglichte den lebendigen Vollzug eines für
   die Gesamtheit der Bewohner überschaubaren Gemeinschaftslebens, bildete ein geschlossenes System
   der sozialen Kontrolle (mit daraus resultierenden
   Verhaltenszwängen!), ließ zwangsläufig alle
   Bewohner an jeglicher Kommunikation und Information
   teilhaben, förderte das Genossenschaftsprinzip in
   bezug auf die gemeinsame Nutzung (und Pflege) der
   Dorfeinrichtungen sowie die gleichmäßige Heran-
   ziehung zu dörflichen Lasten und zwang zu häufiger
   gegenseitiger Hilfe und gemeinschaftlicher Selbsthilfe;

4. die zahlenmäßige und vor allem personale Konstanz der
   Bewohner infolge geographischer und sozialer Immobi-
   lität;

5. die - freiwillige - gemeinschaftliche Pflege traditionellen religiösen Brauchtums.

Daß sich die Voraussetzungen, unter denen sich - teils
zwangsweise, teils freiwillig - ein in sich "geschlossenes" dörfliches Gemeinschaftsleben entwickeln und behaupten
konnte, längst und auch gründlich gewandelt haben, bedarf
hier keiner näheren Darlegung. Deshalb kann ohne weitere
"Zwischenschritte" der Sprung in die Gegenwart getan
werden.

II. Was ist (kennzeichnet) das Dorf heute?

Unter Verzicht auf regionale Besonderheiten kann zunächst
generalisierend gesagt werden, daß das Dorf seine ursprünglich eindeutig und ausschließlich versorgungspo-
litische Funktion eingebüßt hat. Ursächlich dafür ist
- aus dem Blickwinkel des Dorfes selbst - der schrittweise Rückgang der Zahl der landwirtschaftlichen Betriebe und der in der Landwirtschaft Tätigen, verbunden
mit der Abnahme landwirtschaftlicher Nutzflächen. In
vergleichbarem Maße hielten neue Techniken, Handwerk
und Gewerbe sowie Stadtbewohner Einzug in die Dörfer;
Angehörige bäuerlicher Familien ergriffen andere Berufe,
stiegen sozial auf und verließen ihr angestammtes Dorf.
Die zunehmende berufliche Differenzierung der Dorfbewohner, der Zuzug von Städtern und die räumliche
Erweiterung der dörflichen Siedlungen ergeben den Befund,
daß zwischen Stadt und Dorf allenfalls noch graduelle
Unterschiede bestehen, die die Frage nach der Eigenständigkeit des Dorfes als unverwechselbarer Siedlungs- und
Lebensform aufwerfen.

Das, was das Dorf früher kennzeichnete und durchaus
integrationsfördernd wirkte, ist heute nur noch zum
Teil und ansatzweise, aber immerhin noch, vorhanden.

Die genannten Veränderungen haben zu einer "Erosion"
der dörflichen Agrar- und Sozialstruktur geführt, die
erkennbar desintegrierende Wirkung erzeugt hat:

1. Land- und Forstwirtschaft sind nur noch ein mehr oder
   weniger mitbestimmender Fakor im dörflichen
   Lebens- und Wirtschaftsraum.

2. Die weitgehend einheitliche, gleichförmige dörfliche
   Lebensweise ist einer Vielfalt nach außen orien-
   tierter wie in das Dorf hineingetragener Denk- und
   Verhaltensformen gewichen.

3. Ehemals örtliche Institutionen wie die Dorfschule oder
   das Pastorat sind überwiegend aufgelöst und in größere
   Zusammenschlüsse überführt worden; dies gilt gleichzeitig für die anerkannten, integrativ wirkenden örtlichen Autoritäten wie Lehrer und Pastor; mancherorts
   ist sogar die letzte Gastwirtschaft mit dem berühmten
   "Saal" verschwunden.

4. Die erreichte räumliche, berufliche und soziale
   Mobilität der Dorfbevölkerung (einschl. der Kinder)
   bringt es mit sich, daß die Dorfbewohner die Hälfte
   des Tages oder mehr außerhalb des Dorfes und damit
   außerhalb des überschaubaren Lebens- und Erlebnis-
   bereiches, den das Dorf nach wie vor ermöglicht,
   verbringen.

5. Die das ehemals agrarstrukturell geprägte Dorf kenn-
   zeichnenden Gruppen von Wohn- und Wirtschaftsgebäuden,
   das heißt Wohnhaus, Stall und Scheune, sind teilweise

umfunktioniert, teilweise mit anders genutzten Gebäuden
aus modernen Baumaterialien und in anderer Maßstäblichkeit durchsetzt; die bauliche Tradition, Harmonie
und ursprüngliche Schönheit vieler Dörfer hat dadurch
empfindlich gelitten.

6. Die Auflösung der früheren Einheit von Wohnen und
   Arbeiten und die Auflösung der Familienverbände
   (Stichwort: Drei-Generationen-Familie) lassen nur
   noch bedingt die eigene und selbständige Erfüllung
   vieler sozialer Aufgaben im Dorf zu.

7. Der Verlust der politischen Selbständigkeit der
   Dörfer hat die früher selbstverständlich gewesene
   örtliche Eigeninitiative erlahmen lassen und zu
   einer ausgeprägten Anspruchs-, Forderungs- und
   Versorgungsmentalität der Dorfbewohner im Verhältnis zur neuen politischen und verwaltungstech-
   nischen Einheit geführt.

Wir stellen damit fest, daß das Dorf von heute mit dem
Dorf von gestern nur noch wenig gemeinsam hat. Das
Dorf als selbständiger Siedlungstyp und besonderer
Lebens- und Erlebnisraum oder auch eigener Kulturraum
könnte damit bereits "abgeschrieben" sein und seinem
Schicksal überlassen werden. Der bauliche Verfall und
der Umzug oder der Tod des letzten Dorfbewohners
wären lediglich eine Frage der Zeit.

Aber schon die bloße Vorstellung eines "schleichenden
exitus" des Dorfes muß erschrecken. Sie ist Gott sei
Dank auch irreal, und dies aus zwei Gründen: zum einen
ist den meisten Dörfern noch anzusehen und auch anzu-
merken, daß sie eine eigene - wenn auch nicht mehr
die frühere - Ausstrahlung haben; zum anderen sind
sie bei aller strukturellen und soziologischen Wandlung

nicht etwa funktionslos geworden. In industrieärmeren
Regionen behauptet sich immer noch der landwirtschaftliche Charakter, im Einzugsbereich von Ver-
dichtungsräumen ist dem ländlichen Raum und damit
auch den Dörfern in erheblichem Maße Ausgleichs- und
Ergänzungsfunktion zugewachsen. Das Dorf als zwar
nicht mehr in sich geschlossener, aber auch nicht
anonymer Lebens- und Siedlungsraum, als zwar nicht
mehr homogenes, aber auch nicht aufgelöstes soziales
System, als zwar nicht mehr selbständige und autarke,
aber auch nicht ausschließlich fremdbestimmte oder gar
lebensunfähige Siedlungs- und Wohngemeinschaft, muß also
eine Zukunft haben.

III. Was kann oder soll das Dorf (wieder) werden?

Erkennt man an, daß das Dorf zu keiner Zeit ein wirkliches
aliud zur Stadt gewesen ist, die Unterschiede nicht
prinzipieller sondern gradueller Natur sind, daß sich Dorf
und Stadt in der Denk- und Lebensweise der Bewohner
zunehmend ähnlicher werden, weil moderne Techniken,
persönliche und berufliche Mobilität und das Prinzip
der arbeitsteiligen Gesellschaft jegliche räumliche
und gefühlsmäßige Trennung überwinden, dann kann es
eigentlich nur darum gehen, die Zukunft des Dorfes danach
auszurichten und zu fördern, was es zu erhalten oder
erst wieder zurückzugewinnen gilt und was der adäquaten
Weiterentwicklung am ehesten dient.

- Vorgaben:

  Die erste Vorgabe lautet: Jedes Dorf hat bestimmte,
  neue oder abgewandelte, teils selbst gewählte,
  teils "zugewiesene" Funktionen.

  Die zweite Vorgabe: Jedes Dorf hat ein individuelles
  "Gesicht", auch wenn seine Identität heute der
  Rekonstruktion bedürfen sollte.

Die dritte Vorgabe: Jedes gewachsene Dorf hat seine
eigene Tradition, sein Brauchtum und seine Kultur.

Die vierte Vorgabe: Jedes Dorf hat einen siedlungs-
strukturellen, wirtschaftlichen und soziologischen
Wandel durchgemacht und zumindest ansatzweise städtische
Züge angenommen.

Die fünfte Vorgabe: Kein Dorf hat dasjenige Maß an
konzeptioneller Zuwendung und Begleitung erfahren, das
den Städten - unabhängig von Erfolg oder Mißerfolg -
zuteil geworden ist; das heißt, in bezug auf das Dorf
gibt es Entwicklungs-, Erneuerungs-, Ordnungs- und
Gestaltungsdefizite.

Die sechste Vorgabe: Nach der Überwindung quantitativer
Probleme im Zusammenhang mit dem Funktionswandel des
Dorfes ist jetzt verstärkt die Notwendigkeit der Entwicklung und Sicherung qualitativer Werte ländlich
geprägter Orte einschließlich der sie umgebenden Landschaft ins Bewußtsein gerückt.

Die siebte Vorgabe: Die Differenzierung der dörflichen
Strukturen und die Außenorientierung der Bewohner
lassen ein örtliches Gemeinschaftsleben im Sinne einer
persönlich-geistig-seelischen Verbundenheit mit
besonders hohem Integrationsgrad nicht mehr zu.

Die achte Vorgabe: Der unterschiedliche Identifikations-
grad von einheimischen und zugezogenen Bewohnern mit
dem Dorf wirkt sich spannungserhöhend auf das Leben
im Dorf aus.

Die neunte Vorgabe: Der Dorfbevölkerung darf die
städtebauliche Erneuerung und Gestaltung des örtlichen Lebensraumes nicht aufgezwungen werden; die

Dorfbevölkerung darf sich andererseits diesbe-
züglichen Maßnahmen nicht verschließen.

Die zehnte Vorgabe: Jede Verbesserungsmaßnahme muß
daran gemessen werden, inwieweit mit ihr die
Vitalstruktur des Dorfes gestärkt werden kann.

- Ziele:

Unter Berücksichtigung der genannten Vorgaben lassen
sich die wesentlichen Ziele einer zukunftsorientierten Sicherung ländlicher Wohn- und Siedlungsformen wie folgt umreißen:

1. Erhaltungs-, Sicherungs- und Entwicklungsmaßnahmen
   in den Dörfern müssen unter Berücksichtigung
   historischer Grundzüge (insbesondere Grundrisse
   und Gliederungen), der heutigen und auch der
   absehbaren Funktionen sowie der örtlich fest-
   stellbaren Bedürfnisse angegangen werden, das
   heißt: erhaltende Erneuerung in Anpassung
   an neuzeitliche Ansprüche.

2. Die dem Dorf eigene Individualität muß dadurch
   unterstützt und ggf. wiedergewonnen werden, daß
   charakteristische Elemente des gewachsenen Ortes
   neu betont werden.

3. Baulücken sind maßstabsgerecht zu schließen,
   Brachflächen und sonstige Freiflächen innerhalb
   der geschlossenen Ortslage müssen einer an den
   Nutzungsbedürfnissen und Interessen der Dorfbewohner orientierten Gestaltung und Verwendung
   zugeführt werden (Innenentwicklung, Komplettierung).

4. Der Gestalt- und Funktionswandel des Dorfes und
   die damit einhergegangene Störung oder auch Auflösung alter, gleichartiger Strukturen
   verlangen eine bauliche und gestalterische
   Neuorientierung, die Inhalt eines dörflichen
   Rahmenplanes sein sollte.

5. Die Nutzungsansprüche sowohl der angestammten
   Bewohner als auch der zugezogenen Städter im
   privaten wie im öffentlichen Dorfraum sind
   sorgfältig zu ermitteln und zu harmonisieren.

6. Vielerorts ist das Dorf von Erneuerungsmaßnahmen
   ausgeklammert geblieben oder auch ausgeklammert
   worden, weil die Bereitschaft der Bürger hierzu
   nicht vorhanden war. Die entscheidende Ziel-
   setzung ist deshalb darin zu sehen, daß bei
   den Bürgern die Aufgeschlossenheit für Dorferneuerungsmaßnahmen geweckt und so die Identifikation mit einer Neugestaltung des eigenen
   Lebensraumes ermöglicht wird.

7. Eine funktionsgerechte Erneuerung von Dorfbereichen
   muß auf die vier wesentlichen Funktionen des Dorfes
   von heute abgestellt sein: Wohnen, Landwirtschaft,
   Handwerk und Gewerbe, Fremdenverkehr (Freizeit und
   Erholung).

8. Die Attraktivität des Dorfes insbesondere für nachwachsende Generationen, die noch eine innere Beziehung
   zum Dorf haben, die Lebensfähigkeit des Dorfes
   und dessen innere Lebendigkeit hängen davon ab,
   daß der Aufenthalt im Dorf interessant ist oder
   wieder wird. Dazu genügt es nicht, das Dorf
   "kosmetisch" herauszuputzen, wie es dem Tages-
   besucher vielleicht primär vorschwebt. Vielmehr

sind die Voraussetzungen für altersentsprechende
Betätigungsmöglichkeiten im kulturellen, sport-
lichen und gesellschaftlichen Bereich zu schaffen,
zu verbessern und zu sichern.

9. Dörfliche Tradition kann nur überleben und über-
   liefert werden, wenn diejenigen, die mit ihr
   aufgewachsen sind, einen Platz im Dorf erhalten
   und behalten. Ihnen muß die Möglichkeit eröffnet
   werden, im Ort zu bauen und zu wohnen, ggf. auch
   zu arbeiten.

10. Die Vitalstruktur des Dorfes hängt - neben seiner
    substantiellen und infrastrukturellen Sicherung -
    davon ab, daß möglichst viele Bewohner sich für
    das Dorf engagieren. Auch darin liegt ein Stück
    Tradition, deren Beständigkeit sich nach der
    Kontinuität der Träger richtet. Neubürger müssen
    sich einfügen, damit Polarisierungen vermieden
    werden, die das Dorf in unterschiedliche "Lager"
    spalten.

11. Das Dorf muß, wenn die Lebensverhältnisse über-
    schaubar bleiben sollen, räumliche und zahlen-
    mäßige Grenzen haben. Die vielerorts feststellbare
    Ausuferung von Neubaugebieten in frühere Freiräume
    hinein ist - auch im Interesse einer Komplettierung
    der Innenbereiche - aufzuhalten und andernorts
    gar nicht erst zuzulassen.

Die genannten Vorgaben und Ziele für die Erhaltung,
Sicherung und Weiterentwicklung des Dorfes als
eines attraktiven, überschaubaren und funktionsfähigen
Siedlungs- und Lebensraumes sind weder voneinander
noch untereinander abgrenzbar. Sie sind sicherlich
auch nicht vollständig und auch nicht ausnahmslos

gezielten Strategien und Instrumenten der planerisch-
gestaltenden Dorferneuerung zugänglich. Jeder, der
sich beruflich oder "aus freien Stücken" damit
befaßt, sollte sie zumindest im Hinterkopf haben,
um nicht trotz bester Absichten an den besonderen
Wesenszügen, die der Dorfbevölkerung eigen sind,
zu scheitern. Ein großer westfälischer Kirchenmann
(Bischof Tenhumberg) hat einmal eine Unterscheidung
zwischen Dorf und Stadt dahingehend zusammengefaßt:
das Dorf ist ein Wesensverband, die Stadt ein Zweckverband. Gegenwartsbezogen (und vielleicht gleichzeitig auch in die Zukunft weisend) könnte man es
so ausdrücken: das <u>Dorf</u> ist eher <u>wesensgeprägt</u>,
die Stadt eher zweckgerichtet.

Damit komme ich zum letzten Punkt meiner Betrachtung,
nämlich der Frage:

IV. <u>Wie bzw. durch wen ist das Ziel "Lebensfähigkeit des Dorfes" am besten zu erreichen?</u>

Die naheliegendste Antwort müßte lauten: durch die
Eigeninitiative der Bewohner! Das hat es immerhin
schon gegeben, und zwar in jüngerer Zeit im Rahmen
der städtebaulichen Wettbewerbe "Unser Dorf soll
schöner werden" und "Bürger, es geht um Deine Gemeinde".
Die dabei zweifellos gezeigte Begeisterung ist jedoch
erfahrungsgemäß nicht von langer Dauer, und von den
Präsentationen für die Bewertungskommissionen ist
nicht allzuviel übriggeblieben. Hinzu kommt, was
Städter – und auch Städteplaner – leicht übersehen:
Der Großteil der dörflichen Bewohner ist nach wie vor
relativ genügsam, was das substantielle und gestalterische Erscheinungsbild des Dorfes angeht; das
eigene Interesse ist auf die Bestellung von Hof und
Feld, von Haus und Garten gerichtet und gleichzeitig
auch darauf beschränkt. Weiterreichende Initiativen

qualitätsbewußterer Neubürger stoßen leicht auf
Skepsis oder gar Ablehnung im Dorf. Es bleibt
"im Zeifel" doch alles beim alten.

Raumgreifende, konzeptionelle Anstöße von außen
bleiben erfolglos und "fremdbestimmte" Maßnahmen
unakzeptiert, wenn sie nicht frühzeitig in das
Bewußtsein der Dorfbewohner eindringen konnten.

Daraus folgt:

1. Da grundlegendere Gestaltungs- und Erneuerungs-
   initiativen aus der örtlichen Bevölkerung nicht
   zu erwarten sind und auch nicht abgewartet
   werden können, muß die erste Initiative - der
   erste Anstoß - von außen kommen.

2. Initiativen von außen sind aber nur dann sinnvoll
   und erfolgversprechend, wenn deren Umsetzung
   ein eingehender Bewußtseinsbildungsprozeß im Ort
   vorausgeht, der Eigeninteresse weckt und damit eine
   tragfähige Akezptanz herstellt, und zwar Akzeptanz
   in Form der Eigenartikulation (gesucht: ein ein-
   fühlsamer Moderator von außen, ein verständiger
   Multiplikator im Dorf, Dorfbewohner mit dem Willen
   zu gemeinschaftlicher Initiative).

Die genannten "Fremden" (die Moderatoren) können
- was heute ja auch der Fall ist - sowohl Städteplaner als auch Flurbereiniger sein. Beide Sparten
fühlen sich gleichermaßen berufen, und beide können
gleichermaßen eine gesetzliche Legitimation
für sich in Anspruch nehmen. Da es jedoch nicht
so recht einsichtig ist, warum zwei "Köche"
im gleichen "Kochtopf" rühren, sollte - auch hier -
die Frage erlaubt sein, ob dieser Zustand beibehalten werden soll. Sie kennen die Behauptungs-

kraft von städtebaulicher Planung einerseits und
Flurbereinigung andererseits. Das Städtebau-
ressort verweist auf seine Primärzuständigkeit
für die Gestaltung, Ordnung und Entwicklung
von Städten und Gemeinden und damit - spätestens
seit der kommunalen Neugliederung - auch von
Gemeindeteilen, also Dörfern; die Flurbereinigung
beansprucht über die Aufgabe, die Feldflur zu
ordnen, hinaus auch die Gestaltung, Ordnung und
Entwicklung der Dorfflur und damit der Dorfbe-
bauung selbst.

Meine persönliche Meinung - die übrigens mit der
Auffassung und den daraus abgeleiteten Forderungen des
Deutschen Städte- und Gemeindebundes für das Baugesetzbuch übereinstimmt - ist: Die Flurbereinigung
war noch nie auch eine städtebauliche Aufgabe;
die Agrarstruktur bezeichnet schon begrifflich die
Bedingungen landwirtschaftlicher Bodennutzung,
mit der allenfalls landwirtschaftliche Betriebs-
stätten im (Funktions-) Zusammenhang stehen.
Daß in früheren Zeiten das Dorf ausschließlich
oder weit überwiegend aus landwirtschaftlichen
Wohn- und Betriebsgebäuden bestand, ließ - wegen
des genannten Funktionszusammenhanges mit der
landwirtschaftlichen Bodennutzung - die Mitbe-
treuung der dörflichen Siedlung durch die
Flurbereinigungsstellen angebracht und auch
gerechtfertigt erscheinen. Wenn man aber einen
deutlichen Funktions- und Strukturwandel der
meisten Dörfer diagnostiziert, der sich in erster
Linie im Erscheinungsbild des Siedlungsgebildes
"Dorf" niedergeschlagen hat, muß man so konsequent
sein, insoweit eine Aufgabenverlagerung anzuer-
kennen. Das Dorf von heute trägt zunehmend nichtlandwirtschaftliche Züge, die Ortsbevölkerung

lebt in einem überörtlichen Bezugsverhältnis,
Denkmalschutz und Denkmalpflege halten in den
Dörfern Einzug, öffentlicher und privater Raum
stehen in einem veränderten Wechselbezug und bedürfen der an neuen Nutzungsansprüchen orientierten Neuordnung und Gestaltung.

Diese inhaltliche Aufgabenverlagerung ist zugegebe-
nermaßen vom Gesetzgeber und - was noch "reiz-
voller" ist - förderungspolitisch bisher noch nicht
nachvollzogen. Das neue Baugesetzbuch könnte
dafür jedoch eine gute Gelegenheit sein.

Auch wenn ich mit diesen deutlichen Worten bei
manchem von Ihnen ins Fettnäpfchen getreten bin,
habe ich mich - im Interesse der Sache - davor
nicht gescheut. Es geht nicht darum, jemandem
ein sicherlich lieb gewordenes "Spielzeug" wegzu-
nehmen. Fest steht aber, daß die Zukunft unserer
Dörfer nicht in der bloßen "Neuauflage" der
Dörfer von gestern liegen kann. Die Zukunft des
Dorfes hängt von dem möglichen Grad der Identi-
fizierung der Bevölkerung mit ihrem Wohn- und
Siedlungsraum ab. Dies gilt auch in bezug auf
die Lebens- und Überlebensfähigkeit des Dorfes,
auf seine Vitalstruktur und auf seine Funktionsfähigkeit. Da uns die Zukunft des Dorfes am
Herzen liegen muß, dürfen die Zukunftschancen
nicht ausgerechnet durch Ressortegoismus gefährdet
werden! Damit auch kein Mißverständnis in bezug
auf die "Tauglichkeit" des Städtebauförderungs-
gesetzes bzw. seines "Rechtsnachfolgers" (Baugesetzbuch) für die Dorfentwicklung und Dorferneuerung aufkommt: Die Definition des "Mißstands-
begriffes" erfaßt nicht nur auch, sondern in
besonderem Maße Funktionsschwächen, städtebauliche

Erneuerung bedeutet also auch Behebung von
Funktionsdefiziten. Und das können unsere Dörfer
sehr wohl gebrauchen!

Ich danke Ihnen für Ihre Aufmerksamkeit.

Bernhard W a c h t e r , Mechernich

THESEN ZUM REFERAT

----

1. Die Frage nach der Zukunft des Dorfes, oder genauer: die Frage,
   ob und ggf. welche Zukunft "das Dorf" hat (haben soll), kann nur
   auf der Basis der selbständigen Bedeutung des Dorfes als eigener
   Siedlungs- und Lebensweise beantwortet werden.

2. Die durch verschiedene Faktoren und Strömungen insbesondere in
   den letzten 20 Jahren nachhaltig veränderte Struktur und Funktion des Dorfes stellt die Berechtigung, auch künftig das Thema
   "Dorf" vornehmlich unter agrarstrukturellen Gesichtspunkten zu
   behandeln und strukturpolitisch zu ressortieren, zumindest in
   Frage.

3. Die agrarstrukturell betonte Funktion des Dorfes als Hauptab-
   brenzungsmerkmal zur handels-, wirtschafts- und dienstleistungs-
   orientierten Stadt gehört überwiegend der Vergangenheit an.

4. Die soziologische Geschlossenheit des Dorfes ist durch ein hohes
   Maß an Mobilität und Außenorientierung "aufgeweicht", die politische Selbständigkeit des Dorfes ist in größeren Zusammenhängen
   und Zusammenschlüssen aufgegangen.

5. Das Dorf wird von den einen als autarkes, überschaubares und in
   sich geschlossenes Siedlungs- und Sozialgefüge, vielleicht auch
   als Idylle anerkannt, geschätzt, gelobt, von den andern als
   rückständig, antiquiert, nicht mehr lange lebensfähig belächelt.
   Es spricht also keineswegs alles und jeder für oder gegen die
   (Rück-) Besinnung auf eine Eigenvitalität des Dorfes.

6. Die Tatsache, daß sich mehrere Fachrichtungen gleichzeitig um
   unsere Dorfer "kümmern", spricht für ein selbständiges Interesse
   an diesem Gebilde und an seiner besonderen Individualität.

7. Siedlungsgröße, soziale Struktur und kulturelle Eigenständigkeit
   sind ausschlaggebend für die Konsistenz des Dorfes. Es muß auch
   für nachwachsende Generationen attraktiv und erhaltenswert sein.

8. Ein Dorf, dessen Bevölkerung sich nur noch einig in der Abwehr gegen Einflüsse von außen ist, verliert seinen Anspruch auf Eigenständigkeit und eigene Identität.

9. Die Chance des Dorfes auf eine individuelle Zukunft liegt entscheidend in dem gemeinsamen Willen und der Kraft zur erhaltenden Erneuerung und selbstbestimmten Entwicklung.

10. Fremdbestimmte, etwa "kosmetische" Maßnahmen der kleinteiligen, optischen Dorferneuerung, verbrämt durch eine konkurrierende Bereitstellung ressortegoistischer Förderungsmittel sind für das Dorf schädlich und unter diesem Aspekt abzulehnen.

Prof. Dr. Ernst C. Z u r e k , Forschungsgesellschaft für Agrarpolitik und Agrarsoziologie, Bonn

"Den letzten beißen die Hunde" - so der Volksmund. Das trifft auf den "letzten Programm-Redner" unserer Tagung insofern auch zu, als das meiste, was er zum Tagungsthema noch beisteuern könnte, eigentlich schon gesagt oder zumindest laut gedacht worden ist. Ich kann und will mich daher kurz fassen und nur einige kurze, vielleicht ketzerische Anmerkungen zu den für die Abschlußdiskussion gewählten Fragekomplexen nachschieben.

Der Dreh- und Angelpunkt für die "Zukunft des Dorfes" besteht für mich nicht in den vier für die Abschlußdiskussion aufgelisteten Fragekomplexen, sondern in einer Klammer des gelben Programmvordrucks, nämlich derjenigen, die das Wörtchen "individuelle" in der zweiten Frage: "Welche Maßnahmen sind erforderlich, um Dörfern die (individuelle) Zukunft zu sichern?" umrahmt. Diese Klammer demonstriert die ganze Unsicherheit oder soll man sagen Misere dessen, was man eigentlich für die Zukunft der Dörfer will und provoziert unmittelbar die Gretchenfrage, an der sich sowohl Zukunftsvorstellungen als auch Politik, Maßnahmen und Dorferneuerungsprogramme zu orientieren hätten. "Ist das Dorf der Zukunft", das wir wollen, ein "individuelles Dorf" oder aber nur noch der abhängige, möglichst funktionale Ortsteil einer flächigen Großgemeinde, die den Namen "Stadt" trägt, ohne vielfach bereits eine solche zu sein, aber danach strebt, möglichst rasch eine "echte Stadt" zu werden? Hier scheiden sich die Geister und entsprechend auch die Einschätzungen und Bewertungen von geplanten, bereits in Angriff genommenen oder schon realisierten Dorferneuerungs- bzw. Dorfentwicklungsprogrammen. Zweifelsohne waren die Chancen für eine formale, eine äußere Dorferneuerung nie so günstig wie in der jüngsten Vergangenheit und in der Gegenwart. Anders sieht es jedoch aus, wenn es um eine inhaltliche, eine innere Dorferneuerung geht. Hier blasen die "Entwicklung" und das "Verhalten der Politik" der Dorferneuerung kräftig ins Gesicht. Sozialer Wandel und Verwaltungsreform haben das Dorf bis zur Unkenntlichkeit gebeutelt. Hier ist und wird die attraktive Hülse gepredigt und gefördert und gleichzeitig die inhaltliche Aushöhlung - man kann auch sagen Auszehrung - verlangt und gefordert.

Von der Auflösung dieses Widerspruches wird es letztlich abhängen, welche Zukunft des Dorf haben wird.

Wenn jedoch Politiker und Planer den "abhängigen Ortsteil" und nicht das "individuelle Dorf" im Auge haben, so sollten sie so ehrlich sein, von "einer Zukunft der Ortsteile" und nicht "der Dörfer" zu sprechen und damit würde sich gleichzeitig die letzte unserer vier Fragen: "Brauchen wir neben der Stadt- und Regionalpolitik auch eine Dorfpolitik?" von selber erledigen, bzw. mit einem klaren "Nein" beantworten lassen.

Will man jedoch das "individuelle Dorf", so gilt es, sich nicht nur der Form, der äußeren Gestalt, unserer Dörfer anzunehmen, sondern die dörflichen Eigenkräfte zu stärken, den Zentralismus abzubauen und die dörflichen Belange den Dörflern zu überlassen. Aber das allein reicht nicht. Verlangt werden muß eine Dorfpolitik, als eigenständiger Bestandteil einer umfassenden Regionalpolitik, die "urbane" Verdichtung" und "nichturbanes Hinterland" als gleichrangige und voneinander abhängige Partner begreift und behandelt. Das ist mühsam, zumal bei dem Prinzip "Stimme = Stimme" in der demokratisch-pluralistischen Gesellschaft das "platte Land" infolge seiner geringeren Bevölkerungsdichte ex definitione benachteiligt ist und bleiben wird. Ländlicher Raum und Dorf können nicht länger allein als Ausgleichsräume für die städtischen Verdichtungen gesehen und behandelt werden, wenn man ihrer Marginalisierung entgegenwirken will. Ziel einer Dorfpolitik im engeren Sinne muß es dabei sein, die dörflichen Sozialsysteme, die durch umwälzende soziale und wirtschaftliche Veränderungen, aber auch durch massive Eingriffe von außen betroffen sind, zu revitalisieren.

Es wird bei Ansätzen zur Dorferneuerung häufig übersehen oder zu wenig berücksichtigt, daß die "gängigen Leitbilder vom Dorf" gar nicht vom Dorf, also den Betroffenen stammen, sondern von Nicht-Dörflern - Behörden, Wissenschaftlern, Interessenvertretern und anderen. Dabei zeigen sich drei Grundrichtlinien (Planck, 1986, S. 46)

1. Der ländliche Raum als "Rohstoff" im doppelten Sinne, einmal organisch-technisch im Sinne billigen Bodens als Baulandreserve und als Gelände zur Trinkwassergewinnung, Abwässer- und Abfallbeseitigung; zum anderen im Sinne billiger Arbeitskraft.

2. Der ländliche Raum als Reserve und Ausgleichsraum für die mit Schadstoffen überlasteten Ballungsgebiete.

3. Der ländliche Raum als "Freizeit-Spielfeld erholungsbedürftige Städter (Pevetz)"

Eine solche "Außenorientierung" muß zu Mißverständnissen, Enttäuschungen und Irritationen führen.

Das Bauerndorf ist Vergangenheit. Anzustreben ist, so meint Bach (1979, S. 85) "die urbanisierte, in die Gesamtgesellschaft integrierte, Landgemeinde, die es vermag sich dennoch ihren Charakter zu erhalten." "Landgemeinde" ja, "integriert" ja, aber auch "urbanisiert"? dahinter gehört ein dickes Fragezeichen. Mrohs und Zurek (1984, S. 108) haben den anschaulichen Beweis erbracht für die These, daß "natur- und lagebedingte Mängel benachteiligter ländlicher Gebiete allenfalls partiell kompensiert werden durch politische Interventionen und wirtschaftliche Förderungsaktivitäten zugunsten solcher Räume, und zwar auch dann, wenn solche Eingriffe beträchtlich sind und permanenten Charakter besitzen." Andererseits erwarten Dorfbewohner keinesfalls die Schaffung "stadtgleicher Verhältnisse". Viel wesentlicher erscheint ihnen das subjektive Gefühl Schritt halten zu können und nicht hinter der engeren und weiteren Umgebung zurückzubleiben. Menschen vergleichen ihre Lage eben nicht an so abstrakten Größen wie "Stadt", "Land" oder "infrastrukturelle Ausstattung", sondern orientieren sich an ihren jeweiligen Bezugsgruppen. Die subjektive Zufriedenheit mit den örtlichen Verhältnissen ist vor allem an der Wanderungsbilanz, an der "Abstimmung mit den Füßen" ablesbar. Erst die subjektive Vorstellung zurückzubleiben, löst Abwanderung aus.

Eine letzte Anmerkung. Zur Dorferneuerung braucht man: das Geld eines Ölscheichs, die Findigkeit eines Steuersünders, die Arbeitskraft eines Kulis, die Beredsamkeit eines Politikers, die Selbstlosigkeit eines Missionars, die Geduld eines Anhalters, den Optimismus eines Schiffbrüchigen, die Genialität eines Nobelpreisträgers, die Dickfälligkeit eines Nilpferdes, die Beharrlichkeit eines Versicherungsagenten und das Taktgefühl eines Botschafters (AVA Nr. 42, 1966).

Daß angesichts dieses Qualifikationsspektrums manches in der Dorferneuerung nicht so gelungen ist wie geplant, erhofft oder befürchtet, erscheint logisch und wird sich auch in Zukunft kaum ändern lassen.

LITERATUR:

AVA. Dorferneuerung tut not! Wiesbaden 1966. Sammelblatt Nr. 42.

Bach, H., Vom Bauerndorf zur urbanisierten Landgemeinde.
Diakonia 10, 2/1979, 78-85

Mrohs E. u. Zurek, E., Entwicklung ländlicher Räume. Schriftenreihe des BML, Reihe A, Angewandte Wissenschaft, H. 279 Münster-Hiltrup 1984.

Planck, U., Dorferneuerung und Dorfforschung. Schriftenreihe für Agrarpolitik und Agrarsoziologie. Band XLII Linz 1986

15.30 Uhr	Beginn der Tagung mit dem Kaffeetrinken
16.00 Uhr	Begrüßung und Tagungseröffnung Dr. Jan J a r r e , Loccum

**ZIELE, FINANZIELLE UND RECHTLICHE RAHMENBEDINGUNGEN
SOWIE POLITISCHE PERSPEKTIVEN DER DORFERNEUERUNG**
Ernst Christian L ä p p l e , Bundesministerium für Ernährung, Landwirtschaft
und Forsten, Bonn

UNTERSCHIEDLICHE DÖRFER VERLANGEN UNTERSCHIEDLICHE KONZEPTE
Dr. Eckart G ü l d e n b e r g , Zweckverband Großraum Hannover

anschl. Diskussion beider Referate

19.30 Uhr	**DAS DORF SEHEN** Prof. Wilhelm L a n d z e t t e l , Institut für das ländliche Bau- und Siedlungswesen, Hannover Diskussion

Samstag, den 7. Juni 1986

8.30 Uhr	Einladung zur Morgenandacht; anschl. Frühstück
9.30 Uhr	**DORFERNEUERUNG PRAKTISCH: ORTSBEGEHUNGEN IN ESTORF, LOCCUM, MARDORF UND WIEDENSAHL**

1. Estorf
Führung und Erläuterungen: Günther D e k i n g , Vors. des Arbeitskreises Dorferneuerung
Estorf / Dipl.Ing. Reinhard H e r i c h , Architekt, Nienburg/Weser

2. Loccum
Führung und Erläuterungen: Prof. Dieter K l o s e , Architekt, Hildesheim

3. Mardorf
Führung und Erläuterungen: Carl Heinz S c h l u p p , Stadtplanungsamt Neustadt a. Rbge.

4. Wiedensahl
Führung und Erläuterungen: Gerhard D r e y e r , Bürgermeister, Wiedensahl

anschl. Auswertung und Diskussion

14.00 Uhr	Fortsetzung der Diskussion in ARBEITSGRUPPEN
17.00 Uhr	**DORFERNEUERUNG PRAKTISCH: VERTIEFUNG VON EINZELASPEKTEN DURCH KURZREFERATE IM PLENUM**

1. Straßen und Wege im Dorf
Prof. Dr. Ing. Robert S c h n ü l l , Institut für Verkehrswirtschaft, Straßenwesen und
Städtebau, Universität Hannover

2. Ökologie des Dorfes. Ganzheitliche Ansätze
Prof. Dr. Dirk A l t h a u s , Architekt, Hannover

3. Das Verhältnis von Bürger und Dorfplaner in der Dorferneuerung
Dipl. Ing. Günter K o n i e c z n y / Dipl. Ing. Engelbert R o l l i , Planungsinstitut
für ländliche Siedlung, Stuttgart

4. Landwirtschaft in der Dorfplanung
Wilhelm S c h w e d e s , Landwirtschaftsdirektor, Landwirtschaftskammer Hannover

5. Das Dorf und seine Identität
Dr. Wiklef H o o p s , Deutsches Institut für Fernstudien an der Universität Tübingen
Projektgruppe Dorferneuerung

19.30 Uhr	**DORFERNEUERUNG PRAKTISCH: GELEGENHEIT ZUR DISKUSSION DER KURZREFERATE VOM NACHMITTAG IN ARBEITSGRUPPEN**

Sonntag, den 8. Juni 1986

8.30 Uhr	Einladung zur Morgenandacht; anschl. Frühstück
9.30 Uhr	**DIE ZUKUNFT DES DORFES** Abschlußdiskussion u.a. zu folgenden Fragen:

Welche Zukunftsvorstellungen existieren im Hinblick auf die Entwicklung unserer Dörfer?
Welche Maßnahmen sind erforderlich, um Dörfern die (individuelle) Zukunft zu sichern?
Welche Rolle könnte und sollte die Dorferneuerung in diesem Zusammenhang spielen?
Brauchen wir neben der Stadt- und Regionalpolitik auch eine "Dorfpolitik"?

Einleitende Beiträge von
Prof. Dr. Ing. Joachim G r u b e , Architekt, Nienburg/Weser
Bernhard W a c h t e r , Deutscher Städte- und Gemeindebund, Mechernich
Prof. Dr. Ernst C. Z u r e k , Forschungsgesellschaft für Agrarpolitik und Agrarsoziologie, Bonn

12.30 Uhr	Ende der Tagung mit dem Mittagessen

****

Zur Vorbereitung auf unsere Veranstaltung kann das Protokoll der Vorgängertagung "LEBEN IM DORF. Perspektiven einer tragfähigen Dorfentwicklung
unter sozialen, ökonomischen und kulturellen Aspekten" (Loccumer Landwirtschaftstagung 1985) nützlich sein. Sie können diese Tagungsdokumentation
mit der beiliegenden Anmeldekarte bestellen.

T e i l n e h m e r *)

der Tagung

UNSERE DÖRFER WERDEN "ERNEUERT"
Was leistet die Dorferneuerung für die Zukunft unserer Dörfer?

vom 6. bis 8. Juni 1986

Abeln, Hermann, Dipl.-Ing./Raumplanung, Hauptstr. 25, 4476 Werlte

Albe, Friedlinde, Vers.Beamtin, Heimatverein Liebenau, Lange Str. 70,
3073 Liebenau

Althaus, Dr. Dirk, Professor, Architekt, Alleestr. 1, 3000 Hannover

Amelung, Heinrich, Bäckerstr. 2, 3067 Lindhorst

Baer, Uwe, Student, Kötnerholzweg 49, 3000 Hannover 91

ter Balk, Gunnar, Dipl.-Ing./Landschaftsplaner, Isestr. 71/I, 2000 Hamburg 13

Bartens, Susanne, Studentin, Lortzingstr. 7, 4830 Gütersloh

Bartels, Ursula, Architektin, Am Walde 2, 3153 Lahstedt

Bauermeister, Gerhard, Agraringenieur, Waldstr. 214, 3006 Burgwedel 6

Beddermann, Andreas, selbst.Unternehmer, Parkweg 10, 3033 Schwarmstedt

Behrends, Heinz, Dipl.-Volkswirt, Planckstr. 20, 3180 Wolfsburg 1

Behrends, Helga, Planckstr. 20, 3180 Wolfsburg 1

Behring, Wilhelm, Bundesbahnbeamter, Heimatverein Liebenau, Liebenauer
Heide 254, 3073 Liebenau

Berens, Clemens, Oberregierungsrat, Landesamt für Agrarordnung NRW,
Windthorststr. 66, 4400 Münster

Brandes, Kornelia, Studentin, Hartwigstr. 1, 3000 Hannover 1

Caspers, Thomas, Student, Liebigstr. 11 a, 4500 Osnabrück

Cronjaeger, Prof. Hugo, Architekt/Dozent, 2844 Brockum 55

Dalisdas, Horst, Nr. 106, 3071 Linsburg

Daum, Dr. Egbert, Akad. Oberrat, Universität Hannover, Amselweg 28,
4837 Verl 1

----

*)   Nur zur persönlichen Information!

Deking, Günther, Vors. des Arbeitskreises Dorferneuerung, Alte Dorfstr. 10,
3071 Estorf

Desczyk, Joachim, freischaffender Architekt, Togoweg 10, 3000 Hannover 91

Diekmann, Ralf, Student, Ewald-Görshop-Str. 40, 4600 Dortmund 76

Diekmann, Thomas, Student, Piepenpohlstr. 76, 4432 Gronau

Dreyer, Gerhard, Bürgermeister, Hauptstr. 22, 3061 Wiedensahl

Elbers, Hans, Lehrer, Ratsmitglied, Frankenstr. 15, 3056 Rehburg-Loccum

Erdmann, Kurt, Dipl.-Sozialwirt, Stadtdirektor, Reg.Dir. a.D.,
Rathaus, Stadt Kreuztal/LK Siegen

Finkemeyer, Gernot, Schleswig-Holst. Landgesellschaft mbH,
Herzog-Friedrich-Str. 45, 2300 Kiel 1

Fischer, Wolfgang, Architekt, Am Hastebach 5, 3254 Emmerthal 11

Focken, Enno, Dipl.-Ing., Hölderlinstr. 17, 4470 Meppen

Fricke, Heinrich, Rektor i.R., Vors. d. Heimatbundgruppe Bokeloh, Steinhuder Str. 11, 3050 Wunstorf 1

Gabriel, Wolfgang, Vereinigung Freischaffender Architekten VFA 1. Vs.,
Waltershäger Str. 3, 3252 Bad Münder 2

Gerdes, Knud, Student, Göbelstr. 20, 3000 Hannover 1

Graichen, Brigitta, Dipl.-Geographin, Gemeinn. Kreis-Wohnungs- und
Siedlungsgesellschaft mbH. Landkreis Hannover,
Postfach 1326, 3014 Laatzen 1

Grimmelmann-Heimburg, Helga, Hausfrau/Ratsherrin, Mitglied d. Arbeitskreises Estorf, Alte Dorfstr. 2, 3071 Estorf

Grube, Dr.-Ing. Joachim, Professor, Architekt, Bürgermeister-Stahn-Wall 11,
3070 Nienburg

Güldenberg, Dr. Eckart, Zweckverband Großraum Hannover, Postfach 6649,
3000 Hannover 1

Hachtmann, Götz, Dipl.-Sozialwissenschaftler, Friesenstr. 48,
2900 Oldenburg

von Hagen, Folker, Baudezernent, Landkreis Oldenburg, Postfach 2467,
2900 Oldenburg

Hansen, Frank-E., Dipl.-Ing., Blumenauer Weg, 2850 Bremerhaven

Hartle, Andreas, Dipl.-Ing./Architekt, Wichmannstr. 3, 3000 Hannover 81

Harste, Gustav, Dipl.-Ing., Landespfleger, Hannoversche Str. 71 a,
3016 Seelze 1

Heimel, Günther, Schleswig-Holst. Landgesellschaft mbH, Herzog-Friedrich-Str. 45, 2300 Kiel 1

Heinicke, Horst, Dipl.-Ing./Architekt, Friedrich-Misser-Str. 42,
2800 Bremen

Hellwege, Georg, Techn. Angest./Ratsherr, Schötthasen 17, 2164 Oldendorf

Hembd, Hans-G., Ministerialrat, Leiter des Landeswettbewerbs "Unser Dorf
soll schöner werden", Nds. Minister für Ernährung,
Landwirtschaft und Forsten, Calenberger Str . 2,
3000 Hannover 1

Hemme, Fritz, Lindenstr. 58, 5778 Meschede

Hensch, Petra, Dipl.-Ing., Wittgensteiner Str. 116, 5912 Hilchenbach

Herich, Reinhard, Dipl.-Ing., Architekt, Bürgermeister-Stahn-Wall 11,
3070 Nienburg

Hexels, Bernd, Fachbereichsleiter, Schleswig-Holst. Landgesellschaft mbH,
Herzog-Friedrich-Str. 45, 2300 Kiel 1

Hildach, Hans-Joachim, Ing.agrar., Deutsche Bauernsiedlung, Deutsche
Gesellschaft für Landentwicklung GmbH, Meyerstr. 15,
2730 Zeven

Hillers, Helmut, Gemeindedirektor, Gerriet-Herlyn-Str. 9,
2974 Krummhörn

Hoffmann, Antje, Heiligengeiststr. 35 a, 2120 Lüneburg

Hoffmann, Bernhard, Heiligengeiststr. 35 a, 2120 Lüneburg

Hockemeyer, Ursula, Landkreis Nienburg/Weser, Postfach 1560, 3070 Nienburg

Hoops, Dr. Wiklef, Deutsches Institut für Fernstudien, Universität Tübingen,
Wöhrdstr. 8, 7400 Tübingen

Houben, Birgit, Studentin, Rembrandtstr. 29, 4000 Düsseldorf

Husemann, Johann, Landwirt, Ratsmitglied, Rehburger Str. 42,
3056 Rehburg-Loccum 2

von Issendorff, Heinrich, Pastor, Bohlenstr. 29, 2740 Oerel

Jarre, Dr. Jan, Studienleiter, Evangelische Akademie Loccum,
3056 Rehburg-Loccum 2

Jürgens, Willi, Ortsbürgermeister, Personalratsvorsitzender, Steinhuder
Str. 5, 3050 Wunstorf 1

Karweik, Klaus, Dipl.-Ing./Architekt, Amt für Agrarstruktur, Eitzerstr. 34,
2810 Verden

Kievenheim, Mechtild, Dipl.-Ing., ABM b.d. Samtgemeinde Hadeln, Cuxhavener
Landstr. 16, 2178 Otterndorf

Kleine, Anne, Beirat Dorferneuerung Winzlar, Triftstr. 4, 3056 Rehburg-
Loccum

Klose, Dieter, Professor, Architekt, Kalenberger Graben 12,
3200 Hildesheim

Könneke, Herbert, Schulamtsdirektor, Sprecher des Arbeitskreises Dorfentwicklung Kaltenweide, Wagenzeller Str. 7 D,
3012 Langenhagen 5

Körner, Otto, Student, Eisenbahnstr. 57, 6750 Kaiserslautern

Koller, Manfred, Landschaftsarchitekt, Wesselstr. 6, 3000 Hannover 91

Korte, Hartmut, Landwirt/Student, Hauptstr. 12, 3056 Rehburg-Loccum

Krammenschneider, Anke, Studentin, Overbergstr. 5, 4500 Osnabrück

Krauskopf, Martin, Student, Wilhelmstr. 19, 6750 Kaiserslautern

Kruschwitz, Kurt, Baudirektor, Landkreis Harburg, Stöteroggestr. 67,
2120 Lüneburg

Kuhlmann, Peter, Samtgemeindedirektor, Am Steinkamp 7, 2855 Beverstedt

Kutzer, Wolf, Zweckverband Großraum Hannover, Auf der Reith 11,
3050 Wunstorf

Läpple, Ernst Christian, Regierungsdirektor, Bundesministerium für Ernährung,
Landwirtschaft und Forsten, Postfach 140 270,
5300 Bonn

von Lange, Wolfram, Architekt/Dorfplaner, An der Markuskirche 3,
3000 Hannover 1

Lichtenstein, Dr. Hartmut, Landwirtschaftsdirektor, Bezirksregierung
Lüneburg, Bardenweg 6, 2120 Lüneburg

Loebnitz, Annette, Studentin, Am Krümpel 8, 4500 Osnabrück

Lütjens, Robert, Architekt/Planer, Dragonerstr. 67, 2900 Oldenburg

Meyer, Albert, CDA-Niedersachsen, Postfach 116, 2812 Hoya

Meyer, Friedrich, Kaufmann, Neersen Nr. 21, 3280 Bad Pyrmont

Möhlmann, Andreas, Dipl.-Ing./Architekt, Öhlschlägern 27,
3300 Braunschweig

Nill, Bernd E., Dipl.-Ing., Deichweg 30, 2859 Nordholz

Nissen, Gunda, Schleswig-Holst. Landgesellschaft mbH, Herzog-Friedrich-
Str. 45, 2300 Kiel 1

Orzessek, Ruth, Studentin, Joachimstr. 11, 4600 Dortmund 1

Pfeiffer, Wolfgang, Student, Fachhochschule Osnabrück, Albrechtstr. 30
4500 Osnabrück

Piepel, Marlies, Studentin, Belmerstr. 8, 4516 Bissendorf 2

Radke, Hubert, Architekt, Im Tünneken 5 A, 4475 Jögel

Rakow, Horst, Regierungsamtsrat, Bezirksregierung Braunschweig,
Bohlweg 38, 3300 Braunschweig

Reimpell, Klaus, Dipl.-Ing./Architekt, Dorferneuerungsplaner, Memelweg 1,
3130 Lüchow

Riesner, Olaf, Student, Zum Kreuzmorgen 6, 3201 Algermissen

Riesner, Wolfgang, Dipl.-Ing./Architekt, Ulrikenstr. 19, 4950 Minden

Röde, Brigitte, Studentin, Lotter Str. 77, 4500 Osnabrück

Rolli, Engelbert, Dipl.-Ing., Planungsinstitut für ländliche Siedlung,
Birkenwaldstr. 172, 7000 Stuttgart 1

Rothaar, Friedrich, Student, Am Spörkel 57, 4600 Dortmund 50

Rühmkorf, Dr. Erich, Landw.-Oberrat, Landwirtschaftskammer Hannover,
Fliederweg 4, 2838 Sulingen

Sambade-Insua, Birgit, Schleswig-Holst. Landgesellschaft mbH, Herzog-
Friedrich-Str. 45, 2300 Kiel 1

Schlupp, Karl-Heinz, Stadtplanungsamt Neustadt a. Rbge., Postfach 1440,
3057 Neustadt a. Rbge.

Schmidt, H., Stadtplaner, Stadtverwaltung Rotenburg, Postfach,
2720 Rotenburg/Wümme

Schmidt, Klaus-Dietmar, Dipl.-Ing., Bautechn. Referent, Nds. Landkreistag,
Am Mittelfelde 169, 3000 Hannover 1

Schmidt, Marie-Luise, Mitglied des Kreistages u. Gemeinderates, Am
Brunnenberge 21, 3074 Steyerberg

Schmidt, Michael, Abtstr. 81, 3300 Braunschweig

Schneider, Margit, Studentin, Hauptstr. 17, 1000 Berlin 62

Schneider, Sabine, Volontärin b.d. "deutschen bauzeitung", Postfach 209,
7000 Stuttgart 1

Schmunkamp, Hans, An der Kreuzkirche 12, 3050 Wunstorf

Schnüll, Dr. Robert, Professor, Institut für Verkehrswirtschaft, Straßenwesen und Städtebau, Universität Hannover, Callin-
str. 32, 3000 Hannover

Schrader, Thomas, Student, Illerstr. 3, 3300 Braunschweig

Schrickel, Luise, Lehrerin, Schloßstr. 1, 3050 Wunstorf

Schwedes, Wilhelm, Landwirtschaftsdirektor, Landwirtschaftskammer
Hannover, Johannssenstr. 10, 3000 Hannover

Schwerdtfeger, Dr. Georg, Professor, Am Tannenmoor 34, 3113 Suderburg

Seele, Dr. Enno, Professor, Universität Osnabrück, Fr.-Kenkel-Str. 2,
2848 Vechta

Skorsinski, Hans, Schleswig-Holst. Landgesellschaft mbH, Herzog-Friedrich-
Str. 45, 2300 Kiel 1

Sommer, Erika, Dipl.-Psych., Königsstr. 66, 5300 Bonn 1

Starke, Rainer, Landwirt, Meißener Dorfstr. 82, 4950 Minden

Stiewe, Cornelia, Studentin/Dipl.-Ing., Goebenstr. 39, 3000 Hannover 1

Strüwe, Gabriele, Bauassessorin, Stadt Mechernich, Alte Siegburger Str. 11,
5204 Lohmar 1

Stütje, Maren, Studentin, Schleswig-Holst. Landgesellschaft mbH, Herzog-Friedrich-Str. 45, 2300 Kiel 1

Sult, Peter-Jürgen, Windmühlenweg 4, 3056 Rehburg-Loccum 2

Thürnau, Karl-Heinz, Beirat Dorferneuerung Winzlar, Meierort 6,
3056 Rehburg-Loccum

Tietze, Hans-Jürgen, Dipl.-Ing./Architekt, Am Meyerkamp 8,
3014 Laatzen 4

Töppe, Boris, Beirat Dorferneuerung Winzlar, Nordstr. 6A,
3056 Rehburg-Loccum

Unger, Rolf, Landkreis Nienburg/Weser, Postfach 1560, 3070 Nienburg

Wachter, Bernhard, Deutscher Städte- und Gemeindebund, Bergstr. 7,
5353 Mechernich

Weber, Hans-Jürgen, Professor, Bismarckstr. 40, 2800 Bremen 1

Wenner, Friedrich-Wilhelm, Dipl.-Ing., Schleswig-Holst. Landgesellschaft mbH,
Herzog-Friedrich-Str. 45, 2300 Kiel 1

Westphal, Kurt, Versicherungsmakler, Bakede, 3252 Bad Münder 1

Windler, Hans-Dieter, Student, Brinkstr. 14, 4512 Wallenhorst-Rulle

Winkler, Dr. Heinz, Vermessungsoberrat/Dezernent/Amt für Agrarstruktur, Landschaftstr. 7, 3000 Hannover 1

Winterberg, Wolfgang, Vermessungsoberrat/Dezernent/Amt für Agrarstruktur, Landschaftstr. 7, 3000 Hannover 1

Witt, Anne-Katrin, Arch.-Studentin, Flensburger Str. 228, 2330 Eckernförde

Wöhler, Ing.-Fritz, Landwirtschaftsmeister, Lange Str. 15, 3006 Burgwedel 2

Wörishofer, Georg, Wiss.Mitarb., Lehrstuhl f. Sozial- und Wirtschaftsgeographie, Universitätsstr. 10, 8900 Augsburg 1

Woyke, Wulf, Vermessungsoberrat/Dezernent, Amt für Agrarstrultur Oldenburg, Lasiusstr. 24, 2900 Oldenburg

Wormuth, Rüdiger, Professor, Architekt BDA, Töpferstr. 11, 4500 Osnabrück

Ziegenhagen, Cord, Ernst-Jünger-Weg 4, 3056 Rehburg-Loccum

Zurek, Dr. Ernst C., Professor, Forschungsgruppe für Agrarpolitik und Agrarsoziologie, Meckenheimer Allee 125, 5300 Bonn 1

Borchert, Hans-Joachim, Landwirtschaftsdirektor, Landbauaußenstelle Hannover, Landwirtschaftskammer Hannover, Lasiusweg 5, 3200 Hildesheim

Gülich, Renate, Burgstr 10, 3074 Steyerberg

Harder, Christa, Dipl.-Ing., Kreishaus, Marktstr., 2250 Husum/Nordfriesland

Hellwig, Karl-Heinz, Regierungsdirektor, Leiter des Amts für Agrarstruktur Osnabrück, Koksche Str. 1, 4500 Osnabrück

Klose, Brigitte, Kalenberger Graben 12, 3200 Hildesheim

Obst, Rainer, Pastor, Kirchstr. 7, 3341 Groß Denkte

Schmitz, Erhard, Stadtamtsrat, Stadtverwaltung, 3056 Rehburg-Loccum

Wehmeier, Elisabeth, Ringstr. 17, 3061 Pollhagen

Meerpohl, Gerhard, Dipl.-Ing./Architekt, Schillerstr. 56, 4400 Münster

Sabeonski, Willi, In der Sandkuhle 40, 3252 Bad Münder

Vergenz, Karl-Heinz, Im Westerfeld 31, 4993 Rahden

M e y e r , Herbert, Im Ortsfelde 45, 3004 Isernhagen

M a t t h i s , Susanne, Zum Ebersberg 53, 3257 Springe

Veranstaltungen – Nachlese

**Unsere Dörfer werden „erneuert" –
Tagung in Loccum
vom 6. bis 8. Juni 1986**

Loccumer Tagungen über Problemthemen des ländlichen Raumes haben inzwischen eine gute Tradition und einen großen Interessenkreis. Diesmal waren es ca. 170 Teilnehmer, ein buntes Gemisch aus Fachleuten mit unterschiedlichen Anliegen, Studenten und betroffenen und interessierten Bürgern.

Die alljährlich im Februar schon seit Jahren durchgeführte Landwirtschaftstagung, für viele une terme fixe, vermag offensichtlich die Komplexität und den Umfang der Probleme dieses ländlichen Raumes nicht mehr zu fassen, so daß neben Themen wie

Agrarproduktion und Umweltschutz, 1982
Schutz des Umweltmediums Boden, 1984
Leben im Dorf, 1985

nun zusätzlich im Juni 1986 Dorferneuerung zur Diskussion gestellt wurde. Mit Dorferneuerung war, das ließ die Liste der Referenten und Unternehmen deutlich erkennen, die staatliche Subventionsobjekt gemeint, das arbeitslos werdende Bauteilplaner sowie Landesplanger, Wasserbautechniker und Straßenplaner anzieht wie ein nach warmem Regen frisch gepflügter Acker die Möwen und Krähen. Da wird munter um die Wette gehackt: Nach fetten Würmern und gegeneinander.

Immerhin konnten Scharfsinnige vermuten, daß das Thema nicht ohne Hintersinn formuliert war. Niemand möchte jedoch so recht dem Ball aufgreifen, denn die Tagungsleitung mit der passivischen Formulierung und mit dem in Anführungszeichen gesetzten „erneuert" in die Luft geworfen hatte. Auch der

die Dorferneuerung für die Zukunft unserer Dörfer? – hat es in sich. Das Thema ist komplex genug, um aus einer Standardformulierung wie dieser Probleme brisant aufleuchten zu lassen:

Leistungswettbewerb! Hat das Dorf (nein: die Dörfer) eine Zukunft? Eine Zukunft zwischen Gesundschrumpfung, Überfremdung und Funktionslosigkeit?

Für mich ist am Ende mehr Fragen als Rezepte saldiert werden können. Dies war hier der Fall. Die angebotenen Rezepte für Gestaltung (Orts- und Landschaftsbild), Technische Planung (Straßen und Wege) und Finanzierung hatten den faden Beigeschmack des Routinemäßigen. Interessant wurde es dann, wenn ungewisse Utopien (Prof. Dr. Dirk Althaus: Ökologie des Dorfes) und das Wagnis totaler Bürgerbeteiligung (Dipl.-Ing. Engelbert Rolli: Das Verhältnis von Bürger und Dorfplaner in der Dorferneuerung) ins Gespräch gebracht wurden. Selbst hier konnte, wer wollte, Rezepte mit nach Hause nehmen. Etwa der Ortsbürgermeister einer ins Dorferneuerungsprogramm aufgenommenen Gemeinde, der in einer Arbeitsgruppe eifrig mitschrieb, wie man „Bürgerbeteiligung macht" und zerknirscht die Empfehlung zur Kenntnis nahm, daß es besser sei, seine aus der CDU-Mehrheitsfraktion gebildete Arbeitsgruppe wieder aufzulösen und ohne politisches Konzept, ohne Politiker, ohne Planer zuerst die Dorfbewohner ins Gespräch zu ziehen. Er verließ die Sitzung, noch bevor sie zu Ende war, um die Neuigkeit in eine Fraktionssitzung einzubringen.

„Dorferneuerung praktisch" stand als Überschrift über dem Samstagvormittag. Drei Dorferneuerungsplaner (Aufgepaßt: Planer-image modifiziert! HOAI novelliert) führten ihre Dorfplanungen vor (Estorf, Loccum, Mardorf), und ein Bürgermeister stellte sein Dorf dar (Wiedensahl). Natürlich reizte mich Wiedensahl besonders, nicht nur, weil es die geistige Heimat von Max und Moritz ist.

Nordrhein-Westfalen vor und Münchehagen (Sondermülldeponie) hinter sich, bisher in kein Förderprogramm aufgenommen, muß selbst mit seinen Problemen fertig werden. In dem aufgrund landesherrlicher Oktroi seinerzeit entstandenen Hagen-Hufendorf haben sich im politischen Spannungsfeld zwischen Schaumburg, Minden und Loccum Gemeingeist und Durchsetzungswille entwickelt und bis heute gehalten.

Schon im 19. Jhdt. führte man freiwillig eine Verkoppelung (Flurbereinigung) durch und finanzierte die Kosten von 150 000 Goldmark auch selbst. Es gibt einen Genossenschaftswald. Die Gemeinde verpachtet eine Apotheke und eine Arztpraxis. Sie hat sich ein Gebäude für kommunikative und kulturelle Zwecke eingerichtet.

Wie überall gibt es auch hier landwirtschaftliche Strukturprobleme. In den nächsten Jahren ist mit dem Abgang mehrerer Höfe zu rechnen. Ein Spekulant lauert schon, um die Flächen mit seinen Geierkrallen zu fassen. Wie kann die Gemeinde sich gegen unerwünschte Überfremdung sichern? Bebauungspläne und Veränderungssperren engen nur wieder Entwicklungsmöglichkeiten ein bzw. sind nur von kurzer Dauer.

Allgemeines Fazit nach der Tagung:

– Subventionen schwächen die Selbsterhaltungskräfte in den Dörfern.
– Subventionen fördern Nehme-Mentalität.
– Subventionen fördern evtl. auch Maßnahmen, die nicht notwendig gewesen wären und zementieren evtl. auch falsche Entwicklungen.

Da die Dorferneuerungsprogramme Teilmaßnahmen der EG-Agrarsubventionspolitik sind, die national kaum und regional überhaupt nicht beeinflußbar ist, besteht bei der fatalen Entwicklung auf diesem Sektor auch kaum Hoffnung auf langfristige Verbesserungen durch Dorferneuerung.

Tagungen sind dann fruchtbar, wenn in kleinen Arbeitsgruppen intensiv diskutiert werden. Plenumsdiskussionen mit vielen Teil-nehmern bringen in der Regel nichts. Allenfalls hörte man langweilige Statements von Teilnehmern, die noch nicht zu Wort gekommen waren und noch unbedingt etwas loswerden wollten. Es lohnt sich, statt einer zähen Plenumsdiskussion folgen zu müssen, Zisterzienser-Kloster und Klosterdomäne zu erkunden oder den Klosterforst, wo Teichfrösche konzertieren, Kleiber flitzen, und an der Fulde auch wohl der Eisvogel zu beobachten ist. Wird die Fulde nicht auch von Bächen aus dem Gebiet von Münchehagen gespeist?

R. W.

in:
**Bund Deutscher Architekten (BDA)
in Niedersachsen 1986/2**

Lieferbare Protokolle der Evangelischen Akademie Loccum
zu Fragen der Landwirtschaft und der Agrarpolitik

Agrarproduktion und Umweltschutz. Machbares und Utopisches in einer industriellen Landwirtschaft.
Hrsg. von Jan Jarre. Mit Referaten und Diskussionsbeiträgen zu folgenden Themen: Landwirtschaft und Ökologie; Ökologische Ziele zwischen Überproduktion und Verdrängungswettbewerb; Agrarstrukturelle Vorplanung, Flurbereinigung; Einflüsse des Pflanzenschutzes auf Umwelt und Nahrungsqualität; Einflüsse von Fruchtfolge, Bodenbearbeitung und Düngung auf Umwelt und Nahrungsqualität; Möglichkeiten und Grenzen alternativer Landbaumethoden; Agrarproduktion und Umweltschutz: Probleme und Ansatzpunkte zur Problembewältigung aus politischer Sicht; Landwirtschaft: Angewandte Ökologie.
Referenten: Hartmut Bick, Günther Weinschenck, Hans-Dieter Borges, Helmut Scharpf, Rolf Diercks, Manfred Reschke, Gerhard Schuhmann, Günter Purwing, Friedel Timmermann, Heinz Vetter, Peter Hinrichs, Peter Grosch, Hans-Joachim Koch, Reiner Latten, Manfred Dambroth, Klaus Peter Bruns, Friedrich-Theodor Hruska, Karl-Dieter Oestmann, Bernd Barnstorf-Brandes, Brunk Meyer.
(Loccumer Protokoll 3/1982, DM 12,--)

Konkurrenz und Solidarität im ländlichen Raum. Loccumer Landwirtschaftstagung 1983
Hrsg. von Jan Jarre. Mit Referaten und Diskussionsbeiträgen zu folgenden Themen: Konkurrenz und Solidarität im ländlichen Raum: Einige Stichworte zum Thema; Konkurrenz und Solidarität im wirtschaftlichen und sozialen Wandel; Anmerkungen zur Solidarität der Landbevölkerung aus historischer Sicht; Lebensverhältnisse, wirtschaftliche Strukturen und Zukunftsperspektiven im ländlichen Raum - Empirische Ergebnisse und agrarpolitische Konsequenzen; Agrarproduktion, Agrarvermarktung, Lebensverhältnisse auf dem Lande: Was leistet das Solidaritätsprinzip heute noch?; Konkurrenz und Nächstenliebe. Praktische Solidarität angesichts akuter Probleme des ländlichen Raumes; Konkurrenz und Solidarität als Gestaltungsprinzipien der Agrarpolitik.
Referenten: Hans-Eberhard Buchholz, Walter Achilles, Ernst C. Zurek, Gustav Sühler, Willi Croll, Erwin Fromme, Helmut Müller, Klaus Peter Bruns, Karl-Dieter Oestmann.
(Loccumer Protokoll 5/1983, DM 10,--)

Die Zukunft der agrarsozialen Sicherung. Loccumer Landwirtschaftstagung 1984
Hrsg. von Jan Jarre. Mit Referaten und Diskussionsbeiträgen zu folgenden Themen: Agrarpolitik: Entwicklung; Probleme und Lösungsansätze; Agrarpolitik: Wünsche, Notwendigkeiten, Gestaltungsspielräume, Aktuelle sozio-ökonomische Probleme auf dem Lande als Herausforderung an die Agrarsozialpolitik, dargestellt an Beispielen sozio-ökonomischer Beratungsfälle im Bereich der Landwirtschaftskammer Hannover; Zur politischen Ökonomie der Agrarsozialpolitik; Sozialpolitische Probleme und Perspektiven für die bäuerliche Bevölkerung; Landwirte, Landfrauen, Altenteiler, Mithelfende Familienangehörige; Agrarsozialpolitik: Stellungnahmen aus den Ministerien.
Referenten: Günther Schmitt, Karl Stumpf, Klaus Peter Bruns, Reinhard Frhr. von Schorlemer, Edfried Bühler, Konrad Hagedorn, Cord Bothe, Jobst Conrad, Hannelore Reinecke, Hans-Georg Seibert, Gustav Rose, Klaus Lamotte, Dietrich Rosemeier, Edith Schröder, Joachim Tamkus, Bernhard Preuß, Rudolf Michels.
(Loccumer Protokoll 1/1984, DM 14,-)

Leben im Dorf. Perspektiven einer tragfähigen Dorfentwicklung unter sozialen, ökonomischen und kulturellen Aspekten.
Hrsg. von Jan Jarre. Mit Referaten und Diskussionsbeiträgen zu folgenden Themen:Wie sehe ich mein Dorf? Dorfleben, Dorfprobleme und Dorfentwicklungen aus der Sicht von Dorfbewohnern; Lebensverhältnisse und sozialer Wandel im Dorf; Die zentralen Konflikte des Dorfes; Soziale Kultur im Dorf; Ökonomie im Dorf; Ökologie im Dorf - Ökologie des Dorfes; Bauen im Dorf als Dorfgestaltung; Kultur im Dorf, Kultur des Dorfes: Zur Bedeutung der Dorfkultur für die Dorfentwicklung; Kultur praktisch: Plattdeutsche Lieder und Geschichten; Die Zukunft des Dorfes und der Beitrag der Dorferneuerung; Die Zukunft des Dorfes: Perspektiven für eine tragfähige Dorfentwicklung
Referenten: Ernst C. Zurek, Hans-Joachim Becker, Hans-Bernd Kaufmann, Anne König, Erika Haindl, Arno Herms, Götz Hachtmann, Dirk Althaus, Felix Rohde, Heinar Henckel, Beate Brüggemann/Rainer Riehle, Werner-Christian Jung, Dirk Römmer, Jan Cornelius, Hans-Dieter Borges, Klaus Schäfer, Ulrich Luig, Karl Ermert.
(Loccumer Protokoll 5/1985, DM 12,—)

Auf der Suche nach einer tragfähigen Agrarpolitik.

Loccumer Landwirtschaftstagung 1986

Hrsg. von Jan Jarre. Mit Referaten und Diskussionsbeiträgen zu folgenden Themen: Markt oder Staat?Agrarpolitische Grundsatzfragen zur Produktionslenkung und Einkommensstützung; Das "Grünbuch" der EG-Kommission: Diskussionsergebnisse und Konsequenzen; Wie geht es weiter mit der deutschen Agrarpolitik?; Umweltprobleme und die Zukunft der Landwirtschaft; Möglichkeiten und Unmöglichkeiten der Preispolitik; Wege zur Umwidmung landwirtschaftlicher Nutzflächen; Weitere direkte Einkommenshilfen für die Landwirtschaft? Was ist nötig? Was ist möglich?; Erleichterung des Strukturwandels durch eine neue Landabgaberente?; Agrarpolitische Neuorientierungen: Vorstellungen, Bewertungen und Perspektiven aus regionaler Sicht.
Referenten: Karl-Heinz Kappelmann, Helmut Frhr. von Verschuer, Georg Gallus, Wolfgang Haber, Winfried von Urff, Jobst Conrad, Max Zurek, Günter Wegge, Konrad Hagedorn/Klaus Klare, Hubertus Langen, Karl-Dieter Oestmann.
(Loccumer Protokoll 7/1986, DM 12,--)

Bitte fordern Sie das Gesamtverzeichnis der Protokolle an:

Information und Bestellung:
Evangelische Akademie Loccum
- Protokollstelle -
3056 Rehburg-Loccum 2
Tel.: 05766/81-0